KB180044

──────── 이 책을 후원해 주신 여러분께 감사드립니다. ────────

AP55000789   강민주 강서영 강성근 곽선경 권경숙 권기헌 권윤희

길진희 김가영 김가화 김경애 김나영 김류진 김문성 김미경 김미애

김미혜 김민지 김민진 김보경 김보람 김선정 김성은 김소희 김수민

김아윤 김영화 김윤미 김은정 김은지 김인정 김정태 김정현 김정희

김지영 김태중 김하나 김해인 김현민 김현수 김혜영 김혜원 김혜진

김효진 나수희 나혜정 남순희 노혜리 도민정 도현주 류경아 류수연

류영림 류한영 모신해 문소현 민혜영 박상현 박소라 박소영 박숙현

박시형 박신영 박윤경 박은혜 박정민 박지오 박지혜 박지혜 박현민

박혜미 박혜진 백승이 서수미 서영옥 서지영 서현아 서희은 성정우

손미래 손지연 손희정 송알이 신경원 신 얼 신진희 신효림 안건미

안소진 안주희 안지연 양미연 양재보 양주원 양한결 여의주 오지윤

왕경태와영심이 우진태 유서희 유자원 유재연 윤수진 윤승희 윤지민

윤지희 이나은 이남주 이동원 이민영 이상화 이세진 이승희 이우리

이원정 이유경 이유경 이유섭 이윤빈 이윤성 이윤진 이은영 이은정

이은혜 이지영 이지영 이지혜 이희숙 임수연 임진호 장다솔 장수미

장은서 장재현 장하은 재재랑 전서연 전화실 전희윤 정미정 정윤아

정지혜 정현주 조아라 조은영 조지영 조현주 진기준 진은경 천정란

천장수 초 롱 최경희 최문기 최미경 최민정 최민희 최보라 최수하

최영교 최우영 최지윤 최혜경 한혜림 함지희 행복한부자   허유미

허혜정 홍정민

부자엄마

AZ 기적

부자엄마AZ 기적

초판 1쇄 인쇄 2023년 12월 10일
초판 1쇄 발행 2023년 12월 20일

지은이 · 부자엄마AZ
발행인 · 강혜진
발행처 · 진서원
등록 · 제 2012-000384호 2012년 12월 4일
주소 · (03938) 서울시 마포구 동교로 44-3 진서원빌딩 3층
대표전화 · (02) 3143-6353 | **팩스** · (02) 3143-6354
홈페이지 · www.jinswon.co.kr | **이메일** · service@jinswon.co.kr

편집진행 · 안혜희 | **마케팅** · 강성우, 문수연 | **경영지원** · 지경진
표지 및 내지 디자인 · 디박스 | **일러스트** · 김도현 | **종이** · 다올페이퍼 | **인쇄** · 보광문화사

ISBN 979-11-983998-5-4 13320
진서원 도서번호 23002
값 20,000원

부모 도움 없이 반포 자가 보유하고 육아하는 워킹맘 이야기

부자엄마
AZ 기적

부자엄마AZ 지음

진원

미라클 모닝 1,000일의 기록
"소름 끼칠 정도의 전율에는 거짓이 없다!"

학창 시절, 새 학기가 되면 새 공책을 사고 새 연필을 깎았던 기억이 난다. 새 공책의 첫 페이지를 펼치고 설레고 떨리는 마음으로 첫 글자를 쓰지만, 이내 마음에 들지 않아서 종이를 뜯어버리곤 했다. 예쁘게 뜯었을 리 없으니 다시 새 공책을 꺼내는 일이 많았는데, 왜 그렇게 공책을 낭비했는지 모르겠다. 아마도 처음부터 뭐든 잘하고 싶은 마음 때문이었으리라. 목표를 세우고, 그 목표를 향해서 달려가고, 한 번에 이루고 싶은 마음이 컸겠지.

학교에 다닐 때도 그랬다. 공부를 열심히 하고, 좋은 성적을 받고, 좋은 대학교를 가야 하는 것이 학생의 본분이었고, 대학교를 졸업하고 취업을 하는 것은 당연한 수순이라고 배웠다. 이 사실을 의심해 본 적도 없고 지금도 맞다고 생각한다. 취업을 하고, 연애를 하고, 결혼을 하고, 아이를 낳고 키우는 일도 남들 모두 다 하니까, 또 해야 하는 일이니까 나도 했고 처음부터 잘 해내야 한다고 생각했다. 꽤 오랫동안 그렇게 평범하게 살았다.

인생의 가장 큰 변화가 언제였는지 생각해 보면 아이를 출산한 후가 아닐까? 인생의 우선순위가 뒤바뀌어버렸으니까. 임산부인 내가 철분제를 먹고 며칠씩 변비로 고생한 사실은 이제 기억도 안 난다. 하지만 아이가 태어나자 무슨 색 똥을 쌌는지, 배변 주기는 어땠는지, 똥이 물렀는지 단단한지는 아직도 기억한다. 하루라도 아이가 똥을 싸지 않으면 뭐가 잘못된 건 아닌지, 내가 뭘 먹었어야 했는데 까먹은 건 아닌지, 아니면 내가 뭘 잘못 먹인 건지 걱정했다. 그러다가 아이가 그야말로 완벽하게 황금색 똥을 쌌을 때는 '아, 참 구수하다!'라고 생각하면서 크게 안심했다. 아이를 낳지 않았거나 키우지 않았다면 전혀 공감하지 못할 일이다. 똥을 싸는 건 당연한 일이다. 당연한 일을 하고, 해야 할 일을 하면서 평범하게 살고 있었지만, 늘 무언가 마음속에 찝찝함이 있었다.

부자가 되어야 해~
내가 알려줄게. 부자가 되는 방법!

이 찝찝함이 남들 다 하는 '부자가 되는 일'을 전혀 하고 있지 않아서일까 생각했다. 그렇다고 기저귀를 갈고, 아이의 구수한 똥 냄새를 맡고, 분유를 얼마나 먹었는지 확인하고, 이유식은 뭐부터 시작해야 하는지 고민하는, 별거 아닌 일을 포기하고 싶지는 않았다. 그러다가 책을 집어 들었다. 육아를 하면서 부자가 되는 방법에 대한 책을 꽤 많이 읽었지만 너무 시시했다. 부자가 되는 방법은커녕 뻔하고 별거 아닌 이야기만 잔뜩 나열되어 있었다.

건강하게 먹어라.
운동해라.
일찍 일어나서 자신만의 시간을 가져라.
가족이 우선이다.
감사해라.

그래, 다른 건 그렇다 치더라도 부자가 되었다면서 누구에게 뭘 감사하란 말인가? 너무 뻔한 이야기가 반복해서 나왔다. 한국 책과

외국 책 할 것 없이 모두.

사기꾼들 아냐? 정말 부자가 되었어? 부자 아닐 것 같아!

의심도 했다. 뭐, 그중에 나보다 자산이 없는 사람도 꽤 있을 것 같았다. 그런데 한 명도 아니고 여러 사람이 이야기하는 것을 보니 어쩐지 직접 확인해 보고 싶어졌다. 심지어 어려운 일도 아니었다. 부자가 되는 방법을 실천해 보는 데 돈이 드는 일도 없었다. 그래서 나의 일상을 해치지 않는 범위 안에서 내가 정말로 할 수 있는 것 몇 개만 실천해 보기로 결심했다.

새벽에 일찍 일어나는 것
운동하는 것
건강하게 먹는 것
가족을 1순위로 하는 것
그리고 감사하는 것!

돈이 드는 일도 아니고 회사에서 일하는 시간을 빼앗길 필요도 없으니 실천하는 것도 쉬웠다. 회사는 화장을 안 하고 집에서 총알

택시를 타면 10분 만에 갈 수 있는 거리에 있어서 늘 아침 7시 30분 정도에 일어났는데, 이참에 기상 시간을 당겨보았다. 새벽 4시는 너무 이르고 5시도 이른데? 그럼 새벽 4시 50분쯤 해 볼까? 5시 20분도 괜찮지 않나? 그냥 그날그날 바꾸자. 그래서 4시에서 5시 30분 사이에 일어나기로 했다. 일찍 일어나면 기적이 일어난다는 믿음을 가지고. 하지만 하다가 도저히 못 하겠으면 깔끔하게 포기하는 것으로. 다만 작심삼일은 해 보기로 했다.

새벽에 일찍 일어나면 당장 부자가 될 것 같았고, 그 새벽 시간에 신비로운 일이 벌어질 것 같았지만, 아무 일도 일어나지 않았다. 좀 더 솔직히 말하면 하루 종일 병든 닭처럼 눈깔이 풀렸고, 수십 번씩 하품이 나왔으며, 너무 피곤해서 내 일상을 사는 것도 너무 힘들었다. 나는 결국 화가 났다.

이런 사기꾼 같으니라고! 기적은 없었다

그런데 작심삼일은 하기로 했으니 3일은 해 봤다. 3일을 했으니 그다음 날도 해 봤다. 그렇게 100일쯤 했을 때… 기적이 일어났다. 아무 기적도 일어나지 않은 기적이 일어난 것이다. 정말 황당하고 우스웠다. 100일이나 새벽에 일어났는데 아무런 기적도 일어나지 않다니.

사실 새벽에 일어나서 뭘 해야 할지 잘 몰라 온라인에 일기를 쓰기 시작했다. 그런데 그게 100일쯤 모였을 때 다시 읽어보니 정말 재미있더라. 물론 기적은 없었지만, 나라는 사람이 상당히 부지런하고 똑 부러진 사람인 듯한 착각이 들었다. 일기장에는 이런 문장이 주기적으로 나왔다.

'새벽에 일어나면 부자가 된다더니 도대체 언제 277억 자산가가 되는 걸까?'
'새벽에 일어나면 기적이 온다던데 기적이 왜 날 안 찾아오지?'

일기를 읽다 보니 별것도 아닌 내 일상이 너무 재미있으면서도 한심했고, 또 가끔은 대단하기까지 하더라고. '그래, 매일 새벽에 일어나는 것만으로 부자가 되는 거라면 그건 다단계이거나 사이비 종교겠지.'라고 생각하면서 그냥 계속 새벽에 일어났다. 별거 아니니까.

동시에 운동도 시작했다

나는 시험관 시술로 아이를 낳았는데, 시술을 하기 전에 호르몬 주사를 맞을 때부터 고열량, 고칼로리 음식만 먹고 최소한으로 움직이면서 살았으므로 아주 뚱뚱했다. 외모에 별로 관심이 없어서 내가 뚱뚱한 것이 불편하지 않았다. 하지만 자다가 다리에 쥐가 나기도 했고, 오르막길을 오를 때면 숨이 너무 찼으며, 무엇보다 허리가 너무 아팠다. 운동은 숨 쉬는 것 말고는 안 해 봐서 뭘 해야 할지도 몰랐다. 그래서 필라테스, 요가, PT 등 다양한 운동을 체험해 봤다. 제일 처음 했던 운동은 필라테스였는데, 거의 2달을 했는데도 몸무게가 200g만 빠져서 상당히 허무했다. 하지만 하루 종일 컴퓨터를 보면서 일하는 IT 엔지니어다 보니 필라테스로 하는 스트레칭이 좋아서 계속 다녔다. 몇 번의 시행착오 끝에 PT와 필라테스를 병행하는 것이 나랑 제일 잘 맞는 것 같아서 지금도 좋은 선생님들(장하은 선생님, 박상현 선생님)을 만나 계속 하고 있다.

식단도 건강하게 바꾸기로 했다

이왕이면 운동하면서 식단까지 조절해서 살도 좀 빠지면 좋겠다고 생각했다. 워킹맘이라는 핑계로 배달 음식을 시킬 때 죄책감 따위는 없이 늘 자기 합리화가 잘 되어 있었고, 2인분 같은 1인분도 잘 먹었으며, 음식을 남기는 일은 손에 꼽을 정도로 거의 없었다. 하지만 어차피 피곤한 김에 조금만 더 피곤하자고 생각하면서 집밥을 해 먹는 비중을 늘리기로 했다.

전기밥솥을 없애고 압력솥에 밥을 하기 시작했고 밥 먹을 때 숟가락을 사용하지 않기로 했다. 집에 간을 낼 수 있는 조미료는 소금과 간장만 남겨두었고 '다시는 배달 음식을 시켜 먹지 않을 테야!'라는 허무맹랑한 목표가 아니라 그냥 조금씩 바꾸기로 했다. 3번 시켜 먹을 거 1번 시켜 먹고, 한 달에 10번 시켜 먹을 거 2번 시켜 먹고….

이렇게 하면서 1,000일 정도가 지났을 때 70kg에 가깝던 몸무게는 15kg 정도 사라졌고 자다가 다리에 쥐가 나는 일도 없어졌다. 출근하면 나를 못 알아보는 사람들도 생겼는데, 그 기분이 의외로 소름 끼칠 정도로 짜릿했다. 그리고 매일 이 모든 별거 아닌 일을 기록했다. 일기는 블로그에, 감사할 일은 다이어리에, 식단은 인스타그램에 매일 기록했다. 별거 아닌 나의 일상이 켜켜이 쌓여갔지만 안타깝게도 부자가 되는 기적은 일어나지 않았다. 앞으로도 그런 기적은 일어나지 않을 거라고 생각했다.

그런데 어떤 날 문득 생각해 보니 많은 변화가 있었다

내 몸은 마른 88 사이즈에서 뚱뚱한 44 내지는 통통한 55 사이 즈가 되어 있었고, 발 사이즈도 245cm에서 235cm로 줄어들었다. 새벽에 뭘 할까 생각하다가 '책도 읽어볼까?' 하면서 시작했던 독서 덕분에 꽤 많은 책을 읽게 되었다. 그리고 새벽 시간에 심심해서 끄적였던 반포에 집 샀던 이야기나 이자 언니랑 나눈 부동산과 육 아, 그리고 사교육에 대한 이야기까지 쌓이면서 꽤 많은 분이 내 글 에 공감해 주셨다. 책을 읽으면서 서평도 몇 번 썼는데, 그 덕분에 작가님들이랑 댓글도 주고받았고, 또 그 사이에 꽤에 부동산도 사 고, 근생건물도 지었다.

아, 처음부터 대단하지 않아도 되는구나!
아니, 처음부터 대단할 수는 없구나!
이 시간 동안 스스로 많이 성장하고 많이 배웠구나!
무엇보다 내가 나를 더 알아갈 수 있는 시간이 되었구나!

딸이고, 엄마이고, 배우자이고, 며느리이고, 회사원이기 이전에 내가 있다. 나를 가장 많이 사랑해 주고 가장 많이 아껴줄 수 있는 사람이 바로 나 자신이라는 말에 누가 반기를 들 수 있을까?

지독하게 가난한 적도, 죽을 만큼 아파본 적도 없는 나 같은 평범한 사람의 일상이 어떤 맛일까 생각해 봤다. 아마도 조미료 팍팍 치고 향신료 듬뿍 넣은 매력적인 맛은 아니고 밍밍한 평양냉면이나 슴슴한 집밥의 맛이리라. 그래서 별거 아니지만 자꾸 생각나는, 어쩐지 나도 할 수 있을 것 같은 맛이 아닐까?

꼭 대단한 일에만 소름 끼치지 않아도 된다

새벽에 일어나고 운동을 다녀오는 별거 아닌 일에도 다 소름 끼칠 정도의 전율이 흐른다. 스트레칭하면서 근육을 쭉쭉 당길 때, 그리고 스트레칭이 끝나고도 쭉쭉 당겨진 근육의 여운이 아직 남아있을 때는 그 어떤 거짓도 없더라. 평범하고 별거 아닌 나 같은 애 엄마의 일상도 켜켜이 쌓아보니 미소 지어질 때도 있었고, 폐가 간지러울 때도 있었으며, 눈물이 날 때도 있더라. 그리고 나의 글을 책으로 탄생시켜 준 문장은, 언젠가 가족여행을 가서 다 같이 TV 프로그램에서 보았던 '소름 끼칠 정도의 전율에는 거짓이 없다!'였으며, 그 글을 읽은 해자 언니 덕분이다.

"네? 저 같은 평범한 사람의 일기가 책이 될 수 있나요?"

"재미있잖아요."

"저만 재미있는 거 아니었나요?"

이렇게 이 책이 탄생한 것이다. 평범하고 별거 없는 워킹맘이 새벽에 일어나 쓴 글, 평범한 일상이 그 어떤 대단한 날보다 더 멋지다는 사실을 알게 해 준다면 너무 감사할 것이다. 해도 티 안 나고 안 하면 티 나는 집안일도, 조금은 심심한 집밥을 차리는 일도, 매일 아침 가볍게 걷는 일도, 일터에서 울고 싶었지만 꾹 참고 웃으면서 넘어가는 일도, 아이의 숙제를 챙기는 일도…. 시시해 보이고 중요하지 않아 보이는 모든 일이 사실은 제일 소중한 일이라는 걸 단 한 명이라도 공감해 줄 수 있다면 그것이야말로 기적이 아닐까?

그렇다면 감사합니다. 진심으로!

부자엄마AZ

목차

미라클 모닝 600일

| 일찍 자고 일찍 일어나면 생기는 기적 |

1부

미라클 모닝
300일

아무 일도 일어나지 않는 기적

새벽, 멍때리기만 해도 좋은 이유

미라클 모닝을 시작한 지 한 달이 넘었다. 아마도 회사 일이었다면 월급날인 셈. 그렇다면 그동안 뭐가 달라졌을까?

1. 진짜 거짓말 안 하고 개피곤하다.

2. 아침에 신기할 만큼 잘 일어난다. 아침 5시 10분에 알람을 맞춰놓았는데, 대부분 더 일찍 일어난다. 진짜 신기하다.

3. 아침 7시부터 오후 4시까지 주로 업무를 보는데, 4시 업무가 끝나면 10분 정도 조는 시간이 있다. 꼴랑 10분 졸았는데도 1시간 정도 잔 것처럼 개운하다. 〈달러구트 꿈 백화점〉에서

도 낮잠 이야기가 나오는데 꽤 공감했다.

4. 우리 애가 '늦어도' 아침 6시에는 일어난다.

5. 새벽에 미국 주가를 볼 수 있다. 밤 11시 30분까지 깨어있는 것보다 새벽에 보는 것이 더 좋더라?

사실 변화가 없어도 너무 없다. 아직 나는 확언(affirmation)에 딱히 다가간 것이 없다. 몸무게도 정체, 자산도 뭐 거의 똑같다 (물론 한 달 동안 늘긴 했지만). 그런데 이 깜깜한 새벽에 나 혼자 깨어나서 회사 일을 하는 것도 아니고, 집안일을 하는 것도 아니며, 육아를 하는 것도 아니고, 그냥 마음 가는 대로 아무 '짓'이나 하고 있는 사실 이 자체가 너무 좋고 감사하다. 딸린 가족이 생기면 아무것도 안 하는 것도 소중하고 그렇다.

뭐랄까, 명상이 왜 요즘 뜨는지 뭐 그거랑 비슷한 원리라고 해야 하나? 격렬하게 아무것도 안 하고 싶은데, 그러면 왠지 시간을 낭비하는 사람 같다. 그런데 새벽에 아무것도 안 하니까 그냥 좀 피곤하지만 부지런한 사람이 된 느낌이 드는? 물론 정신 승리일 수도 있지만.

어쨌든 내가 하고 싶은 말은 미라클 모닝을 한 달 했다는 사실과, 딱히 달라진 건 없지만 그렇다고 달라지지 않은 것도 없다는 것이다. 무슨 말인가 싶지만 내 글솜씨로는 더 세밀하게 표현하기가 어렵다. 글을 잘 쓰는 방법이라도 배워야 할까 싶다가도 그냥 내 방식대로 쓰고 싶은 마음이 99.9999%여서 그냥 이렇게 내 마음대로 기록해 보련다. 다음 한 달도 잘해 보는 걸로!

미라클 모닝 30일!
월급 대신 나에게 선물이라도 하나 해 줘야겠다. 뭐 사지? ㅎㅎ

오늘도 좋은 아침!

나는 왜 혼자야?

우리 애랑 이야기하는데, 아이가 갑자기 "나는 왜 혼자야?"라고 물었다. 형이나 누나 또는 동생, 그것도 아니라면 강아지라도 키우고 싶다고 눈물을 뚝뚝 흘리면서 말하는데, 하아… 미안하지만 다 불가능해.

"너 강아지 오줌이랑 똥 치울 수 있어?"
"너 강아지 목욕시킬 수 있어?"
"너 매일매일 강아지 산책시킬 수 있어?"
"내가 물이랑 밥은 줄 수 있어!"

"동생이 생기면 그 동생과 엄마랑 아빠의 사랑을 나누어야 하는데, 그래도 괜찮겠어? 엄마는 너무 속상할 거 같은데?"

우리 애가 닭똥 같은 눈물을 뚝뚝 흘리면서 이렇게 말했다.

"나 형이어서 괜찮아! 아니면 형이나 누나가 생겼으면 좋겠어!"

대화 불가! 또 뭐라더라?

"아빠는 야근만 하고, 엄마는 컴퓨터로 일만 하고, 할아버지는 컴퓨터방에 있고, 할머니는 밥해야 하고, 그럼 나는 누구랑 놀아? 나만 혼자야. 엄마, 일하지 마. 엄마는 나보다 일이 더 좋아?"

후아… 아들아~ 내가 일이 좋겠니? 해야 해서 하는 거지. 나도 진짜 속상할 때 많고, 지칠 때 많고, 그냥 'It's my job.'이라서 소명을 가지고 하는 거야. 외할아버지랑 외할머니가 학비도 내주셨는데 내가 그 학비보다 100배는 돌려드려야 하지 않겠니? 이런 심오한 대화를 하고 나니 TV나 보여주면 진짜 안 될 것 같아서 아이와 함께 산책하러 나갔다.

내가 아들에게 어려운 단어를 물어보면 아이는 꼭 어른의 언어로 설명하고 내 말투로 이야기하려고 한다. 그래서 그런가? 가끔 대화를 하다 보면 나랑 이야기하고 있는 거 같아서… 뭐랄까~ 얄밉다. 말투가 너무 나야. ㅎㅎ

"엄마, 이런 거 몰랐어? 어른이 이런 거 왜 몰라?"
"엄마, 그 사람은 이런 게 필요 없었나 보지."
"뭐가 중요해? 내 마음이 중요하지!"

등등 어제도 몇 개 빵 터지는 말이 있었는데 지금은 기억이 안 난다. 그리고 아이와 손잡고 산책 가는 게 좋긴 좋더라. 집에 와서는 TV 틀어주고 저녁을 했다. 아이가 왜 자기는 핸드폰을 볼 수 없냐고, 아이패드도 왜 안 보여주냐고 물어보았다. 방학이라 할머니 집에 이틀 있었는데 신나게 핸드폰 보고 온 것 같… 아니겠지? 아닐 거야.

"봐봐, 아이패드나 핸드폰을 보면 가까이 보게 되지? 거기서 전자파가 나온단 말이야. 그 전자파가 사람 눈에 너무 많이 비치면 시력이 나빠져서 안경을 써야 해. 네가 다니는 어린이집에 안경 쓰는 친구 없지? 왜 없겠어? 다들 아이패드랑 핸드폰을 안 보니까 없는 거야. 그리고 시력이야 안경 쓰면 해결된다고 하자. 그런데 전자파가 머릿속까지 들어가면 생각주머니가 진짜 작아져서 생각을 못 할 수도 있어."

"그럼 나 4살 때 밥 먹으면서 왜 아빠가 유튜브 보여줬어?" (하아~ 그건 나도 모르겠다. 쒸글… 그때 왜 보여줬나?)

"그건 사과할게. 그때는 우리가 너에게 유튜브 보여주면 생각주머니가 작아지는지 정말 몰랐어. 그리고 유튜브 보여주면 네가 질문도 안 하고 밥도 잘 먹으니까 엄마랑 아빠가 너무 편해서 보여줄 수밖에 없었어. 그건 진짜 사과할게!" (왜 맨날 나만 미안한 거냐? -_-)

이렇게 아들과 심오한 대화를 마치고 쌀과 현미를 넣어서 압력솥에 밥을 했고, 시금치나물과 시래기나물, 그리고 다른 밑반찬과 멸치볶음을 만들면서 미역국을 끓이고 한우를 구웠다. 아이가 미역 건더기를 너무 잘 먹어서 사랑스러웠다.

벌써 목요일이다. 한 주가 정말 빠르게 지나간다.

오늘도 좋은 아침, 해피 목요일!

우리 모두 짠하다 짠해~

원래 3시 퇴근이었다. 4시 퇴근한 것도 억울한데 애 데리러 가는 24분 동안 3명의 회사 분들에게서 전화가 왔고, 애를 태권도학원에 체험 수업을 보내고 집 앞에 주차하는데, 또 누가 뭔가 물어보서서 한참 통화를 했다. 그리고 우리 애는 태권도 체험 수업하러 가서 울다가 태권도는 안 하고 사무실에서 유튜브로 카봇을 보고 흰띠를 얻어서 왔다. 오늘 도로 갖다 드려야지.

축구를 절대 안 하려고 하는 애를 11주 동안 매주 주말마다 축구장에 데리고 간 적이 있다. 남편이 제발 그만두라고 해도 쓸데없는 내 고집 때문에 무려 석 달 동안 축구장을 다녔는데, 마지막에는 결국 코로나 때문에 자연스럽게 그만두었다. 우리 애도 누구 닮아서 고집이 있는지 11주 동안 단 한 번도 축구 수업에 참여하지 않았다. 나는 아들이 축구를 구경만 하는데도 안 빠지고 매주 축구장에 갔다. 나도 진짜 좋게 말하면 의지의 한국인이고 나쁘게 말하면 또라이다. 태권도도 축구처럼 해야 하는지 진심으로 고민되기 시작했다.

"아들, 나도 바쁘거든? 너 태권도 보내려면 엄마는 조정할 게 너무 많거든? 지금 네가 이럴 일이 아니고 차라리 제발 보내달라고 조르고 졸라야 할 것 같거든?"

아이들이란 정말…. ㅎㅎ

저녁에는 동생네를 불렀다. 시어머님이 주신 반찬이 너무 맛있는데 우리만 먹기 아까우니까. 그런데 동생은 회사에서 진짜 엿 같은 일이 있어서 지금은 머리가 너무 아프니 밥을 안 먹고 싶다고 했다. 이럴 때일수록 밥을 먹고 '시팡', '쌍'으로 풀어야 한다고 우리 집으로 데리고 왔다. 동생은 '시팡', '쌍'을 한 38번쯤 내뱉고 "야야, 그럴 때 빅엿을 먹이려면 말이야…"로 시작해서 'How to make a very creative Big 엿'에 대해서 조옷나 열변을 토했다. 어제 새벽 2시까지 일한 올케가 "어머, 그 생각은 못 했네요."라고 하고. ㅋㅋ

직장인 셋이 모이니까 너무 짠하다. 동생도 동생이고, 올케는 이번 주 내내 새벽 1시까지 일했는데 새벽 2시에도 팀 카톡방에 '카톡 카톡' 하고, 나는 무슨 날도 아닌데 여기저기서 '이거 해 주세요, 저거 해 주세요!' 이거 뭐죠? 애는 애대로 키워야 하지, 말도 못 할 만큼 피곤하지, 부부 사이에 사랑이라는 감정보다는 반가움과 동지애? 뭐 그런 감정이 먼저 느껴지는 짠함, 이거 도대체 무엇임?

어제 회사 분이랑 잠깐 이야기해 보니 와이프가 너무 힘들다고 울면서 전화하는데, "그만둬!", "휴직해!" 이런 말이 안 나오니까 와이프 분이 엄청 섭섭해 하는 거 같다고. 하지만 이제 와서 그만두고 휴직할 수는 없는 노릇이어서 그 말은 차마 안 나온다는 이야기를 하는 등 그냥 모두 다다다다 짠해 죽겠다.

우리가 이렇게 열심히 살고 있단다. 얘들아, 나중에 크면 엄마와 아빠에게 꼭 효도하렴.

Gooooood 좋은 아침, 그리고 Haaaappy 주말!

일하는 엄마가 왜 퇴사하게~요?

바쁜 하루였다. 회의도 거의 2시간쯤? 내가 적극적으로 진행해야 하는 회의였는데 어찌어찌 잘했다. 앞으로 3번만(응?) 윗분들에게 보고하면 될 것 같다.

어제는 우리 아이 태권도학원에 갔다가 조카랑 같이 우리 집에 왔다. 이케아에서 새로 장만한 식판에 애들 저녁을 담아줬더니 "엄마, 이거 너무 맛있어.", "고모, 진짜 맛있어요!" 하면서 잘 먹는 애들 모습에 나도 엄마 미소가 저절로 나오더라. 한참 놀다가 밤 9시가 넘었는데 미술놀이가 하고 싶다고 해서 야밤에 지점토를 꺼내

해마를 꾸몄다. 결국 바닥에는 온통 해마를 꾸미다가 떨어진 지점토 부스러기 천지. 그리고 정확히 밤 10시에 남편이 핫도그를 먹고 싶다고 했다. 먹고 싶다면 해 줘야지 뭐.

핫도그 빵은 에어프라이어기 180도에 5분 정도 돌리니까 최적의 겉바속촉. 소시지는 칼집 내서 오븐 180도에 5분 돌렸더니 최적의 쫀득 뽀드득. 짜잔~ 빵 위에 케첩 깔고, 소시지 넣고, 양파 얇게 썰어 솔솔 뿌리고, 위에 다시 케첩과 머스터드소스를 뿌리면 진짜 이케아 핫도그 딱 그 맛. 남편은 남편대로 너무 잘 먹고 우리 애는 밤 11시가 다 되어가는데 저 핫도그 빵에 양파를 쏙쏙 넣어 쌈처럼 말아서 진짜 잘 먹더라.

어쨌든 핫도그까지 해 주느라 내 하루가 너무 길었다. 밤 10시 전에는 자고 싶었는데…. 그런데 중간에 애 태권도 일정 하나 끼워 넣었을 뿐인데 진짜 너무 막 바쁘고 정신없다. 어린이집을 우리 동네에서 안 다니니까 하원도 신경 써서 일찍 가야 하고, 태권도는 서틀 태우기가 애매해서 내가 데려다주고 데리러 가야 하고.

예전에 어떤 회사 분이 안식휴가 한 달 동안 딴 거 별거 안 하시고 아이 학원 라이드만 몇 개 하셨는데, '아, 이런 세상이 있는데 너무 모르고 살았구나!' 하고 바로 회사를 그만두셨다는 이야기가 생각났다. 사실 워킹맘들이 아이 학원을 선택할 때는 대부분 동선이나 픽업 중심일 수밖에 없다. 다른 애들처럼 유명한 학원을 보내고 틈틈이 밥을 챙겨주려면 결론은 '엄마의 퇴사'라는 굉장히 슬픈 현실! (이럴 때 아빠들은 퇴사 저얼대~ 안 함!)

뭐, 어찌 되겠지. 오늘도 해야 할 일이 많구나. 알차게 보내봅시다!

오늘도 좋은 아침!

엄마, '독차지'가 뭐야?

폭풍 같았던 한 주가 끝났다. 평소에는 '잉? 벌써 수요일이라고?'였다면 이번 주는 '하아~ 아직도 수요일이야?' 모드였다. 뭐가 이렇게 많은지. 스트레스 받아서 점심에 필라테스하고 나서 오후에 한 번 더 했다. 언제 47kg 되나요?

어제 저녁은 진짜 진짜 아무것도 하기 싫고 뭐라도 시켜 먹으려는 마음이 굴뚝 같았지만, 꾸역꾸역 밥을 했다. 인간 승리! 여전히 숟가락을 안 쓰고 있는데, 숟가락 꺼내서 미역국 흡입할 뻔. 내가 만든 밥인데 왜 이렇게 맛있냐! 그리고 하원은 내가 버스 타고 어린이집에 가서 남편 차를 타고 오기로 했다. 동호대교 위에 있는 어린이집에 갔더니 우리 애만 덩그러니.

"오늘은 민성 선생님을 네가 독차지해서 좋았겠다."
"독차지가 뭐야?"
"……"

애 하원 후에 남편은 책을 몇 권 사고 나는 버스 타는 길에 있던 지하철역 스마트 도서관에서 책을 2권 빌렸다. 주말에 읽어야지.

가끔 47kg가 된 나를 상상해 보는데, 뭔가 크게 차이 없을 것 같기도 하다. 그런데 막 운동하다가 내 허벅지를 보면 스케이트 선수마냥 아주 튼실해서 그게 막 너무 거슬리기도 하고…. 팔뚝도 마찬가지다. ㅎㅎ 나는 또 대단한 자산가가 된 상상도 해 본다. 그러면 일하는 게 더 신이 날까? 그때는 사람을 써서 몸을 더 편하게 하면서 살고 있을까? 람보르기니 우라칸 탈 수 있나? 일단 모르겠고 오늘 하루도 열심히 사는 것부터 시작해야지.

Unheroic Days를 열심히 쌓아 Heroic Decades를 만들어 봅시다.

해피 주말! 오늘도 좋은 아침!

남편…의 역할?

남편이 휴가였다. 내 일상이 진짜 무지 바쁜데…, 어제는 심지어 새벽부터 빨래까지 하느라 정말 분주했는데…, 집에 남편이 있으니까 세상 불편하더라.

오전에는 계속 회의가 있었고 점심시간이 다가왔는데도 끝날 기미가 안 보이는 거지. 필라테스 가야 하는데. 그래서 컴퓨터로 줌 회의를 하다가 양해를 구하고 핸드폰으로 접속한 후 걸어가면서 회의를 했다. 또 필라테스 끝나자마자 개발자분이랑 전화로 간단하게 회의를 했다. 게다가 근무 시간이 끝났는데도 컴퓨터는 계속 띠링띠링 울려대고 애 데리러 남편이랑 같이 가는 내내 차 안에서 또 다른 회의를 연속해서 했다. 사실 이 정도면 남편도 약간 '아, 쟤는 생각보다 치열하게 사는구나!'라고 생각할 줄 알았는데,

"나 회사 갔다고 생각하고, 나 없는 사람이라고 생각하고, 평소처럼 일하면서 그냥 나 신경 쓰지 마. 투명 인간이라고 생각하면 좋을 거야."

이렇게 말하면서 소파에 누워서 TV를 보는데… 뭐랄까… 어어, 너는 너고 나는 나지 정도?

나는 동생네서 애들 태권도 마치고 데리고 오면서 다 같이 피자 시켜 먹기로 했는데, 남편은 자기 회사 갔다고 생각해달라고 부탁하네. 그럼 알아서 저녁을 해 먹으라고 했더니 너무 좋아하면서 짜파게티를 사 가더라. 에라이! 그래서 저녁은 동생네서 피자를 시켜 먹었다. 나는 시저샐러드.

아, 남편이 왜 휴가를 냈냐면… 우리 애 어린이집 적응 훈련할 때도 못 낸다던 휴가, 나 시험관 한다고 고군분투할 때도 못 낸다던 휴가, 그 휴가를 애플 카플레이 설치한다고 냈다. 좋게 말하면 정말 사랑하니까 이해하(려고 노력하)는 거고, 뭐 솔직히 말하면 그 뭐

라고 해야 할까~ 내가 좀 쿨하고, 그래서 이런 거 가지고 바가지 긁고 싶지도 않고, 아니 사실 긁어대봤자 서로 시간이 너무 아깝고, 그러기에는 내가 너무 바쁘고, 남편도 나에게 터치하지 않으니 그 점은 나도 편하고. 그래서 결론은 너는 너고 나는 나다.

저 애플 카플레이가 뭐라고~ 자기 앞으로 큰돈 들어갈 일은 없다고 너무 좋다고 하는 거 보면 감사한 일인 것 같다. 차를 바꾸고 싶다고 했다면 정말 난감한 일 아닌가? 고맙다, 남편. 감사하다. 그러나 저러나 남편 인생의 무게와 내 인생의 무게가 참 다르다는 걸 다시 한번 느꼈던 하루!

늘 생각하지만 부러운 인생이다. 나 말고 남편의 인생 말이다.

오늘도 좋은 아침!

하고 싶은 것만 하면서 살 수는 없어!

어제 업무 마치고 태권도학원에 하원하러 갔다. 2시간 연속으로 수업하고 놀이터에서 1시간 정도 놀았다. 그런데 놀이터 그네에서 떨어지고 탄성 받아 되돌아오는 그네에 얼굴을 맞아서 엉엉 운 우리 애.

"놀다가 다칠 수도 있지. 늘 좋은 일만 있지는 않아."

아들이랑 한참 이런저런 이야기를 하고 있는데, 옆에서 놀던 3살짜리 꼬맹이가 우리 애에게 "울지 마~"라고 이야기해 줘서 정말 귀엽고 사랑스러웠다. 울음을 멈춘 아들과 함께 집에 와서 저녁을 먹었다. 저녁 메뉴는 미역국이랑 계란프라이. 노른자만 쏙쏙 빼먹는 우리 애가 너무 신기하다. 어떻게 이렇게 완벽하게 노른자만 빼먹는 거냐?

나의 저녁 시간. 어제도 두산이 승리했다. 와~ 정말 여러 번 위기가 있었는데, 결국 또 이렇게 저렇게 막아내는 걸 보면 정말 야구를 끊을 수가 없다. 롯데는 분명히 6:1로 이기고 있었는데, 갑자기 6:10으로 지고 있고, 한화는 SSG를 상대로 무려 17점을 내서 17:0이네. 한화 팬들 기분 좋았을 듯.

자려고 누웠는데 우리 애가 "엄마, 하고 싶은 것만 하면서 살 수는 없어?"라며 묻는다. "응, 그렇게만 살 수는 없어! 어쩔 수 없어. 엄마도 하고 싶은 것만 하면서 살고 싶었는데, 하기 싫은 것도 하면서 살고 있거든. 근데 하기 싫은 걸 즐겁게 하면 하고 싶은 것 같은 생각이 들기도 하더라."라고 이야기해 줬더니 코 고는 소리가 들린다. 아하, 우리 애를 재울 때는 개똥철학을 늘어놓으면 되겠구나!

오늘도 해냈다! 미라클 없는 미라클 모닝.
즐거운 하루 됩시다. 오늘도 좋은 아침!

쓰레기를 6리터나 버림

오늘은 어메이징 미라클 모닝, 좋은 아침! 작심 99일째.

"아빠, 할머니 전화번호 뭐야?"라고 물어보더니 할머니에게 전화하는 우리 애. "할머니, 어디야? 뭐해?" 하면서 통화하는데 너무 귀여웠다.

어제는 우리 집에 '미라클'이라고 할 수 있는 미라클이 찾아왔다. 아니, 찾아왔다기보다는 미라클을 내가 직접 만들었는데, 15년 동안 안 했던 옷장 정리를 한 게 바로 그것!

20살 때 입었던 옷부터, 아니지 초등학교 때 입었던 스키복이랑 브렌따노 니트에 베네통 니트까지 나오고(근데 이건 일부러 안 버린 거고), 대학교 졸업사진 찍을 때 입었던 비싼 구호 원피스부터 이큅먼트 실크 블라우스가 5개 나오고(나는 왜 이렇게 깔별로 사는 거 좋아하는 거지?), 애버크롬비 후드가 7개 나오고, 트루릴리전 청바지가 10개쯤 나오고, 그때 그 시절 TBJ 청남방도 나오고, 폴프랭크 티셔츠는 8개쯤 나온 거 같다. 진짜 뭐랄까? 그때 유행하던 브랜드 옷들이 우리 집 옷장에 다 있더라.

20대에는 확실히 브랜드 옷을 많이 찾았고 30대 넘어가면서부터는 보세 옷만 샀나 보다. 어떤 서랍에는 77, 88 사이즈의 옷만 있더니 또 20대 때 입었던 옷들은 죄다 XS 사이즈더라? 나 그렇게 말랐었니?

우리 남편 옷도 사정은 마찬가지! 남편 바지 중에 어떤 바지는 지금 내가 입어도 허벅지가 터질 것 같이 작은 바지도 있고 에버크롬비 후드도 M 사이즈라 이제 남편은 못 입을 거야. 어쨌든 버릴 거 싹 다 버리고 10만 원짜리 이케아 카펫과 드라이할 옷까지 합치니까 세탁비가 10만 원 정도 나오길래 아예 버리기로 결정했다. 이 밖에도 입을 옷은 다 세탁기 돌리고 정리할 거는 다 정리했는데, 이게 바로 미라클이지. 15년 동안 안 한 짓을 했으니.

옷을 담은 비닐봉지는 12개, 신발은 7켤레나 나왔고 가방도 2개 정도 나왔다. 옷 정리를 하면서 '패스트패션이 진짜 지구를 힘들게 하겠구나!'라는 생각을 가장 많이 했다. '응? 왜 이렇게 진지해?'라고 할 수 있지만, 옷을 저렇게 버리다 보면 이런 생각이 들 수밖에 없다.

'지구야, 미안하다. 이제 질 좋은 비싼 옷만 적게 살게. 근데 나 백화점에서 옷 산 지 (룰루레몬 빼고…) 무척 오래된 거 알지?' 더 찾으면 더 찾을 수 있는데 피곤해서 일단 어제는 이 정도만 정리했다.

오, 나의 기적이여! 그래, 이것도 돈이라고 치자. 그리고 드디어 책 한 권 다 읽었다. 하루 30분씩 독서하는 '카카오프로젝트100'이 오늘부로 37일 차, 그 시간을 쪼개서 다 읽었다. 조만간 서평도 쓸 수 있겠다. 커피 한 잔 마시고 일하러 가야겠다.

오늘도 좋은 아침!

나는야 최고의 정서적 금수저!

페이스북에 4년 전 오늘 사진이 떴다. 8개월 된 아들이랑 육아 휴직 중인 남편이랑 2주간 하와이를 다녀왔었다. 저 빡빡한 일정에 미리 재외투표를 신청하고 하와이 구석에 있는 호놀룰루 대한민국 총영사관까지 가서 투표하고 온 사람이 바로 나야 나. 진짜 개념 있는 민주시민이지 않습니까? 칭찬해×2!

오늘 아침 책을 읽다가 나에게 또 칭찬할 거리가 생겼다. (물론 산후조리원이 나쁜 건 아니지만) 출산 후 산후조리원 안 간 사람, 나야 나! 칭찬해×3! 사실 안 갔다고 하기는 애매하고 못 간 거였다. 병원에서 애를 낳자마자 아기를 데리고 어디론가 가길래 당장 병실로 데려오라고 해서 배에 스테이플러 박은 채로 애랑 같이 병실에 누워있었다. 어찌 보면 남을 너무 못 믿는 스타일···. ㅎㅎ

그리고 오늘 아침 독서 중에 문득 들었던 생각. 우리 부모님 세대에는 주로 엄마가 일을 포기하는 경우가 대부분이어서 외벌이 가정이 많았거든. 어찌 보면 한 명의 부모가 자기 인생을 포기하고 아이를 양육하는 것이 참 비현실적이고, 불합리하며, 비경제적이고, 억울한 일이라고 생각했다. 그런데 장기적으로 보면 결국은 부모와 함께 어린 시절을 보내면서 많은 추억을 쌓고 양육을 '당한' 아이들은 정서적 금수저가 되는 것 같다. 나는 그렇게 해석했다.

나를 키우느라 일을 포기한 엄마, 너무 미안하고 고마워. 그리고 너를 키우고 있지만 내 일을 포기하지 못해서 너무 미안해. 하지만 아가, 아무리 생각해도 내 인생도 중요하고 우리 엄마가 나를 키운 소명을 지키는 것도 중요한 것 같아. 시대가 변했으니까 엄마를 이해해 줘!

오늘 새벽은 정말 감사했다. 우리 엄마와 아빠가 나를 최고의 정서적 금수저로 잘 키워주신 것에 대해서.

감사합니다. 오늘도 좋은 아침!

야호! 미라클 모닝 100일

신기하다. 미라클 모닝 100일째라니!

오늘을 좀 일찍 눈이 떠졌다. 어제 저녁은 표고버섯을 참기름에 볶아서 소금 살살 뿌리고, 야채 다 꺼내서 내 멋대로 샐러드를 만들고, 돼지목살도 구웠다. 동생이랑 조카도 우리 집에 와서 저녁 먹고 놀았는데, 자기네 집에 아이스크림케이크가 있으니 가자고 해서 밥만 먹고 동생네 집으로 넘어갔다. 애들이 휴지를 뜯고 막 소리 지르고… 내 동생은 진짜 화나 보였다. 애들이 다 그렇지 뭐.

오늘 새벽에 좀 일찍 일어난 이유는 새로운 책을 읽기 시작한 날이기 때문이다. 새로 산 책도 있고 사두고 못 읽은 책도 있는데, 아무래도 블로그 이웃님이 강추한 〈정서적 흙수저와 정서적 금수 저〉를 먼저 읽기로 했다. 와~ 진짜 프롤로그부터 아주 그냥 콕콕 짚어주시네.

어젯밤 10시쯤인가? 친구들이랑 '수면 교육'에 대해서 이야기했는데, 책 내용이 대충 뭐였냐면 수면 교육에 대한 찬사를 듣고 너네도 동의하느냐 안 하느냐 뭐 그런 거였다. 그런데 진짜 소오름 돋는 부분은 바로 이것!

애착은 엄마와 아빠뿐만 아니라 아기를 돌봐주면서 아기와 상호작용하는 사람이라면 누구와의 사이에서도 형성될 수 있습니다. … 〈중략〉 … 잠에서 깨어 눈을 떴을 때 주위에 아무도 없으면 아기는 공포와 불안감을 느낄 수 있습니다. 아기는 혼자서는 생존할 수 없기에 보호자가 옆에 있어야 안심이 되기 때문이지요. 특히 배가 고프거나 어딘가 아프거나 무섭거나 할 때 아이들은 혼자서 문제를 이해하거나 해결할 능력이 없습니다. 그래서 돌봄이 필요한데, 이럴 때 아무도 곁에 없거나, 있어도 도움을 주지 않거나, 되레 야단을 친다면 아이는 버려진 느낌과 불신감을 느끼게 되고 스스로를 무가치하고 나쁜 존재라고 여기게 됩니다.

이 책 진짜 흥미진진하다. 추천해 주신 부티뿡이 님께 진심으로 감사드립니다. 안 그래도 우리 애가 아빠랑 애착 관계 형성이 정말 잘되어 있어서 엄마인 나는 늘 찬밥인데, 도대체 왜 그러는지 우리 부부도 많이 궁금한 상태였다. 그러다가 아무래도 이게 다 아빠의 육아휴직 덕분이라고 결론을 내리게 되었다. 말도 못 하고 기어다니는 시기에 아빠와 함께 하루 종일 붙어있으면서 애착이 진짜 잘 형성된 것 같고, 내가 막 지랄 염병해서 남편에게 애를 볼 때는 핸드폰이랑 TV도 보지 말라고 하고 (진짜 안 봤을지는 모르겠지만, 그때 우리 집에는 넷플릭스가 없었고) 하루 종일 클래식 채널을 틀어놓고 책 읽고 뭐 그랬었(다고 했)는데 그거 때문이었을까? 이 책을 다 읽으면 알 수 있겠지? 아, 벌써부터 재미있다. 하루에 30분씩 읽기로 했는데 더 읽었다.

어쨌든 미라클 모닝을 시작한 지 100일이 지났다. 매우 뿌듯하다. 이것도 시작은 했으니 진정한 미라클이네. 나의 미라클이 올 때까지 조금 더 해 보는 걸로 마음먹었다. 셀프 칭찬합니다!

아, 나의 좋은 아침, 100일 돌파 축하! 뿌. 듯. 해!

미라클?
기다리던 돈은 안 들어왔지만…

약간 이른 좋은 아침, 작심 160일째. 오늘은 정말 대단한 하루를 보냈다. 돈으로 찾아오는 미라클보다 더 흥분되는? 감동과, 감사와, 또 자신감도 생기는 것 같고, 그리고 또… 뭐 어쨌든 대단한 하루였다.

나의 작은 기록이, 나의 작은 습관이, 나의 작은 일상이 누군가에게는 자극이 되었고 누군가에게는 도움이 되었다면 이보다 더한 기적이 어디 있을까? 어제 내가 어떤 하루를 보냈는지 한번 들어보실래요? 별거 아닐 수 있지만 나에겐 정말 별거였고 마지막에는 몇 년 치 칭찬을 한꺼번에 받았다는 느낌에 약간 눈물도 날랑말랑하고 뭐 그랬답니다. 그럼 시간의 순서대로 이야기할게요!

1. 영어 선생님

나의 영어 수업은 늘 "지난주에 무슨 일 없었니?" 정도의 스몰토크로 시작합니다. 내가 "응, 내가 사실 살을 많이 뺐는데, 그걸 모르고 살다가 어제 친척 결혼식에서 엄청 주목을 받아서 새삼 깨달았어."라고 이야기했더니 영어 선생님이 "어, 맞아! 나도 들었어. 준용 님이 이야기해 줬어. 지난주 결혼식에서 AZ 님 만났는데, 살 정말 많이 빠졌다고 했어."라고 하셨다. 코로나 때문에 영어 선생님 못 뵌 지 1년이 넘었는데, 내가 살 빠진 소문이 영어 선생님 귀에까지 들어갔나 보다. 너무 신기했다.

2. 이상우 님

이상우 님을 아는 사람들은 이분이 얼마나 유명한지도 다 알 듯. 내 블로그 이웃분들도 〈부동산라이프〉를 많이 구독하시니까. 어제 내가 〈부동산라이프〉 서평을 올리니까 댓글이 하나 달렸는데 이상우 님이 직접 달아주신 것. 와씨~ 쿨한 척 '도전 완료!'라고 썼지만, 연예인이 댓글 달아준 거랑 같아서 얼마나 두근두근하던

지. 사실 리뷰 이벤트도 별생각이 없었는데 팬심으로 정말 성의 있게 썼다. 제 블로그는 이상우 님이 댓글도 달고 뭐 그런 블로그랍니다. 뿜뿜!

3. 필라테스

필라테스 그룹 수업을 하러 갔는데, 마지막 5분까지 회사에서 일하다가 수업 시간 1분을 남겨두고 부랴부랴 센터에 도착했다. 선생님께 인사를 했더니 선생님이 "회원님, 저 복근이 생기기 시작한 거 봤어요." 하시는데 뭔가 부끄럽기도 하고. ㅎㅎ 어쨌든 선생님 덕분에 복근이 보이기 시작하니까 너무나도 감사합니다!

4. e-trade

내 블로그 글은 대부분 그냥 뻘글인데, 아주아주아주 가끔 가다가 약간 정보성 글을 올린다. 이런 글은 몇 년이 지나도 댓글이 달리는데, 어제 e-trade(전자 주식 거래)와 관련된 글에 댓글이 하나 달렸다. 사실 이런 댓글이 달릴 때마다 나처럼 삽질해서 시간 낭비하지 마시라고 나름 성의 있게 답변하는데 대부분 반응이 없더라? 그니까 그냥 궁금하긴 한데, 진짜 궁금하지는 않아서 뭐랄까~ 그러니까 되게 절실하고 적극적으로 알아볼 정도는 아닌데, 그냥 댓글 쓰는 건 쉬우니까 일단 남기는 분들이 많다. 난 늘 내 카톡 아이디를 알려드릴 테니 친구 추가하고 물어보시라고 하는데, 정말 그동안 단 한 명도 실제로 물어본 사람이 없었다. 그런데 어머, 어제 정말로 카톡에 친구 추가하고 물어보시는 분이 생겼다. 질문에 답변해 드렸는데 기프티콘까지 주셔서 너무나 감사했다.

5. 인스타그램

내 개인 인스타그램에 드디어 다이어트 이후의 사진을 올렸다. 뭐 그동안 내가 해 왔던 미라클 모닝이라든지 작은 습관에 대한 내용과 함께. 내가 늘 대단하다고 생각하는 동생이 나보고 존경한다고 어쩌고 하는데, 와씨~ 아니 내가 널 존경해. 뭐 대화의 시작은 이렇게 명랑했지만, 아이 교육에 대한 이야기는 정말 하나도 안 하고(못하고… 둘 다 교육 이야기할 것이 없…다.) 목 디스크와 허리 디스크 등에 대한 이야기와 함께 건강을 지키기 위해 너와 내가 무슨 '짓'을 하고 있는지 서로 이야기하고, 워킹맘의 정말 처절한 일상에 대해서 한참을 이야기하다가 나도 힘내고, 너도 힘내고, 우리 모두 힘내고 열심히 일하자로 아름답지 않은 듯 아름답게 마무리했다.

블로그에 비친 나도 어찌 보면 상당히 밝아 보일 수 있지만, 사실 진짜 현실은 그냥 일상에 쩔어있을 때가 많다. 나 같은 워킹맘의 현실은 송희구 작가님 책 속의 김 부장처럼 웹툰이나, 드라마나, 책 소재거리가 안 된다. (네, 〈서울 자가에 대기업 다니는 김 부장 이야기〉는 책으로 출간되었고 웹툰과 드라마로 나올 예정이라고 하네요. 김 부장님, 이혼은 안 하시나 봐요. 김 부장님 부인은 왜 같이 사는지, 왜 화가 안 나는지 진심으로 이해가 안 가는데….)

워킹맘의 현실은 아무도 보고 싶어 하지 않는다. '너만 일하냐?'라면서 징징댄다고 할 것이 뻔하거든. 다들 하는 별거 아닌 걸로 생색낸다고 생각하겠지? 김 부장보다 우리 이야기가 더 처절하고 분야도 다양하다. 애도 낳고, 일도 하며, 육아도 하고, 부동산도 하고, 주식도 하고, 책도 읽고, 살도 빼야 하고, 피부도 관리해야 하고, 패션 트렌드도 알아야 하고, SNS에 잘 사는 척도 해야 하고, 애 교육도 챙겨야 하고, 정치에도 관심 있어야 하고…. 그런데 김 부장은 저기서 부동산이랑 일만 하지 않던가? 부동산도 하는 게 아니라 그냥 하나 딸랑 있는 거더만. 쳇! '다주택자 워킹맘 안 차장 이야기' 뭐 이런 걸로 연재라도 해야 하나? ㅋㅋ 아, 이야기가 옆으로 또 샜군.

6. 카카오프로젝트100

'카카오프로젝트100'을 하면서 하루에 30분씩 책을 읽고 있다.

이것 또한 작심삼일이 될까 걱정했는데 지금까지 생각보다 그냥 잘 지키고 있다. 헤헤~ 내가 유일한 '100% 인증'이라고 합니다. 비결이 뭐냐고 물어보셔서 '비결이 없는 게 비결'이라고 하려고 했는데, 비결이 없지는 않은 것 같아서 (별로 궁금하지도 않으시겠지만~) 열심히 또 혼자 썰을 풀었다.

7. 그리고 이 미라클의 하이라이트, 저자의 안부 글

나는 늘 새벽에 한 번씩 깨고 깬 김에 가끔 알림을 확인하는데 진짜 오늘의 하이라이트, 〈니체가 말했다 여기가 거기니?〉 이 책은 내가 너무 재미있게 읽어서 서평도 썼다(서평이 궁금하다면 62쪽의 QR 코드 참조). 그런데 저자가 내 서평을 보고 안부 글을 남기다니. 와~ 내가 서평을 쓸 때 '니체가 쏘아 올린 공이 비트코인 시세를 흔들었다.'라고 써놓고 마음에 드는 문장을 썼다고 혼자서 굉장히 뿌듯해했는데, 그걸 콕 집어주셔서 진짜 약간 눈물이 날락 말락 감동이었다. 감동이라기보다 진심으로 칭찬받은 느낌! (40살 넘으면 누군가에게 칭찬받을 일이 전혀 없어서 칭찬받으면 기분이 묘해져요. 나만 그런 거 아니죠?) 이 책을 읽으면서 제일 궁금했던 건 도대체 어떤 스타트업을 기획하고 계신지, 노래 가사 목차는 도대체 어떤 콘텐츠로 승화시킬 것인지 등이었는데, 이걸 직접 여쭤볼 수 있게 되었다.

와~ 이거 정말 미라클 아니에요? 진짜로!

8. 마무리

언젠가 미라클이 나에게 온다면 꼭 돈으로 왔으면 좋겠다고 생각했다. 하지만 오늘 있었던 이 모든 소소한 일이 다 너무 감동적이고 감사한 일이었다. 미라클, 내가 너무 돈타령해서 돈으로 안 오는구나? ㅎㅎ

그래도 좋은 아침!

 〈니체가 말했다 여기가 거기니?〉
서평 링크

드디어 전세 계약 성공!

드디어 전세 계약을 했다. 나는 시간 약속 안 지키는 거 정말 싫어해서 10분 정도 일찍 부동산에 갔다. 예비 세입자는 집을 한 번 더 보고 오겠다고 했고 나는 그동안 부동산 사장님께 이것저것 물어보다가 내가 왜 부동산 투자를 좋아하는지 다시금 알게 되었다. 무엇보다 재미가 있다. 사무실에 걸려있는 아파트 단지들 조감도를 보다가 스스로 자빽을 좀 했다.

"사장님, 제가 ○○○아파트를 보유하고 있는데요. 그거 오래된 아파트치고 구조 되게 잘 나왔죠? 아무리 생각해도 잘 산 거 같아서요."

"네, 맞아요. 판상형의 단점이 거의 없는 판상형이라 지금 시세
도 엄청 올랐죠."

"네, 사장님. 그렇게 시세가 올랐는데 2년 전에 손해 보고 팔아
서 아직도 배가 아프네요."

"……"

판상형이랑 타워형, 이거 혹시 뭐가 다른지 아세요?

옛날 아파트들처럼 직사각형으로 남쪽이나 동쪽을 바라보게
지은 건 '판상형'이에요. 그리고 약간 비스듬하게, 그러니까 남남
서, 남동, 남서서 등등 여러 가지 조망이 나오는 아파트를 '타워형'
이라고 해요. 요즘에는 대부분 타워형으로 짓는 게 추세죠. 딱 봐
도 타워형이 두루두루 좋아 보이지만, 남향은 잘 없으니까 그게 좀
아쉬워서 판상형과 타워형 조합도 많다고 합니다. 그래서 20년 이
상 된 아파트이면서 판상형이면 1층을 제외하고 대부분 가격 차이
가 크지 않아요. 하지만 요즘 타워형 아파트는 층수 내지는 방향
에 따라 같은 평수여도 가격 차이가 크게 날 수 있어요. 겉보기에
는 타워형이 멋있지만 나는 남향 아니면 동향인 판상형이 좋더라!

아, 부동산 사고 싶어….

　세입자분은 따님이랑 같이 오셨고 우리 엄마랑 나이가 비슷하시더라. 내 이름은 상당히 평범한데, 이름이 예쁘다고 하셔서 적잖이 놀랐고(^^) 휴일이라 은행 문 닫는 걸 모르셔서 계약금을 하루만 늦게 보내준다고 하셔서 당황했지만 별말 안 했다. 나 옛날 반포 아파트 살 때 집주인 할아버지였다면 부동산 문을 박차고 나가셨을 것 같다는 생각이 살짝 들었다.

　사실 내가 이 가격으로 여러 번 거절했다가 OK 했던 이유 중 하나는, 부동산 사장님이 "사모님, 그럼 다른 거 아무것도 요구 안 하는 대신 가격을 조금만 낮춰주세요."라고 하셔서였다. 내가 "사장님, 도배랑 장판 그거 얼마 안 해요. 그거 해 드리고 시세대로 돈 받는 게 제 입장에서는 낫죠."라고 딱 잘라 거절했는데, 10분쯤 있다가 "사모님, 아무것도 요구 안 하고 계약하는 거 나쁘지 않아요. 이 분이 하시고 싶으시대요."라고 다시 이야기하셔서 신의 뜻인가 하고 그냥 OK 해버렸다. 뭐 또 다른 이유는 남편이 "너는 네가 자꾸 거절하면서 왜 전세 안 나가냐고 그러냐?"라고 한마디 해서이기도 했다. 전세금 많이 받고 싶은 게 왜??!!

Anyway, 계약하는데 세입자분이 왜 "혹시 도배장판… 해 주실 수 있나요?"라고 이야기하시는 거지? 다른 요구는 안 하기로 했는데? 몇 년 전만 해도 내가 어른들이 저렇게 말씀하시면 진짜 막 심장이 두근두근 뛰고 당황하고 그랬는데, 어제는 처음으로 "어머, 그런데 사장님이 도배랑 장판이랑 아무것도 요구 안 하신다고 하셔서 제가 계약하기로 마음먹은 거거든요. 그렇죠? 사장님! 호호호~ 원래 월세면 당연히 집주인이 해 주는 게 맞지만, 전세면 세입자가 하는 경우가 90% 정도 되거든요. 지금 도배장판 한 지 3년밖에 안 된 거라 혹시 하고 싶으시면 직접 하셔도 됩니다. 대신 제가 계약 날짜 전에 하실 수 있게 비밀번호 알려드릴게요. 또 셀프로 인테리어 하고 싶으시면 저도 좋은 거니까 미리 말씀해 주시고 하시면 됩니다."라고 웃으면서 술술 대사가 나왔다. 정말 신기해.

계약금은 못 받았지만, 계약을 완료하고 이것도 일이라고 에너지를 엄청 소모해서 가족들과 한우 먹으러 갔다. (사실은 시어머님이 우리 애 한우 사주신다고 하셔서 거절하지 아니하였다.)

오늘도 좋은 아침!

강남에 집 사고 싶어요?

어제는 오전에 그룹 PT를 다녀오고 필라테스도 다녀왔다. 그룹 PT에서는 심폐 전신근지구력 운동을 했는데, TRX° 마운틴클라이머를 진짜 열심히 했더니 허벅지가 아프다. 저게 다리는 줄에 걸고 팔꿈치는 바닥에 댄 채로 무릎을 가슴까지 자전거를 타듯 왔다 갔다 하는 운동인데, 공중에 매달려서 하려니까 힘을 주지 않으면 허리가 아파서 집중해야 한다. 필라테스 가서는 폼롤러로 몸 좀 풀어

• **TRX:** Total body Resistance eXcercise. 공중에서 줄을 활용하여 체중과 중력의 저항으로 코어 근육을 강화하는 전신 저항 운동

주고 복근 운동을 했다. 부들부들~

　　토요일에도 이렇게 운동했더니 엄청 뿌듯하다. 그리고 바로 전세 계약을 갱신하러 갔다. 우리는 서울에 있는 집은 모두 공동명의로 했고 경기도 집들은 각각 하나씩 명의를 해 두었다. 이유는 딱히 없고 공동명의는 나중에 양도세 혜택을 받으려고 했다. 경기도 집은 매매가가 상대적으로 싸니까 귀찮게 공동명의 안 하고(처음 매수 때 금방 팔아버리려고 했으니까) 남편 명의 하나, 내 명의 하나 한 건데, 어제 전세 계약 갱신은 남편 명의 부동산이었다. 나랑 우리 애는 소파에서 놀았다.

　　〈강남에 집 사고 싶어요〉를 읽다 보면 부동산 계약에 대한 이야기도 나온다. 한 곳에만 맡기면 호구 당할 수도 있다는 내용이었는데, 나는 그냥 한 부동산에만 맡긴다. 반포는 반포대로 내가 맡기는 부동산이 있고, 금호동은 금호동대로, 경기도는 경기도대로 한군데에 맡기고 있다. 호구 잡힐 수도 있지만, 내가 자기들한테만 맡기는 걸 아니까 내 사소한 요구 사항을 잘 들어주신다.

　　어제 갔던 경기도의 내 전담 부동산 사장님은 전세를 계약할 때마다 돈을 안 받으신다. 집을 계약할 때 부동산 한 군데에서만 계약을 진행하면 복비도 양쪽에서 다 받을 수 있으니까 부동산 사장님 입장에서 굉장히 좋은 손님이다. 나는 늘 한 곳에만 매물을 올리니까 양쪽 복비를 다 받으실 수 있지만, 내 것은 따로 안 받으신다. 전세가 안 나갈 때는 나도 호갱노노 등 여기저기 올리는 걸 아셔서 호구 취급은 안 하시는 거겠지? 어쨌든 어제도 수수료를 안 받으실 것 같아서 아예 현금을 뽑아 따로 챙겨드렸다. 이런 건 챙겨드려야 한다. 이 세상에 공짜는 없으니까.

부동산 계약을 마치고 친정으로 갔다. 우리 조카 생일이라서 생일 파티를 하기로 한 것! 엄마가 한우랑 삼겹살을 잔뜩 사놓으셔서 테라스에서 함께 구워 먹었다. 아이들을 먹이기 위해 한우를 굽고 있는데, 곧 다가오는 우리 애 생일에는 이렇게 못 모일 것 같다고 아빠가 미리 봉투를 아이에게 주시면서 물으셨다.

"이걸로 뭐 할 거야?"
"주식 살 거야."

(아이를 세뇌해서 이렇게 대답하는 것 같아 미안하지만, 네가 주식 산다고 할 때마다 〈최상위수학〉 다 풀고 하나도 안 틀린 것처럼 아주 기분이 좋아.)
내 동생은 애 둘을 끼고 TV를 보고, 우리 남편은 테라스에 앉아 유튜브 삼매경. 엄마와 아빠가 심은 토마토도 꽤 많이 자랐고 어제 날씨도 좋았다. 딱따구리가 딱딱거리는 소리가 들려서 우리 애에게 밖으로 나오라고 했더니 TV 보느라 바쁘다. 그래서 딱따구리 소리를 녹음한 후 들려주었다. 그런데 나중에는 본인도 궁금한지 나오더니 "어, 진짜 딱딱거린다!"고 하면서 재미있어하더라.

우리끼리 대화하다가 엄마가 예전에는 사람들이 벤츠 타면 돈 많은 사람이라고 많이 생각했는데, 요즘에는 젊은 사람들도 벤츠를 많이 타서 너무 흔한 차가 되었고, 국산 차는 길거리에 잘 안 보여서 오히려 국산 세단 타면 고위직 같다고 한다고 하셨다. 이 말을 듣고 우리 가족들 모두 고개를 끄덕끄덕~.

전세를 갱신하고 왔다고 하니까 내가 제일 잘나간다면서 엄마와 아빠가 한 턱 쏘라고 하셨다. 흔쾌히 쏘겠다고 했더니 농담이라고 하시면서 "그 돈 아껴서 모아라."라고 하셨다. 며칠 전 하얏트호텔 다녀온 이야기를 했더니 돈 안 아낀다고 혼났다. 아빠가 조용히 계시다가 이야기를 시작하셨다.

"이제 와서 말하지만, 40년 넘은 그 썩은 아파트에 너희 신혼집을 시작한다고 했을 때 참 마음이 안 좋았다. 돈을 못 해 준 것도 미안했고, 젊은 애들 둘이 그런 낡은 데서 신혼을 시작한다고 하니까 사위 걱정이 제일 많이 되더라."

"아빠, 제 걱정을 하셔야죠? 난 40년 된 아파트에 살아도 되는 건가요?"

"넌 계속 그런 아파트에서 살아봤지만 우리 사위는 아니잖아? 사돈댁이 얼마나 속상하셨겠냐?"

뭔가 바뀐 느낌?

"나는요? 나는요!! 그래도 그렇게 시작 안 했으면 우린 절대 부동산에 관심 안 가졌어!"

"응, 그건 인정! 우리 덕 본 것도 많지?"

이렇게 말씀하시는 데 부정할 수는 없다.

그러다 또 한참 주식 이야기를 했는데, 서로 보유하고 있는 주식 종목을 이야기하고 평균 단가도 이야기했다. 내가 내 미국 계좌는 수익률 200%라고 했더니 이제 당분간 네 걱정은 하지 않겠다고 한 사람도 있고, 절대로 팔면 안 된다고 한 사람도 있으며, 그럼 저 미국 주식은 팔지도 못하고 어떻게 되냐고 하면서 지금 환율 좀 올랐을 때 팔라는 사람도 있고… 우리 가족들은 늘 이런 대화를 한다.

어제 새벽에 〈강남에 집 사고 싶어요〉 서평을 쓰고 나서도 계속 생각이 맴돌았다. 누군가는 허무함을 느낄 수 있지. 지금은 2억 가지고 은마아파트 갭투자는커녕 10억 이상은 있어야 하나? 시대를 잘 타고 태어난 사람의 책이라고 생각할 수도 있을 것 같다. 틀린 말은 아니니까. 그런데 지금도 어딘가에는 규제 속에서 기회가 반짝반짝 빛나고 있는데, 그걸 못 보고 지나가고 있을 수도 있겠다 싶었다. 저자가 강남으로 이사간 후에 반포에 관심을 돌리게 되었던 것도 자신이 반포에서 일했기 때문이었다. 여기서도 배울 점은 새로운 곳, 모르는 곳을 공부하는 것도 좋지만, 아는 동네를 제대로 파악하는 것부터 시작하는 것도 괜찮은 전략이라는 것이다.

요즘은 꼭 직접 임장을 가지 않더라도 인터넷으로 파악할 수 있는 부동산 정보가 많으므로 이런 정보를 전략적으로 잘 이용해야 한다. 사실 제대로 임장을 하려면 그 동네에 살아봐야 하는데, 한두 번의 임장만으로 투자 가치를 알아챈다는 것에 대해 나는 약간 의문이 든다. 그냥 그 동네를 공부한다는 의미일 뿐, 한 번 임장했다고 반포자이가 좋은지, 반포래미안퍼스티지가 좋은지, 아니면 소규모인 반포힐스테이트가 좋은지, 각 단지의 장단점이 무엇인지, 그럼 신반포역 앞의 2동짜리 반포푸르지오는 어떤지 등을 모두 파악하는 것은 어렵다. 차라리 누가 분석한 글을 읽는 편이 나을 듯. 그래서 전문가의 글도 잘 읽어야 한다.

　나도 따지고 보면 평생을 신반포역 근처에서 산 건데, 나는 오히려 반포에서 위치가 제일 애매한 아파트가 반포아크로리버파크라고 생각했다. 사실 새 아파트+한강뷰 때문에 대한민국에서 제일 비싼 아파트라는 명성을 날리고 있지만, 이제 원베일리가 입주했으니 새로운 역사가 시작되지 않을까?

　원베일리의 위치는 9호선 신반포역과 고속터미널역 사이여서 9호선만 지나가는 반포아크로리버파크보다 훨씬 더 좋거든. 왜냐하면 고속터미널역은 3, 7, 9호선이 다 지나가니까. 하지만 직접 걸어보면 3, 7, 9호선까지 거리가 좀 있다. 그리고 3, 7, 9호선이 더 가깝게 지나가는 아파트는 한신4차랑 한신2차, 우성아파트(지금은 반포르엘) 아니면 뒤쪽으로 미도2차아파트인데, 그러면 언젠간 저 아파트들이 대장 아파트를 뛰어넘겠지? 새 아파트가 좋지만 나는 여전히 낡은 아파트를 고쳐 쓰는 것이 좋다. 〈강남에 집 사고 싶어요〉의 저자도 약간 이런 이야기를 했다. 다만 그건 각자의 판단이므로 정답은 없다.

이제 나의 소중한 안식 휴가도 며칠 안 남았다. 코로나가 거의 종식되면서 재택근무가 끝나가고 사무실에 다시 출근해야 해서 약간 섭섭하지만, 어쩔 수 없지. 내가 어찌할 수 없는 건 없는 거고, 내가 어찌할 수 있는 것에 집중하면서 신나게 놀아야겠다. 그냥 이 시간이 너무 행복하고 매우 감사하다.

참 좋다! 오늘도 좋은 아침!

《강남에 집 사고 싶어요》
서평 링크

미라클 모닝 200일!

네, 미라클 모닝을 시작한 지 무려 200일이 되었습니다!

정말 AmaZing AZ! 반년은 넘게 한 셈이다. 어제는 그룹 PT에서 심폐상체근지구력 운동과 푸시업을 제대로 하니까 지인짜 진짜 진짜 바들바들 부들부들.

요즘의 독서. 나는 〈아주 작은 습관의 힘〉과 〈미라클 모닝〉을 읽고 내 방식대로 저자들이 말하는 것을 열심히 실천하고 있는 중이다. 그런데 또 요즘 읽기 시작한 〈나는 습관을 조금 바꾸기로 했다〉도 상당히 비슷한 내용이다. 아니 읽다 보니까 그냥 내가 하고 있는 짓이랑 겹치는 게 꽤 많더라. 늘 생각하지만 이 세상에는 참 다양한 인간이 많다. 하지만 또 가끔 보면 생각하는 게 대부분 비슷비슷하다. 대체적으로 내 눈에 예쁜 옷은 쟤 눈에도 예뻐서 품절되는 것이랑 비슷한 거지.

일단 책 표지에 써 있는 저자가 버린 습관 중에서 술 마시는 습관은 나도 본의 아니게 버린 것 같다. 버렸다기보다 까먹어가고 있다. 언제든지 술 마실 준비는 되어 있지만. 그리고 새로 만든 습관을 보고 그만 빵 터져버렸다.

새벽 5시에 일어나기

일기 쓰기

근력 운동하기

요가, 명상하기

블로그 운영하기

원고 쓰기

⋮

응? 10km 달리기 빼고 내가 다 하고 있네? 하루 스케줄도 얼추 비슷? 내가 오전 7시부터 일하는 것만 빼면(이 분은 백수라고 했다.) 도서관으로 출근하기 전까지는 내 일정이랑 꽤 비슷하다. 그리고 어제 읽은 부분 중의 하이라이트는 바로 이것!

어제도 내가 돈 많은 백수가 되고 싶다고 한 이유는, 정말 아무런 경제 활동을 하지 않고 살아도 되는 인간이었으면 좋겠다는 의미였는데….

사실 나도 잘 알고 있다. 노동의 대가 내지는 일이 주는 성취감을 맛보기 전까지의 과정이 조옷나 조옷나 통째로 찜쪄지는 느낌인 데다가 어떤 날은 너덜너덜해지기도 하고 차라리 '시팡년놈'이 있으면 쟤네들을 욕하면 되는데, 이제는 원망의 대상도 없을 때… 아니, 알고 보니 내가 그 시팡년일 때 정말 막 성취감이고 나발이고 그냥 아무것도 안 하고 싶은 거지. 어쨌든 그래서 나는 돈 많은 백수라는 축복을 '득'하고 싶은 건데, '자유 시간이 하루 7시간 이상일 때 오히려 행복도가 떨어진다.'

음~ 개소리하지 말라고, 나는 행복하게 아무것도 안 하고 살 수 있다고 이야기하고 싶지만, 아무것도 안 해서 행복하려면 그 전날, 그 전전날, 그리고 그 전의 전의 전의 전날까지도 조옷나 빡세게 무언가를 하고 마무리까지 잘해야 아무것도 안 해서 행복하다는 걸 너무 자주 겪은 직장 생활 16년째인지, 17년째 중인 부자엄마AZ.

행복해지려면 무언가를 하고 있어야 한다. 생각해 보니까 그래서 난 늘 스트레스를 받을 때마다 아무것도 안 하고 싶다고 말하면서도 요리를 한다든지, 냉장고 청소라도 한다든지 무언가를 계속하고 있다.

어제는 새벽부터 업무를 보았고 퇴근 시간까지 조정한 후 병원에 갔다. 30초도 안 되는 의사의 이야기를 들으려고 내가 얼마나 일을 몰아서 하고 스케줄을 조정했는지 저 의사는 당연히 알 수가 없겠지? 하지만 아무리 그래도 30초 진료는 너무 한 거 아냐?

"운동하시고 식단 관리 잘하세요."라고 말하는데, 진짜 "아니, 시팡~"이라고 이야기할 뻔했다. 물론 나도 안다. 그 의사 입장에서는 그 말 외에는 할 말이 없다는 걸. "지금 식단 관리 300일 넘게 했고요, 운동 열라 하고 있거든요?" 물론 당신은 알 턱이 없지. 하지만 먼저 물어볼 순 있었잖아? "운동하세요? 식단은 어떻게 드시죠?" 이런 식으로 먼저 물어보고 뭐가 문제인지 말해줄 수 있지 않았을까?

어쨌든 병원을 다녀오면서 분노 게이지가 혹 올라갔지만, 바로 우리 애 하원하러 어린이집에 갔다가 태권도학원에 바로 데려다주고 남편에게 "나 오늘은 진짜 진짜 저녁 못한다!"라고 이야기하면서 정말 아무것도 안 하고 싶다고 말했다. 남편도 알겠다고, 고생했다고, 저녁 식사는 자기가 시킨다고 했는데, 밤 8시가 되어도 남편이 주문한 저녁은 도착을 안 해서 결국 야구보다 말고, 밥 기다리다 말고 저녁을 했다? 하아~

애가 계속 배고프다고 해서 아몬드를 먹으면서 버텼는데, 밤 8시는 내가 생각해도 너무 하니까 결국 토마토를 잘라서 올리브유에 볶다가 소금 살짝 뿌리고, 달걀 넣고, 파 넣고, 치즈 넣어서 알 수 없는 요리를 만들었다. 비주얼도 꼭 누가 술 먹고 토한 것 같았는데 왜 이렇게 맛있는 건지, 우리 애가 내일도 해달라고 했다. 어쨌든 저걸 거의 다 먹어갈 때가 되어서야 저녁이 배달되어서 허겁지겁 먹고 밤 9시부터 잤다. 물론 밤 10시에 우리 애가 울면서 아빠가 사라졌다고. ㅎㅎ (아빠는 음식물 쓰레기 버리러 간 거였어!)

우리 애를 밤 11시까지인가 재우느라 나도 잠깐 깼다가 재우면서 같이 잤다. 원래 야구를 챙겨볼 계획이었는데, 나의 야구사랑은 병원을 다녀와서 빡친 데다가, 저녁 배달이 늦어서 더 짜증이 난 데다가, 급하게 먹고 속이 더부룩해서 기분이 안 좋은 나의 심리 상태를 이기지 못하고, 그래서 야구는 못 봤다. 결국 자다 말고 남편에게 "여보, 야구 몇 대 몇으로 졌어?"라고 물어보는 걸로 끝났다.

당연히 졌을 거라고 생각했는데 정말 졌더라. 올림픽 야구 경기를 너무 기대했는데 재미가 없어도 이렇게 재미가 없어도 되는 건지? 삼성의 박해민과 국가대표 박해민이 다르다는 사실과(너무 잘해!), 바람의 아들의 아들이라 바람의 손자인 이정후는 잘생겼는데 야구도 잘한다는 사실과, 개 욕먹고 합류했지만 자기 몫 제대로 한 오지환과, 늘 그만큼 잘하는 허경민 정도? 사실 딱 한 명만 꼽으라고 하면 박해민이냐, 이정후냐 둘 중에서 고민해야 할 것 같은데, 어차피 이렇게 된 거 동메달이라도 따서 군대 면제받기를 기도해 줄게.

오늘도 해야 하는 일과 하고 싶은 일이 많다. 200일 동안 열심히 잘 기록한 나에게 (또?) 칭찬해 주고 싶고 277억의 미라클은 언제 올지 (아직 포기하지 않았다. 한 번도 포기한 적은 없다!) 기대해 봅니다.

201일, 내일 또 만나.
오늘도 좋은 아침!

좋게 봐주셔서 정말 감사합니다!

오늘은 미라클 모닝 못할 줄 알았는데 그냥 일어났다. 그래, 화이자 백신, 너도 나의 미라클 모닝을 응원하는구나? 고~ 오~ 맙~ 다!

우리 가족들 중에서 내가 유일하게 사치하는 사람인 건 사실 알고 있었지만, 어제 이래저래 또다시 이걸 느끼게 된 사건이 있었어. 남동생이 주말에 청계산을 다녀왔다고 하길래 물었지.

"청계산입구역에서 내려서 가면 가깝지?"

"응, 근데 난 양재역에서 버스 타고 갔다 왔어."

"청계산은 청계산입구역에 바로 붙어있지 않아?"

"누나, 청계산입구역은 신분당선이잖아. 그거 지하철비 엄청 비싸. 하지만 양재역에서 버스 타면 환승 할인도 되고 시간도 10분 정도만 더 걸려. 그래서 난 양재역에서 버스로 환승해서 가."

저거 몇백 원 차이 안 나지 않나? 얘가 돈 아끼는 건 알았는데 이 정도일 줄은 진짜 몰랐다. 아니, 나보다 돈도 잘 버는 애가 몇백 원 아끼려고 신분당선을 안 탄다는 게 나는 충격이었어. 내 소비 행태를 알면 미친년인 줄 알겠다.

그리고 또 하나. 어제 가족 카톡방에 엄마가 한마디 했다. 지금 일하고 계신 곳에서 나름 승진하게 되셨는데, 그게 하필 새로운 업무였다. 하지만 새로운 업무를 제대로 할 수 있었던 건, 40년 전에 따 놓은 자격증과 또 4년 전에 따 놓은 자격증 덕분이라고 말씀하시면서 어쨌든 우리에게 늙을 때까지 일하라고 하셨다. 나 진짜 어제 주사 맞아서 약간 팔도 아프고, 피곤하고, 좀 나태해지는 순간이어서 "은퇴하고 싶다."고 말했다가 문자로, 전화로 엄청 혼났다. "아니 아니, 은퇴라기보다는 쉼표가 필요하다고!"라고 재빨리 정정했는데도 엄마에게 이 나이에 혼났지 뭐.

회사원들은 참⋯ 뭐가 힘드냐면 저런 쉼표가 너무 없다는 것이

다. 솔직히 휴가 내고 여행 갈 수는 있는데, 결혼하고 아이가 생기니까 2박 3일 여행도 일이더라. 짐 싸는 것부터 거의 이삿짐 수준일 때도 많고 막상 여행지에 가서 "뭐 하지? 뭐 먹지?" 생각하는 것 자체가 새로운 일 아니던가? 1주일, 2주일씩 가면 그래도 좀 나은데 어떤 회사원이 이렇게 긴 휴가를 쉽게 가던가?

정말 삶의 쉼표가 너무 없는 일상의 연속이라 이 안에서 소소하게 재미를 찾거나 개인적인 루틴을 만드는 것 외에 1년에 한 번씩 좀 길게 이벤트를 만들어 충전하는 건 참 어렵더라. 물론 마음먹기에 따라 다르겠지만 나는 아직 그런 깜냥이 없어서 아쉽다.

오늘 새벽에 문득 블로그 이웃들의 글을 읽다가 혼자 키득키득거리기도 하고, 댓글도 달고, 이런저런 생각도 해 봤는데, '저를 안 좋게 보는 사람들, 저도 그 사람들을 안 좋게 봅니다.'라는 말의 다른 버전으로 '나를 좋게 보는 사람들, 나도 그 사람들을 좋게 보고 그 사람들에게 감사합니다.'라는 말이 하고 싶었다. 저를 좋게 봐주시는 이웃 여러분, 감사합니다. ㅎㅎ (갑자기?)

그런데 사실 진짜 인간 부자엄마AZ는 엄청나게 게으른데, 이게 기록을 하다 보면 뭔가 묘하게 내가 좀 부지런을 떤 일만 기록하게 되네요. (당연하지! 아무것도 안 한 걸 기록하진 않겠지?) 저도 꽤 자주

제가 쓴 글을 읽으면서 키득키득거리는데, 어떤 날은 '세상에, 내가 쓴 글 맞아? 내가 이렇게 부지런하다고?' 하는 날이 꽤 있을 정도다. 어쨌든 저한테 속으시면 안 됩니다. 온라인의 부자엄마AZ는 현실과 상당히 다를 수 있어요. ㅎㅎ

재택근무가 1년 반이 넘었고 9월까지 재택근무를 하라는 가이드가 내려왔다. 정말 감사한 일이고 늘 우리 회사 만세, 만세, 만만세!인데, 온라인에서 거의 대부분의 일을 해결하는 요즘이 편하면서도 무척 신기하다. 아, 그리고 화이자 백신을 맞은 팔은 너무 근육통이 심한데, 이건 모든 사람이 다 똑같이 느끼는 것 같더라. 친구 말대로 야구공 크기 정도의 부위가 당기고 샤워기 들기가 힘들 만큼 아파서 밤새 뒤척였다. 내가 우리 애에게 "엄마는 백신 맞아서 갑자기 아플 수도 있으니 네가 지켜줘야 해."라고 했더니 내 등을 토닥토닥해 줘서 약간 감동받으려고 했다. 하지만 "엄마, 토닥토닥해 줬으니까 좀 떨어져 줄래? 더워!"라고. 그런데 팔뚝이 진짜 아프네. 오늘 운동은 다 취소하고 아무것도 하지 말아야겠다.

오늘도 좋은 아침!

15년째 소중한 입사 기념일

엔비디아(NVIDIA) 매도한다고 늦게 잤고 일어나자마자 주가를 확인했는데, 왜 이렇게 배가 아프지? '주당 4달러면 도대체 얼마냐?'라고 10초 정도 생각했다. 어쩔 수 없지. 매수는 기술이고 매도는 예술이라며. 예술은 어려운 영역이니까.

어제는 나의 입사 기념일로, 나에게 정말 의미 있는 날이었다. 2007년 8월 23일에 입사해서 15년 동안 근속했다. 고스란히 페이스북에 남아있는 과거의 흔적. 365일 중 364일은 '난 참 게을러.'라고 생각하며 살다가도 8월 23일만 되면 '아~ 게으름 속에 꾸준함이 있구나!'라면서 매번 셀프 축하를 했다. 억지로 가져다 붙이면 이 것이야말로 GRIT이 아닐까? 그냥 'GRIT'이라고 할래···. ㅎㅎ

참 많이 투덜댔지만 그래도 늘 감사하는 마음으로 회사를 다녔 다고 거짓말을 하고 싶네요. 사원으로 입사해서 휴직 한 번 안 하 고 열심히 달려왔다. 휴직을 안 쓴 이유는 아주 대단하고 원대한 계획이 있어서라기보다 저 휴직을 남겨놔야 힘들 때 뭔가 힘이 될 것 같은 변태스러운 마음이 있었기 때문이지. ㅋㅋ

육아휴직은 적절한 시기에, 좋을 때 꼭 쓰고 싶습니다.

애 낳고 90일 만에 복귀하느라 무척 힘들었는데, 지금 생각해 보니까 힘든 건 별로 생각이 안 난다. 그래도 육아휴직 안 쓰고 복 귀한 후 승진할 수 있어서 감사했다(라고 세뇌해 본다). 휴가도 리셋되 었으니 1년 또 열심히 살아보겠습니다.

나의 소중한 기념일 축하해.
잘했고, 잘하고 있고, 앞으로 더더욱 잘할 거야.

어제 집에 오는 길에 엘리베이터에서 우리 애가,

"엄마, 오늘 어린이집에서 정말 재미있는 일이 있었어."

"뭔데?"

"우리가 키우는 달팽이가 글쎄 도망간 거야. 그래서 어디 갔지? 하고 한참을 찾아봤는데 아래쪽에서 그걸 또 찾은 거야. 달팽이가 엄청 작은 달팽이거든. 근데 글쎄 새끼를 낳았더라고. 새끼가 정말 작아."

이렇게 조곤조곤 설명해 주는데 눈이 막 반짝반짝~ 너는 정말 사랑이야. 그리고 저녁은 압력솥에 밥을 하고, 김치냉장고에서 김치를 꺼내고, 대패삼겹살이랑 가지랑 볶았는데, 우리 애는 생연어를 너무 좋아해서 연어 2만 원어치를 혼자 다 먹었다. "엄마, 너무 맛있어서 기절할 것 같아."라면서 먹는데 도대체 저런 표현은 어디서 배우는 걸까? 저렇게 말하면 밥 차려주는 사람도 기분이 너무 좋지.

너는 정말 사랑이야.

오늘도 좋은 아침!

미안해하지 않아, 엄마도 일하거든!

어제 새벽에 유튜버 '요가소년'의 라이브 스트리밍을 봤는데, 어제도 요가소년이 나의 이름을 불러주셨다. 영광입니다!

숨만 쉬어가면서 일하다가 우리 애 하원하러 어린이집에 갔더니 태권도학원에 나왔던 다른 아이의 학부모가 코로나 확진이어서 급하게 태권도 수업을 못한다는 소리를 들었다. 그래서 어린이집에 약간 늦게 데리러 갔는데, "엄마, 오늘 엄마가 조금 늦게 데리러 와서 좋았어!"라고 말하는 우리 애. 너무 귀여워~. 일단 차를 주차하고 아이와 산책했다. 강아지풀을 뜯어서 손등을 간질간질하게도 해 보고 예쁜 하늘 구경도 했다.

"엄마, 저기 엄마 회사 건물 아니야?"
"엄마, 저기쯤에 야구장이 있잖아?"

쉬지 않고 조잘조잘거리는 우리 애. 이번 산책의 목표는 우리 애가 좋아하는 놀이터까지 가는 것!

"엄마, 2가지 길이 있어. 하나는 쉬운 길이고 하나는 어려운 길이거든. 내가 알려줄게. 어떤 길로 가고 싶은지 엄마가 골라봐."

이렇게 이야기하는 우리 애가 너무 신기하고 언제 이렇게 컸나 싶다. 어려운 길로 가보자고 했더니,

"어려운 길은 숲길이라서 좋아. 거기 가다가 계단 올라가는 곳이 있는데, 그 계단을 올라가면 남산타워도 볼 수 있어. 저녁에는 야경도 멋지다니까?"

이렇게 친절하게 설명해 주네. 우리 애가 말한 저녁에 오면 멋

진 야경을 볼 수 있는 장소, 그리고 놀이터 도착. 이것저것 놀이기구를 재미있게 타다가 물을 마시고 싶다고 해서 새 아파트 단지 사이를 걸어서 내려가기로 했다. 와~ 새 아파트라 조경이 끝내준다.

저녁은 동생네서 먹었다. 요즘 우리 조카가 한글 연습하는 연습장을 보고 나 완전 기절. 6살이 벌써 이렇게 글씨를 잘 쓴다고요? 내가 너무 놀라서 대단하다고 칭찬하니까 우리 애가 샘이 났는지 "엄마, 그래도 숫자 쓰는 건 내가 한 수 위지?"라고 이야기한다. ㅎㅎ
적절한 승부욕이나 경쟁심은 아이들에게 필요하다고 하더니 정말 맞는 거 같다. 집에 와서 자기도 한글 공부하겠다고 '가가가 가가가 나나나나나나'를 쓰더라고. 정말 귀엽다. 그리고 저녁에 후식으로 선물 받은 소중한 르타오 치즈케이크를 먹었다. 정말 존경? 경외? 하는 분이 주신 선물이라 그런지 더 맛있더라.

"오늘 엄마랑 산책한 거 어땠어?"
"엄마는 어땠어? 나는 너무너무 좋았어. 내일도 또 오고 싶어."

나도 너무너무 좋았다. 2시간 동안 조잘조잘 우리 애 이야기도 듣고, 오랜만에 이 좋은 가을 날씨도 만끽하고. "평소에 자주 못 가

서 미안해."라고 말하려다가 "엄마도 너무 행복한 시간이었어. 같
이 산책해서 참 좋았어. 고마워."라고 말했다.

"근데 왜 고마워?"

아, 그렇지. 고마울 일이 아니지. 따지고 보면 쟤가 가자고 해서
내가 같이 가준 건데. 그리고 미안해할 일은 더더욱 아니지. 엄마
의 역할도 있지만 직장인의 역할도 있으니까. 나도 내 딴에는 나름
최선을 다하고 있거든.

좋은 시간이었고 행복한 데이트였던 걸로 하자. 자주 가면 좋
은 일이고 자주 못 가도 미안할 일은 아니야. 아빠랑 같이 가도 되
는 거니까. 그렇지?

아, 주말이 다가온다.
오늘도 좋은 아침!

워킹맘에게 집밥이란?

어제는 하루 종일 너무 바빠서 정신이 하나도 없었다. 그래도 집밥을 해 먹으니 너무나 뿌듯하더라고. 별거 아닐 수 있지만, 나 같은 워킹맘에게 '집밥'이란 칭찬받고 싶은 일이거든. 난 마음속에 나만의 칭찬보드가 있어서 설거지 한 번 해도 스티커 하나 붙이고, 청소기 한 번 돌려도 스티커 하나 붙이고, 빨래 한 번 해도 스티커 하나 붙이고, 밥 한 번 해도 스티커 하나 붙이고…. 이런 식으로 업무 수행을 한다 생각하고 마음속 칭찬보드에 스티커를 붙여나간다.

집안일을 나랑 쟤랑 같이해야 하는 건데 내가 압도적으로 늘 더 많이 한다. (이걸 쟤는 모른다.) 쟤는 아이 등원이랑 음식물 쓰레기 버리기랑 화장실 청소 담당. 그런데 스티커 하나당 5천 원이라고 생각하면 또 몸이 움직여지더라? '청소기 돌리고, 빨래하고, 빨래를 개고, 밥을 했으니 2만 원어치 집안일을 한 것이다. 고로 2만 원 벌었다!' 정도의 의식으로 흐른다.

다들 '부업, 부업' 하지만, 나는 매일 이런 식으로 부업을 하고 있다. 뭐 귀찮은 일이지만 또 저런 집안일을 돈까지 줘가면서 남에게 시킬 수는 없으니까 그냥 좀 더럽게 살지 뭐. 안 하면 조옷나 티 나지만 해도 별로 티 안 나는 집안일을 '해야 할 일'이라고 분류하고 사니까 덜 귀찮더라고. '귀찮으면 언제든지 안 해도 돼.'라고 생각했더니 마음이 편하다. 그리고 안 해도 된다고 생각하니까 '별것도 아닌데 하지 뭐.'라는 생각이 들고. 그래도 여전히 우리 집은 엉망진창이지만, 어쨌든 우리집이 돌아가는 걸 보니 포스트잇으로 돌아가는 맛집 시스템이 의아할 게 아니라 이렇게 살고 있는 내 인생도 의아한 구석이 한두 가지가 아니다. 그래서 뭐라고? 잘하고 있다고!

잘하고 있어.
오늘도 좋은 아침!

아이가 아프면 현타가 쎄게 온다

점심시간에 어린이집에서 전화가 왔길래 '무슨 일일까?' 하고
받았는데,

"어머님, 아이가 열이 나요. 37.5도 넘으면 하원하는 게 가이드
여서 지금 데리러 오셔야 할 것 같아요."
"지…금요? 저 하던 일 있는데 끝내고 1시간 후에 가도 될까요?"
"아~ 다른 분에게 부탁하실 수는 없나요?"

없지요. 부탁할 사람이 없어요. ㅠㅠ

일단 해열제를 먹여달라고 하고, 조금만 더 봐달라고 말씀드리면서 최대한 빨리 가겠다고 하고, 하던 일 마무리한 후 시동을 걸었다. 하~ 정말 액셀을 어찌나 꾹꾹 밟아가면서 차선을 지그재그로 달려서 갔는지 차가 뻑뻑해진 느낌이 들었다.

'업무 시간이 아직 남았는데…'
'밥도 해야 하네…'
'병원은 언제 가지? …'

아이를 만나자마자 상황을 파악하고 어떤 식으로 오후 일정을 바꿔야 하는지 머릿속으로 미리 그려보았다.

일단 PT 선생님께 전화해서 내 일정을 취소했다. (이것도 차가 신호에 걸렸을 때 잠깐 짬을 내서….) 아이를 만나서 여전히 열이 있으면 바로 병원에 가고 해열제를 먹이자. 만약 열이 떨어졌다면 낮잠을 재우고, 병원에 가고, 그사이에 밥을 해야겠다. 근데 밥은… 뭐 하지? 소아과를 가긴 가야겠어. 태권도는 못 보내겠네. 남편이 저녁 8시쯤 오니까 그 이후에 운동을 갈까? 아니야, 오늘은 안 되겠어. 머릿속으로 여러 가지 경우의 수를 생각해 보면서 어린이집에 도착했다. 아이가 열이 나고 힘이 없다고 해서서 정말 걱정했는데, 막상 어린이집 현관문에서 만난 우리 애는 세상 밝다. 목소리는 약간 맹맹했지만.

"어머님, 아까 바깥 놀이터에서 놀 때도 피곤하다고 해서 혼자 교실에서 쉬었는데, 점심시간에 갈비탕 나온 걸 먹고, 그것도 아주 많이 먹고 지금 다시 컨디션이 좋아졌어요. 열도 내렸어요!"

아~ 역시 너는 사랑이야. 밥은 보약이지. 암~ 밥 먹고 힘이 난 우리 애. 그래서 본의 아니게 오후부터는 아이랑 같이 재택근무를 했다. 그 와중에 알림장 사진은 너무 사랑스럽더라. 열은 떨어졌는데 약간 기침을 하길래 간식을 챙겨주고 낮잠을 자라고 했다. "엄마, 일해. 나는 이제 열 안 나. 열 재지 마!" 내가 10분마다 계속 열을 재려고 하고 이마에 자주 손을 대니까 자기는 열이 나지 않는다면서 엄마 일하라고 하는 우리 애가 너무 고맙기도 하고, 짠하기도 하고. 하지만 이런 건 살다가 겪을 수밖에 없는 일이니까… 고마워만 하기로 했다. "너도 나에게 고마워해야지. 내가 재택근무하는 회사에 다니지 않았다면 이렇게 일하다 말고 데리러 오는 일은 불가능했을 테니까!"라고 센 척 말하지만 속이 상하긴 하더라.

낮잠 자기 싫다고 하다가 엄마 일하고 집 안을 정리해야 소아과에 갈 수 있다고 했더니 인형을 끌어안고 억지로 낮잠을 자려고 하는 우리 애, 진짜 사랑이야. 낮잠 자는 동안 난 일하던 거 마무리하고, 거실 좀 정리하고, 빨래 돌렸던 옷을 건조기에 넣고, 또 그 와중에 슬랙이 울려서 다시 노트북을 열고 일하다가 보니 아이가 일어났다.

"엄마, 이리 와. 내 옆에서 있어 줘." 하길래 옆에 있어 주다가 잠이 깨는 걸 보고 같이 소아과에 갔다. 의사 샘이 아이의 목이 좀 부었고 감기가 시작되었다고 했다.

"어머님, 다음에 또 언제 오실 수 있으세요? 회사 다니셔서 다음 주 월요일은 안 되시나요?"

"선생님, 저 재택근무 중이라 월요일 가능해요. 그때 올게요."

"어머님, 늘 안 된다고 하셨는데 자신 있게 월요일에 된다고 하시니 좋네요."

네… 당연히 늘 안 되죠. 어떤 직장인이 금요일에 갑자기 애 아프다고 휴가를 내고 월요일 휴가를 또 낼 수 있나요?

이럴 때는 워킹맘으로 사는 인생에 현타가 온다. 애 아빠는 이

상황을 전혀 모르지. 나는 오늘뿐만 아니라 다음 주 일정도 다 머릿속으로 조정하고 경우의 수에 따라서 플랜을 짜야 하지. 그리고 밥은? 일하다 말고 애 아프다고 전화 받은 건 코로나 이후 처음이었는데, 생각해 보니까 여러 번 이랬지. 아이가 어릴 땐, 그때는 어떻게 했더라? 일하다 말고 사무실 문을 박차고 나왔을 때 과연 나의 매니저들은 뭐라고 생각했을까? 오히려 엄마인 매니저가 더 야박하게 굴었던 순간이 떠오른다.

"애 봐줄 사람 없어?"
"네… 없어요…. (너는 있어서 좋겠다…. ㅆ…)"

병원을 다녀오면서 생선가게를 지나갔다. 한참 물고기를 구경하다가 지난번에 2만 원 했던 연어가 1만 5천 원 하는 걸 보고 "어머, 사장님, 왜 싸졌어요?" 했더니 크기가 작아져서 그렇다고. 여전히 큰데? 그래도 아이가 아픈데 밥을 잘 먹여야 할 것 같아서 연어 한 마리와 백합조개 1kg을 샀다. 생선가게에서 한참을 구경했는데 수족관보다 더 재미있었다. 그리고 밥은 보약이니까 집에 와서 저녁을 하기 시작했다.

연어는 생선가게 총각이 알려준 방법으로 일부 소분해서 냉동하고 나머지는 오븐에 구우려고 올리브유를 발라두었다. 집에 파가 없어서 무랑 양파만 넣고 육수를 냈다. 백합조개는 해감이 다 된 거라고 하셨지만, 일단 소금물에 조금 더 담가두고 밥을 했다. 백합 껍데기를 살살 잘 씻은 다음에 우려낸 육수에 넣었다. 저 백합은 솔직히 1kg이어도 양이 무척 많지는 않은데, 우리 애가 너무 맛있다고 "엄마, 나 바지락 더 줘!" 하면서 먹었다. 이번 주 내내 집밥하고 설거짓거리 다 처리하느라 엄지손톱이 갈라지기 시작했는데, 그래도 잘 먹는 아이 덕분에 아무렇지도 않더라.

아이가 아프면 엄마도 아프다. 물론… 계획해 두었던 일정이 모두 다 어그러지는 순간이 불합리하다고 생각되는 7초 정도의 시간조차 아예 없다고는 할 수 없다. 내가 모성애가 없거나 이기적이라서 그런 게 아니라 오늘만 살고 끝날 일이 아니니까 그런 거라고 생각한다. 내일이 또 있으니까.

아이 덕분에 그동안 나도 많이 컸다. 지금 새벽에 일어나서 내 루틴대로 하고 있는데, 5시 50분쯤 누가 내 방문을 '똑똑똑' 두드린다. 우리 애다.

"엄마, 나 여기서 잘게."

"기침 나?"

"아까는 조금 났지만, 지금은 괜찮아. 나 이제 안 아파."

네가 아프면 나도 아프고 네가 괜찮으면 나도 괜찮아. 물론 엄마는 마음만 아프고 엄마까지 몸이 아프면 그건 큰일 날 일이지. 아빠를 믿고 우리를 맡겨야 한다? Huh? 오늘은 아프지 않기로 약속했으니까 약속 지켜줘. 사랑해. 그래도 좋은 아침이다, 그치?

오늘도 아주 좋은 아침!

매번 엄마 발만 동동동~

오늘은 바로 내 생일이다. 금요일에 운동을 갔는데 그룹 PT 대표님이 "월요일에 운동 오세요?"라고 물어보시길래 "아이가 아파서 어린이집에 못 가면 못 올 것 같아요."라고 했더니 스타벅스 상품권 하나를 주셨다. 힝~ 생각지도 못했는데 감사합니다! 어제 날이 추워서 따뜻한 라떼(우유 대신 오트 밀크)를 마셨다. 맛있지는 않았지만, (라떼는 역시 우유지!) 건강한 맛이었어. 감사합니다.

생일이라고 친정 부모님이 오셔서 한우 먹으러 갔는데, 우리 애가 짜증을 내다가 잠들어서 내 허벅지를 베고 눕게 했다. 그 와중에 엄마가 생일 금일봉을 주시길래 진짜 식당에서 진심으로 짜증을 냈다.

"손도 없고 주머니도 없어!"
"그래도 받아."
"아, 이따가. 쫌!"

무시라, 무시라~! 돈을 준다고 해도 이렇게 눈치를 주냐고 엄마도 투덜투덜…. 아니, 나도 지금 ㅎㅎ 움직일 수가 없다고요. 진짜… 쫌!

저 멀리 하남까지 보이는 카페의 테라스, 운치는 좋은데 소똥 냄새도 신나게 나더라. 그리고 생일 케이크에 초도 꽂았다. 가족 모두 있는 데서 내가 "나 전세만 빠지면 해외에 좀 다녀올 거야. 가서 곰에 집 살 거야." 했더니 남편은 어이없어하면서 웃었고, 아빠는 "할 수 있어? 되는 거야?" 했고, 아버님은 "하지 말… 지…."라고 하시고, 엄마는 "순리대로 제발 적당히 좀 살아라."라고 했고, 시어머님은 "알아서 잘하니까."라고 하셨다.

내가 뭘 하겠다고 하면 부동산도 그렇고 다, 모두 다~ 하지 말고 가만히 있으라고 하는 이유는 도대체 뭘까? 그리고 다 지나고 나면 "그때 잘했네!"라고 하는 이유는? ㅋㅋ

정말 내가 하는 그 무엇 하나에 이렇게 심적으로 지원 사격을 못 받으면서 살 수도 있나 싶을 정도로 대단한 가족이다. 비트코인도 팔아라 하고, 미국 주식도 팔아라 하고, 집도 팔아라 하는 이유는 도대체 뭐예요? 진짜 궁금! 그런데 저렇게 물어보면 결국 싸우자는 거지 뭐…. ㅎㅎ

다들 걱정돼서 그런다고 하시는데, 그렇게 걱정되면 지원을 좀 해 주…면 되는 거… 아닌가요? 아니, 그런데 월급 받고, 적금 들고, 가만히 있으면 그 다음 단계로 진행은 할 수 있나요? 가만히 있으면 그냥 아무 일도 일어나지 않는데? 세금 내느라 오히려 더 가난해지는데? 세금 낼 일을 안 만들면 자산이 아예 없는 건데? 어쨌든 어른들 이야기는 들어드리는 게 어떤 의미에서는 효도니까 잘 들어드린 후 "네, 알겠습니다."라고 대답해 드렸다.

일이 잘 안 풀릴 때를 늘 먼저 생각하게 되는 어른들의 마음을 모르는 것은 아니니까. 그렇다고 모든 걸 비밀리에 진행할 수도 없으니까. 무엇보다 가족 중에서 그래도 제일 젊은 우리 애 아빠도 내 이야기를 듣고 아무런 현실적인 의견도 없고 별로 도와주려고도 하지 않으니까 (그리고 애초에 기대도 안 했다!) 그냥 내 쪼대로 하는 거지 뭐. 그런데 또 잘되면 자기가 한 것처럼 좋아하고!?

그래, 방해하거나 훈수 두는 사람이 없어서 좋다. 훈수 두더라도 내가 안 듣는다는 걸 다 알아줘서 고맙지 뭐. 어쨌든 나 낳느라고 고생한 건 엄마인데, 나에게 또 한소리 신나게 들으셨다.

내년에 우리 애 유치원 가면 아빠가 새벽에 출근하는 엄마를 지하철역까지 데려다주고, 지하철을 1시간을 타고 와서 우리 애 등원해 주고, 유치원 근처에서 기다렸다가 우리 애 하원해 주고, 다시 지하철을 1시간 30분 타고 집에 가시겠다면서 걱정하지 말라고, 등하원 다 해 주겠다고 하시는데, 걱정은 안 되는데 숨이 막혀요. 서울도 아니고 저기 경기도 구석에 살면서 운전도 못하는데 무슨 서울까지 와서 애 등하원을 해 주시겠다고…. 왔다 갔다 4시간쯤 걸리는데… 정말 도와주겠다는 마음만 받겠다고 했더니, 또 "아니라고! 할 수 있다고! 별거 아니라고!"… 아니요! 필요 없다고요. ㅋㅋ
아, 워킹맘… 가끔 안 힘들다가 종종 현타 오는데, 진짜 이럴 때는 힘들어해야 할지, 감사해야 할지 헷갈리네…. 엄마는 환갑 넘어 겨우 입사한 회사를 나 때문에 그만두고 우리 애 등하원해 주러 하루에 3~4시간씩 대중교통을 이용해서 왔다 갔다 하시겠다? 음? 왜 감사의 눈물이 안 나고 목구멍이 막 따끔하고 짜증이 확 날까? 그냥 일해요, 엄마…. ㅎㅎ

그리고 오늘의 독서는 〈부자의 언어〉에 나오는 이야기.

편안함은 모든 감옥을 다 합친 것보다 더한 감옥을 만들어낸다.

- 그랜트 카돈(Grant Cardone)

이건 진짜 맞는 말이다. 매일 저 편안한 감옥에서 편하게 사는 인간 하나를 아는데, 그건 바로 어제도 마찬가지. 말 한마디 안 하고 소파에 반쯤 누워서 TV 켜놓고 핸드폰 가로로 돌려서 유튜브 보면서 키득키득거리고 있는… 몰래카메라 같은 거 보고 웃고 저녁 3시간 내내 핸드폰만 들여다보는 나이는 이제 지나지 않았니? 나는 이제 공포를 마주하고 변화를 만나야겠다. 어쨌든 덕분에 많은 생각을 한 생일 전야제였어.

아이는 내일 어린이집에 못 갈 것 같다. 당장 이것부터 저녁 내내 내 마음이 답답했는데, 나만 일정을 조율해야 해서 영어 선생님과 운동 선생님에게 계속 연락 오고, 메일 일정 다 확인해 보고, 남편에게 휴가 낼 수 있냐고 했더니 대답도 안 하고. ㅋㅋ
나는 금요일부터 일하다 말고 애 데리고 오느라 이번 주는 정말 바빠서 집에서 아이 데리고는 일 못 할 거 같다고…. 내 상황을 들고 눈치 보던 시어머님이 어머님 아들 하는 꼴을 보고 며칠 봐준다고 하셨다. 애가 아프면 시뮬레이션 돌리고 발 동동 구르는 건 왜 애 엄마만 하고 있는 건지 알 수가 없다. 하지만 사실 애 엄마로 6년쯤 살아보니 알 것 같기도 하고⋯. 뭐 이러나저러나 어쩔 수 없지 뭐.

일하러 갑시다.
오늘도 좋은 아침!

엄마는 아플 시간이 없어요

어제는 출근을 했다. 자고 있는 우리 애 뒤통수를 보면서 마음속으로 인사를 하고, 자고 있는 남편에게 속삭였지.

"여보, 나 출근할게. 옷은 분홍색 옷 입히면 되고 양말도 옆에 꺼내놨어. 내일 춥다고 하니까 패딩 입히고, 아침에 일어나자마자 꼭 화장실 가서 쉬 하라고 하고, 세수시키고, 양치시키고, 어린이집에 조심히 데려다줘."

왜 이렇게 당연한 걸 굳이 새벽에 말하냐면 엄마들은 알지, 저

건 꼭 챙기라는 의미라는 걸. 저렇게 말 안 하면 위아래 다른 옷을 입힌다거나, 내복만 딸랑 입힌다거나, 한여름에 기모 들어간 옷을 입힌다거나, 한겨울에 구멍 뽕뽕 뚫린 옷을 입히기도 하거든요. 나랑 같이 사는 남자 어른만 그런 줄 알았는데 대부분 그러는 거 같더라고요.

왜 그런 줄 알아요? 자기 일이 아니라고 생각하니깐. 애 엄마가 하는 거라고 생각하니깐. 그래서 엄마의 무게는 같은 부모여도 더 무겁다니깐. 모성애? 그거 태어날 때 손이 2개인 것처럼, 발가락이 10개인 것처럼 모두가 다 가지고 태어나는 거 아닌데, 이상하게 엄마에게 주어지는 역할이 상당히 많더라.

억울한가? 열 받나? 음… 가끔은 열 받고, 가끔은 억울하고, 가끔은 우습다. 밖에 나가서 돈 벌어온다고 조옷나 위세 떨고 막 잘난 척, 똑똑한 척 다 하고 다니면서 애 옷 하나도 못 입히는 사람들을 보면 약간 우습지. ㅋㅋ (야, 돈은 나도 벌어…)

다행히 육아휴직을 한 우리 남편은 나보다 훨씬 낫다. 그 전날도 애 춥다고 패딩을 꺼낸 건 내가 아니라 남편이었어. 정말 아빠들의 육아휴직은 최고의 선택이었다.

아, 어쨌든… 내가 어제 좀 아팠다. 아니, 사실 그 전날부터 콧물이 흐르고 기침이 나기 시작했다. 갑자기 계절이 바뀌면 늘 이렇게 아프다. 정말 어제 출근했는데, 안 그래도 코로나 때문에 기침하는 게 눈치 보이는데, 콧물도 계속 질질 흐르고…. 그래서 갑 티슈 반 통을 다 쓰고 거울을 보니까 눈도 시뻘겋더라. 아프면 안 되는데? 서랍에서 지르텍 1알을 꺼내 먹고 애드빌 2알을 먹었다.

저녁 시간 전까지만 아프면 된다. 아파도 운전은 어찌어찌하니까 저녁 시간 전까지만 아프자. 엄마들은 아플 시간이 없거든요? 일하든 안 하든 상관없어요, 집안일 그거 해도 티 안 나지만, 아무도 감사하다고 하지 않지만… 안 하잖아요? 진짜로 폭탄이 따로 없거든요? 그리고 밥은? 빨래는? ㅋㅋ

어쨌든 정말 신께 빌고 빌었다. "나 엔씨소프트 수익 실현을 조금 하자마자 어제 상한가 친 거 하나도 열 안 받고 다 괜찮으니까 오늘 저녁 시간 전까지만 아프게 해 주세요. 저녁 이후에는 안 아프게 해 주세요." 신께서 내 기도를 들어주신 것 같다. ㅎㅎ 저녁 할 힘이 막 생기더라고?

하원하고, 태권도학원에 우리 애 데려다주고, 집에 와서 냉장고를 열었다. 지지난주만 해도 꽉꽉 차 있던 냉장고는 50~60%쯤 비어있었다. 반포 아파트로 이사 갈 준비한다고 요즘 열심히 냉장고에 있는 식재료를 파먹고 있거든요. 농사지은 고수가 눈에 보인다. 국자(시댁에서 키우는 닭)가 낳은 달걀도 7알이나 남았다.

어라? 쌀국수 면도 있네? 오호, 저녁은 팟타이다. 기름에 다진 마늘을 볶다가 파를 넣고, 양파도 넣고, 계란은 한쪽에 몽글몽글 미리 좀 볶아두고, 쌀국수 면은 물에 넣어두었다가 물기를 빼두었다. 냉동된 닭가슴살이 있길래 오븐에 양파랑 함께 넣어서 구웠다. 그리고 볶아둔 야채에 닭가슴살을 넣고, 쌀국수 면까지 같이 넣고 볶다가 팟타이소스 넣으면 끝! 그리고 남편을 위해서 소시지볶음도 하고 나를 위해서 월남쌈도 준비했다. 고수랑 부추랑 매운 고추랑 알 수 없는 야채랑(겨자일까?) 양파는 물에 담가서 매운 맛을 빼두고 닭가슴살이랑 라이스페이퍼에 넣어 돌돌 말아 먹는데 너무 맛있어. 진짜 너무너무 맛있더라. 맛있게 잘 먹었다.

아, 이케아 주방 상담을 했다. 그리고 침대 옆에 몇 권의 책을 두고 새벽에 한두 장씩, 아니면 한 문장이라도 읽으려고 하는데, 오늘 읽을 책은 〈돈의 속성〉이다.

좋은 돈을 모으려면
삶에 대한 확고한 철학이 있어야 한다.

그리고 그 철학은 나의 철학이어야 한다고 생각한다.

'기회'와 '행운'이라는 단어가 모든 책에 기본적으로 다 나오는 걸 보니, 눈에 보이지는 않지만 이것들이 정말 중요한 가치임에는 틀림이 없나 보다. 그래서 종교가 있고, 점을 보러 다니고, 뭐 그런 것 같다는 생각이 들었다.

아, 콧물은 멈추었지만 아침에 일어나자마자 몸은 천근만근이고 손이 다 퉁퉁 부었다. 손이 부으면 어디가 아픈 거지? 어쨌든 뭐 콧물이랑 기침이 안 나니까 괜찮아.

몸은 아파서 힘들지만, 그래도 좋은 아침!

세상에~ 미라클 모닝 300일 !

작심 300일째. 와~ 미라클 언제 오냐고, 올 거면 돈으로 오라고 난리 칠 때가 엊그제 같은데, 이걸 내가 300일을 했다. 나 같이 의지박약한 사람이 300일을 하고 이 300일을 고스란히 기록했다는 사실이 너무나도 뿌듯하고 자랑스럽다. 오늘은 나를 위해서 선물 하나 해 줘야지. 오늘이 300일째여서 그런가? 눈이 일찍 떠졌다. 일어나서 기상 시간을 캡처해 기록하고 곰곰이 생각해 보았다.

내 인생은 300일 동안 변했을까?

그저 피곤하기만 했나?

글로, 말로 설명하기는 힘들지만 다르긴 다르다. 달라요, 달라.

자, 300일이면 뭐 해야 하지? 세상이 바뀌었나? 나는 277억의 자산가가 되었나? 47kg의 복근과 기립근이 있나? 아니면 매일 아침 쓰는 자기 확언 중에서 하나라도 이룬 것이 있나?

없. 습. 니. 다.

그럼 뭘 해야 하지?

뭘 해야 하냐면 하던 걸 계속 하면 된다. 꾸준하게!

세상은 끝나지 않았고 나의 미라클 모닝도 아직 진행형이니까. 아침에 일어나서 설거지하고 집 안을 정리했다. 남편이 코로나 백신 주사를 맞는 날이어서 운동 일정을 바꾸고 아이에게 핫도그 하나를 데워주었는데, 남편이 내 운동 시간이 애매하다고 하면서 애를 데리고 백신 주사를 맞으러 간다고 했다. "응, 그래." 담백하게 말했지만 마음속으로는 '쟤가 언제 저렇게 배려심 많은 어른으로 거듭났나?' 생각하게 되더라. 아이를 데리고 코로나 백신 주사를 맞으러 가는 건 사실 귀찮은 일이었을 텐데. 고마워. 나도 널 많이 배려하듯 너도 날 많이 배려하면 너도 좋고, 나도 좋고, 우리 둘 다 좋은 거 아니겠어? 그나저나 어제 인테리어 사장님이 전화하셨다.

"우리 만나기로 했나요?"
"아니요. 만나고 싶었는데 사장님이 만날 필요 없다고 하셨어요."
"만날까요?"
"네!"

사장님에게 이케아 주방의 프로세스에 대해 설명하고, 타일이랑 조명은 지인들을 통해서 구매할 수 있을 것 같아 그것을 반영해서 견적서를 다시 수정해야 하는 일 등 이것저것 이야기했다. 나는 왜 돈을 주고 인테리어 업체와 계약을 해 놓고 내가 하는 일이 많은 건지, 왜 고생을 사서 하는 건지, 정말 알다가도 모를 일이다. 그런데 이케아 주방은 꼭 해 보고 싶었으니까 꼭 해 봐야겠다는 생각이 들었다. 인테리어 회의를 한참 하고 시댁으로 넘어갔다. 남편이 코로나 백신 주사를 맞았으니까 내 차로 운전했는데 차가 참 많이 막히더라. 힝~

어제 운동 끝나고 선생님에게 다음 주에 해외여행 간다고 신나게 자랑했더니 "정말 혼자 가세요?"라고 물으셨다. "네, 정말 혼자 가요. 거기 가서 아무것도 안 할 거예요." 했더니 "와~ 그게 제일 좋죠." 하셨다. 가서 정말 아무것도 안 할 거야.

좋은 아침이다. 300일째 좋은 아침이다. 미라클을 만날 때까지 며칠을 더 해야 할지 모르겠지만, 어쨌든 오늘도 좋은 아침!

2부

미라클 모닝
600일

일찍 자고 일찍 일어나면 생기는 기적

그래, 이 맛으로 일하지!

전세 만기일이 나가온다. 그동안 중도금을 카카오뱅크 예금으로 묶어놨는데, 100원 정도 이자가 붙었으려나? 이걸 어디 투자할 정도의 강심장은 아니라서 일단 예금으로 묶어두었다.

와~ 세상에는 예쁜 타일이 너무나도 많다. 하지만 나는 모든 타일을 통일하려고 한다. 이유는 작은 집이니까! 솔직히 이케아 주방을 주문하고 결제했더니 가격이 비싸서 약간 후회가 된다. 과연 잘한 건가? 정말 이렇게 비쌀 줄은 몰랐어.

저녁에는 순대 트럭 오는 날이어서 분식을 먹자고 아이와 애 아빠가 말했지만, 이케아 주방의 충격 때문에 밥을 했다. 압력솥을 올리고, 감자를 볶고, 장조림을 데우고, 미역국과 밑반찬을 꺼냈다. 늘 그렇듯 내가 저녁을 차렸지만 너무 맛있더라. 하루에 한 끼는 잘 챙겨 먹는데, 저녁은 늘 많이 먹게 된다. 어제 새벽에는 스터디 강의에서 "왜 10대들이 인스타그램이나 페이스북을 안 하는지 궁금합니다."라는 질문을 들었다.

"왜 그런 줄 알아요? 아이들은 부모가 친구 추천에 뜨면 탈퇴합니다!"

너무 웃픈 현실이다. 그렇지만 너무 공감한다. 우리 남편도 언젠가 자기 인스타그램에 장모님(우리 엄마)이 댓글을 달았다고 웃었던 적이 있었다. 가끔 친구들도 "야, 너네 시부모님이나 부모님이 네 블로그를 읽으면 어떨 거 같아?"라고 물어본다. 내 블로그를 읽는 부모님들은 과연 어떤 기분이실까?

내 생각에는 매일 피곤함에 절어서 눈은 반쯤 감기고 손 하나 까딱 못 하고 늘어져 있는 우리 딸이, 우리 며느리가 생각보다 부지런하게 살고 있다고 생각하실 것 같다. 우리 엄마는 나의 이런 모습을 전혀 못 보고 시집을 보냈기에 아마 놀랄 수도. 지난번에 가족여행 갔을 때 내가 새벽에 일어나니까 엄마가 "너는 맨날 피곤하다고 하잖아. 조금이라도 더 자라!"고 계속 잔소리했던 게 생각난다.

"피곤해~"
"돈 없어~"

이 2가지 말은 좀 줄여야 할 것 같다.

어제는 계속 자리에 앉아서 일했다. 개발자분들이랑 이야기하다가 "우리는 왜 연말인데도 이렇게 바쁜 거죠?" 하시길래 "인재라서 그런 게 아닐까요?"라고 대답했다. "그런 걸로 합시다!"로 이야기하고 새로운 프로젝트 회의 일정을 잡았다. 여러 명이 들어와야 하는 회의이고 나는 필수 참석자인데, 회의 시간을 맞추느라 일정을 5번쯤은 고친 것 같다. 우리는 이렇게 무척 열심히 살고 있어요.

아마 남편은 내가 이렇게 열심히 사는 줄 절대 모를걸? 나 새벽에 일어나는 것도 모르니까(정말 모르는지 궁금하지만 안 물어볼 거야. ㅎㅎ). 우리 애는 내가 새벽 5시에 일어나는 걸 안다. 우리 애 어린이집 선생님도 아시더라. 아이들 앞에서는 찬물도 함부로 마시면 안 된다.

하원하러 갔을 때 선생님이 "어머님, 곰 다녀오셨다고 들었어요. 우리나라는 추우시죠?" 하시는데, 선생님에게 엄마가 곰을 갔다고 이야기했을 우리 애를 상상해 보니 정말 귀엽디 귀엽다. 너는 정말 나의 사랑이야. 너무 사랑해.

오늘은 사무실 출근하는 날이라서 좀 더 일찍 일어났다. 자고 있는 아이를 뒤로하고 깜깜한 아침을 달려 출근해야겠지. 일할 수 있다는 것은 감사한 일이다.

늘 월급날이 돌아오면
'그래, 이 맛으로 일하지!'라고 생각한다.

며칠 전에 누구랑 이야기하다가 "그래도 같이 사는 인생인데 남편 의견도 중요하죠."라는 말을 내뱉은 내가 약간 사랑스러웠다. 나름 남편의 의견을 존중하는 편인데, 이 사실을 세상 사람들은 다 알고 있지만 남편 놈만 모른다. 출근 준비해야겠다.

오늘도 좋은 아침!

나 정말 고급 IT 인력 맞아요!

어제 '도대체 메타버스란 무엇인가?'에 대해서 이야기했는데, 친구들 왈, "야! 전문가들도 메타버스 실체가 뭐라고 딱 정의하기 힘들다고 하더라. 그냥 '메타버스' 한다고 하면서 강의 같은 거 하면 다들 달려들어서 듣는 상황이래. 뭔지 모르는데 일단 앞에 '메타버스'만 붙이면 무조건 흥행 성공이래!" 심지어 메타버스 하고 있는 오빠 왈, "우리가 만나지도 않고 카톡으로 이렇게 대화하는 것도 다 따지고 보면 메타버스지. 나도 메타버스 한다고 하는데 그냥 우리 모두 다 하고 있는 거야, 메타버스를. 새로운 명칭으로 바뀌가면서 투자받고 그러는 거지 뭐."라고 하더라.

메타버스를 알 것 같기도 하면서 모를 것 같기도 한데, 어제 딱 개발자분들과 점심 식사하는 자리가 저 대화를 나눈 직후여서 뭔가 영화 〈레디 플레이어 원(Ready Player One)〉 생각이 나더라고?

식사하러 가서도 수다를 떨기 시작했는데, 우린 서로 온라인에서 채팅을 하면서 일도 하고, 산출물도 있는 거고. 그 세상에서 이분들은 내가 좋아하는 개발자들이고, 그분들에게 나는 자기를 담당하는 데이터 아키텍트인데, 사실 서로의 성별도 모르려면 모를 수 있고, 나이는 당연히 모르고, 슬랙에서 나누는 대화로 그 사람을 판단하는 거잖아. 그런데 일하면서 뭔가 다른 감정이 섞인, 그러니까 약간 인간과 인간이 만났을 때 논리적인 부분 외에 뭔가 사람 사는 맛을 느끼게 해 주는, 물론 그런 것들까지 파악할 필요는 없지만, 어쨌든 업무를 하면서 "어? 이 사람 일 잘하네?", "어? 이 개발자 나랑 일하는 코드가 맞네?"라고 생각할 수 있거든. 그러면서 약간 인간의 '정'이라고 해야 할까? 어쨌든 뭔가 일이 아닌 다른 끈끈함도 생기게 되는 거지. 그럴 필요가 없지만 우리는 사람이니까 자연스럽게 "AZ 님"이라고 부르면 그냥 "네!"가 아니라 "네~ 철수 님! 너무 오랜만! 잘 지내시죠?"라고 말이 나오는 거고.

그런데 내가 요 며칠 곰곰이 생각해 보니까 이런 게 다 메타버스다? 아니라고? 그럼 뭐라고 생각하는데? 설명할 수 있니? 어쨌든 뭐 이런저런 이야기를 하다가 회사 사무실이 이전되느냐 안 되느냐 뭐 이런 주제로도 한참 이야기를 했어. 그러다가 집이 어디냐 뭐 이런 이야기까지 자연스럽게 나왔다. "저 금호동인데, 지금 이사 나오려고 인테리어 중이에요.", "어디로 가세요?", "고속터미널 근처로 가요.", "저도 고속터미널 근처에 사는데."

이 개발자분이랑 나랑 같은 아파트에 산다는 사실을 처음으로 알게 되었다. 내가 "그럼 혹시 반포고등학교 나오셨어요?" 했더니 "어머, 네!" 하시더라. 그러다가 본의 아니게 전공 이야기가 나왔는데, 셋 다 컴퓨터를 전공했고 내가 수능을 언어 때문에 말아먹어서 다음 해에 다시 봤다는 이야기도 했다. 몇 개 안 틀렸는데, 수능 만점자가 그 해에는 60명이 넘게 나왔다고 이야기하다가 메가스터디 손주은 선생님 이야기가 나오고, 그때 이범 선생님이 우리 집에도 태워다 줬다(유명해지기 전)는 이야기를 했지. 그랬더니 이 개발자분이 너무 놀라시면서 "나이가 많으시네요." ㅋㅋ

아마 저 개발자분과 나의, 그러니까 우리의 메타버스 세계에서 나는 20대의 발랄하고, 친절하고, 일하기 좋은, 그래서 담당자로 배정(?)받고 싶은 데이터 아키텍트로 살고 있나 보다. 현실 세계에서는 그냥 쌍욕 잘하는 재미있는 누나 내지는 언니라고 생각하셨을 것 같다. 어쨌든 너무 오랜만에 오프라인에서 회사 분들이랑 대화하니까 좋았다.

식사하고 자리에 오자마자 어떤 회의에 들어오라고, 시간 안 되시는 거냐고 알림이 계속 와서 의자에 바로 엉덩이도 못 붙이고 회의실에 들어가서 회의했다. 그러고 뭐 처리할 것들을 처리하다가 옆자리 신규 사원분 눈이 반쯤 감긴 거 같아서 커피 한 잔 사드린다고 하고 잠깐 커피숍으로 내려갔다.

이분이 이전 회사에 있을 적 이야기를 하는데, 일하러 온 아마존의 엔지니어가 일 처리를 못하니까 자기 매니저가 그 엔지니어를 다그쳤다고 한다. 근데 아마존 엔지니어가 울기 시작하니까 늘 차분하고 말씀이 없던 자기 매니저가 정말 차분한 목소리로,

"지금 울 시간이 있나요? 우리가 지불하는 비용이 얼만 줄 아시죠? 울지 말고 어서 빨리 해결하셔야죠. 운다고 해결되지 않겠죠? 좋은 회사 다니시는 분이 이렇게 일 처리도 못하고 눈물 흘리면 되겠어요? 빨리 해결하시죠."

이렇게 말씀하시는데, 자기는 약간 그 엔지니어가 짠했지만 정말 비싼 돈 받고 불러놓고 울기만 하는 것도 사실 좀 아닌 것 같다고, ㅎㅎ 사실 이것도 메타버스지 뭐. 이쪽 세계에서는 영어도 잘하고 능력도 좋아서 정말 좋은 회사에 입사한 멋진 엔지니어인데, 저쪽 세계에서는 장애 때문에 엄청나게 화가 난 업체에 불려 들어가서 혼나고 울어가면서 일하는… th리D벨로퍼… 뭐 이런 거지.

어쨌든 메타버스 생각하면서 하루를 살아보니까 온 세상이 메타버스네요. 어떤 플랫폼에서 어떤 메타버스를 경험하느냐 뭐 그런 게 관건인 거 같은데, 카카오톡에서 손가락으로 쓰는 대화로 존재하는 내 캐릭터도 실제의 나와는 사실 약간 다르고, 슬랙에서 존재하는 나도 또 다른 세상의 나일 테고, 이 블로그의 주인인 나도 또 다른 나일 테고, 그런 거지 뭐.

아~ 이번 주는 진짜 빡셌는데, 어젯밤 11시에 어떤 매니저분이 오늘 아침에 미팅하자고 메일을 주셨네. 그려, 와~ 나 정말 소중한 인재인 거지? 고급 인력인 거지? 그래도 오늘만 지나면 주말이다. 힘냅시다. 파이팅!

오늘도 좋은 아침!

동네 어린이집 vs 직장 어린이집

지난번에 어린이집 원장님이랑 이런저런 이야기하다가 '요즘 왜 직장 어린이집의 정원이 줄어드는가?'에 대해서 이야기를 나누었다. 예전에는 어린이집에 당첨되면 회사 근처로 이사 오는 가정이 많았는데, 요즘에는 집값이 너무 올라서 현실적으로 이사 오기가 힘드니까 그냥 살던 동네 어린이집에 보내는 것 같다고 말씀하시더라. 우리 어린이집 근처에 다른 직장 어린이집도 많은데 다 비슷한 실정이라고 들었어. 결국 누구 때문에 집값이 오르는지는 잘 모르겠고 진짜 이걸 가지고 "정치랑 상관 없지 않아?"라고 딱 잘라서 말하는 인간들은 좀 더 경제를 공부해야 하는 거라고 나는 말하고 싶다. 그래도 결국 돌고 돌아 너와 나와 우리의 삶에 정치는 큰 영향을 미치는데, 이래도 정치는 너의 일상과 별개라고 이야기할 수 있는지 궁금하다.

일전에 살림하는 것도 버겁고, 아이도 '시어머님+시아버님' 또는 '친정엄마+친정아빠'가 같이 봐주셨으면 하는 마음에서 여러 번 양가에 같이 살자고 말씀드렸는데, 솔직히 진짜 다 까였다. 다들 나랑 살기 싫어하시더라…. ㅜㅜ 그런데 쳇! 나도 경기도에서 서울까지 출퇴근하는 거 어렵네요 뭐. (아무도 제안하지 않았지만 말이죠.)

'나도 합가는 거절합니다?'라고 쓰지만, 어제 시어머님이 밥 차려주시니 너무 편하고 좋더라. 물론 살은 쪘겠지만. 시어머님이 나 그렇게 많이 일하는 줄 몰랐다고, 정말 오늘 푹 쉬고 어서 자라고 말씀하셨는데, '어제는 그냥 순한 맛이었는데요?!!!'라고 속으로 말하면서 하루를 마감했다는 뭐 그런 이야기였습니다.

우리 개발자분은 어제 새벽 2시까지 열심히 일하셨으니 나도 조금 일찍 일어나 일을 시작해야겠다.

모두 좋은 아침!

남편에게 집안일 시키려면
유쾌함과 친절함을 잃지 말자

새벽을 가르고 등원하는 우리 애, 새벽 6시 30분에 겨우 일어나서 6시 45분에 부릉부릉. 해지는 것도 끝내주게 멋있는데, 새벽에 보름달이 떠 있는 풍경도 정말 멋있다. 정말 보름달이 엄청 가까이 보여서 신기해.

그리고 지난번에 차에 공기압 넣은 지 얼마 안 되었는데, 또 공기압 주의 경고등이 떴다. 계속 무시하고 다녔는데 남편이 "타이어에 구멍 난 거 아니야?"라고 해서 보니 정말 바람이 많이 빠져있더라고. 일단 이 동네 카센터에 갔는데 정말로 타이어에 구멍이 났더라? "헛, 이 타이어 거의 새 건데~", "네, 새 타이어니까 그냥 구명 난 곳 찾아서 메꾸기만 하면 됩니다." 5분? 10분? 만에 쓱쓱쓱쓱. 문득 이런 거 미국에서 하면 50불은 받았을까, 100불 받았으려나 싶었네. 그런데 우리나라요? 단돈 5천 원이요. 하지만 나는 1만 원 드렸다.

어제는 하루 종일 바빠서 밥을 못 먹었다. 저녁을 먹으러 시어머님 댁에 갔는데 대구 명물이라는 한치회무침이랑 꼬막무침이 있더라고. 우리 애랑 남편 올 때까지 참지 못하고 매운 반찬 위주로 주워 먹었더니 배 아파~. 그래도 너무 맛있게 잘 먹었다.

그리고 이케아 주방에 붙어 있던 비닐을 다 떼어냈다. 이것도 정말 일이더라. 점심시간을 꼬박 다 썼고 먼지랑 톱밥이 엄청 나왔다. 하지만 무광의 자태를 뽐내고 있는 이케아 원목 상판 부엌은 너무 예뻤다. 서랍 안에 보조 서랍도 몇 개 넣고 보호 장판도 몇 개 깔았다. 서랍이 커서 부엌 위에 올라와 있던 잡동사니가 다 들어갔다. 그리고 내 컴퓨터랑 미라클 모닝 공책이랑 책들도 원목 상판에 올려두었다. 네! 요즘 주방에서 서서 일해요. 재택근무 만만세!

어제 저녁에 친구랑 잠깐 대화를 했는데, 혼자 척척 잘하는 완벽한 워킹맘도 좋지만, 인적 레버지리를 최대한 활용해 보자고 이야기했다. 솔직히 얘나 나나 보고 자란 게 있어야 인적 레버지리를 활용하고 자시고가 있는 거지 뭐. 우린 부모님들이 사람 쓰는 걸 못 보고 자랐고, 100원도 아끼는 걸 보고 자라서 안 쓰는 게 아니라 못 쓰는 건데, 정말 얘나 나나 "그렇게 힘들면 사람 써."라는 소리는 왜 듣는 거니?

성격을 뜯어고칠 수는 없고 다른 사람에게 돈까지 줘가면서 내가 3시간 할 일을 5시간에 걸쳐서 속 터지게 하는 꼴을 쳐다보는 건 더 할 수 없어서 남편이라는 인적 레버리지를 좀 더 활용해 보라고 이야기했다. 남편들이 하기 싫어서 안 하는 게 아닐 거야(라고 정말 믿어요, 믿습니다. 아멘, 관세음보살~). 몰라서 못하는 거라고 나는 생각하거든. 남편들은 자판기 같다. 100원을 넣으면 100원이 나오지 절대로 1,000원이 나오지 않는다. 그러니까 남편에게 집안일을 시키려면 다음과 같이 세세하고 자상하게 말해야 한다.

1. 설거지

설거지하고 물기 닦아서 큰 그릇은 하부 장에, 작은 그릇은 상부 장에 넣어줄래? 그리고 설거지 다 하고 나서 여기저기 튄 물기는 마른행주로 싹 닦아줘. 행주는 행주걸이에 잘 걸어서 말려주고.

2. 음식물 쓰레기

음식물 쓰레기는 음식물이 반 이상 쌓이면 버려줄래? 너무 자주 버리면 쓰레기봉투가 아깝기는 해. 근데 너무 안 버리면 벌레가 꼬이고 냄새도 나. 여름에는 자주 버리고 겨울에는 75% 정도까지는 차는 거 기다렸다가 버려도 될 것 같아. 음식물 쓰레기 버릴 때 쓰레기 국물이 흐르는지 안 흐르는지 잘 보고 플라스틱 통에 담아 들고 내려가서 버리고 와줘요.

3. 분리수거

분리수거는 일주일에 한 번이니까 그날 저녁에 다 해 줘. 그리고 그다음 날 출근할 때는 또 나온 재활용품을 들고 나가서 버려줄래? 안 그러면 또 일주일 동안 집 안에서 이고 지고 살아야 하거든. 부탁해, 고마워.

4. 아이 목욕

아이 목욕은 물 온도부터 맞추고 샴푸랑 바스(bath)랑 같이 되는 걸로 퀵 하게 머리 감기면서 세수하라고 해 줘. 아이 손이 안 닿는 부분은 꼼꼼하게 씻기고, 비눗물이 남아 있는지도 잘 살펴보고, 어디 더 씻고 싶은 곳이 있는지 아이에게 한 번 더 물어보고, 물기 닦

아서 내보내 줘. 로션 바르고 내복 입히는 건 내가 할게. ♥

　뭐 이런 식으로 아주 디테일하게 알려줘야 한다.

　"설거지해."라고만 말하면 진짜 설거지만 한다. 근데 설거지만 하면 뭐가 문제냐면 온 사방에 물이 다 튀어있고, 물이 뚝뚝 떨어지는 그릇들이 주방에 널브러져 있게 되거든. 그럼 결국 내가 한 번 더 그릇 정리를 해야 하는데, 이것도 에너지가 꽤 소모되니까 무조건 자세하고 상세하게 알려주어야 해. 신입사원 대하듯 집안일은 전혀 해 보지 못한 사람이라고 생각하고 자세하게! 하지만 유쾌함과 친절함은 잃지 말자. (이게 제일 어려워~. ㅜㅜ)

　나는 잘하냐고? 일단 집안일은 내 것이 아니라(고 나는 생각한다, 생각한다, 생각한다!) 나도 집안일은 늘 서툴고, 남편에게 친절하면서도 상냥하고 야무지게 말하는지는 나도 모르겠는데, 우리 남편은 스스로 알아서 집안일을 잘한다. 진짜 예전에 비해 정말 많이 성장했다.

　아이의 유치원 등원도 언젠가부터 남편이 100% 다하는데, 지난주에는 나에게 "나는 등원을 혼자 다 하니까 요즘 피곤해서 그런지 예민해."라고 이야기하더라. 아, 저 대사를 나에게 왜 했냐면

"내가 혼자 이사하고 챙길 거 챙기고 했는데, 고맙지 않아?"라고 말했더니 "그럼 나 회사 다니지 마?"라고 약간 극단적으로 대답하길래 내가 부글부글하는 걸 누르고 그다음 날 "고마우면 고맙다고 하면 되는 거지, 왜 그렇게 말을 밉게 하냐?"고 했더니 피곤해서 예민하다고 하더라고. 그리고 내 말투가 굉장히 비꼬는 말투였다고 하더라. (비꼬면서 말한 거 아닌데, 내 말투는 원래 약간 재수 없어. 미안~ 안 고쳐져…. 그래도 쌍욕은 자기 앞에서 한 번도 안 하지 않았나?)

근데 뭐 이해해. 나도 피곤하면 예민해. 이해해. 암요~ 100% 이해해요. 어쨌든 자판기는 100원을 넣으면 100원짜리가 나오고 100억을 넣으면 100억짜리가 나온다는 사실을 절대 까먹지 말자고요. 인적 레버리지를 밖에서 찾는 것도 좋지만, 특히 나 같은 애 엄마들은 저놈의 집안일과 내 시간을 갈아넣어야 하는 육아를 잘 분배할 수 있도록 남편이라는 인적 레버리지도 잘 활용해 봅시다. 이미 남편이라는 인적 레버리지를 잘 활용하는 사람들이 예전부터 짱 부러웠거든. (막 남편분이 알아서 뭐 해 주고, 뭐 사주고, 같이 뭐 하고…. 이런 남편분들이 SNS에 진짜 진짜 많으시더라고요.)

원래 통장 잔고가 처음부터 100억이어서 102억을 만드는 기뽑도 소중하지만, 0원에서 시작해서 50억을 만드는 기쁨은 상상을 초월한다는 사실을 잘 알고 있어. 무뚝뚝하고 나랑 정반대여도 늘 무언가를 맨땅에 헤딩해 가면서 처음 해 보는 삶을 같이 경험하고 (주로 실행은 내가 하고, 결과물이 좋으면 남편이 감탄하고) "와, 정말 너랑 하는 일은 대부분 내 인생에서 처음 해 보는 경험이야!"라고 평가하는 우리 남편도 나쁘지는 않을 것 같다. 아니, 뭐… 꽤 좋지 뭐. 사… 랑… 하…. 어쨌든 재도 나랑 같이 사는 인생이 늘 새로워서, 나도 재랑 사는 인생이 꽤 주도적이어서 서로 좋은 것 같다.

오늘도 좋은 아침!

이쁜 자산가
이자 언니 만난 날

개발자분이 새벽 2시까지 완전 열일하셨다. 내가 수정하고 나면 꼭 슬랙 메시지를 남겨달라고 말씀드렸는데, 그래서 남겨주셨는데, 새벽 5시까지 세상모르고 잤네…. 허허~ 어제는 새벽 2시, 오늘은 새벽 5시…. 고생 많으십니다. 일어나자마자 이케아 주방에 불도 안 켜고 선 채로 업무 좀 보면서 커피 물 끓이고 드립 커피를 내렸다.

드립 커피는 마음이 급하면 커피 가루가 다 넘치니까 천천히 한 번 붓고 또 기다렸다가 두 번 붓고 그래야 하거든. 그게 처음에는 답답하고 불편하다고 생각했는데, 머그잔 주위에 올라오는 커피향이 너무 좋아서 아침을 깨우는 느낌이랄까? 생각해 보니 아침을 알려주는 느낌이 더 맞겠다.

우리 애랑 남편은 새벽을 가르며 서울로 출발, 나는 업무를 마치고 서울로 출발. 오늘도 부자 친구 나나가 아크로리버파크 게스트하우스를 예약해 줘서 편하게 잘 수 있다. 인테리어 사장님이 아파트 인테리어 현장에서 미팅하자고 하셔서 벽지랑 싱크대 상판이랑 마루 고르고 조명 이야기도 했다. 남편이 왔으면 정말 참 진짜 조옷나 좋았을 텐데 남편은 안 왔지. (인간적으로 네가 왔어야 했다고 본다. 진짜로!)

의견은 남편이 항상 더 많다. 사장님이랑 같이 이야기하다가 남편에게 온 카톡 보면서 "이렇게 해달라는데요?", "저렇게요?", "주광색 말고 주백색으로 다 해달라는데요?" 하다가 우리 둘이 같이 웃었네. 아니, 이렇게 의견 많으신 분이 왜 직접 안 오셨냐고…. 그러니까요. (내가 살아보니까 내가 더 바쁜 거 같은데, 늘 나 혼자 고군분투!) 어쨌든 그 와중에 이렇게 도면에 점까지 찍어 보내는데, 이걸 무시할 수는 없어서 결국 남편에게 전화를 걸어 스피커폰으로 사장님과 같이 의견을 듣고 결정했다.

나 진짜 바쁘고 솔직히 이때도 회사에서 계속 슬랙이 와서 정신이 하나도 없는데, 남편 의견까지 들어주고 전달하려고 하니까 약간 부글부글했어. 진짜 네가 왔어야 하는 거 아니냐고요! 그리고 주말에 분명히 현장 가서 사이즈 쟀다고 했는데, 자기가 사이즈를 재긴 했는데 기억이 안 나니까 가서 다시 재달라고….

야!!!! 그러니까 좀 적으라고!!! 아니, 저렇게 그림 그릴 시간에 직접 오든지, 아니면 한 번 왔을 때 제대로 적든지. 어휴! 정말~ 어쨌든 벽지랑 마루도 골라야 한다고 해서 결국 또 인테리어 사장님 사무실까지 와서 벽지랑 마루도 골랐다. 그 와중에 내가 이케아 주방 앞의 조명을 시어머님의 지인에게 샀는데, 아무리 봐도 너무 촌스러워서 조명을 사장님께 보여드렸더니 정말 크게 웃으시면서 "이거 제일 싼 조명이에요." 하시는데 진짜 와씨… 부글부글… 개빡~. 이럴 줄 예상했지만 전문가에게 직접 들으니까 더 빡치네. 제일 인기 없는 조명을 지인에게 비싼 가격으로 파는 시골 인심이 더 무서운 것 같다.

인테리어 미팅 마치고 아크로리버파크로 넘어왔다. 어제도 나는 바쁘고(근무 끝났는데도), 부자 친구 나나도 바쁘고, 그래서 우리는 아크로리버파크에서 체크인만 같이하다 보니 또 정면으로 얼굴은 못 보네. 그런데 또 그 와중에 서울사랑 상품권인지 뭔지 서로 사주고, 주고받고, 입금하고…. 진짜 신이 있다면 우리에게 칭찬 도장 그런 거 천만 개쯤 날리셔야 할 것 같기도 하고, '아직 너희가 덜 바쁘구나?' 하면서 사건을 더 갖다 주실 것 같기도 하고 그러네.

아, 그리고 어제의 대박 사건!

내가 아크로리버파크 게스트하우스에 온다고 쓴 글에 블로그 이웃님이 "어쩐 일로 여기 오세요?"라고 하셔서 "어머, 아크로리버파크에 사시나 봐요."로 시작된 댓글이 번개로 이어졌는데 말입니다. 살면서 내가 또 언제 친구가 아닌 '반포 아크로리버파크' 소유주를 만나겠습니까? 근데 어제 만났어요. 만나기 전에 신세계백화점 지하에 가서 내 사랑 초바니를 사봅니다. 이웃님도 좋아하셔야할 텐데….

코로나 시대 들어서면서 인간 관계를 깔끔하게 좀 정리하고(부자들은 그런다고 합니다.), 만나는 친구들만 만나고, 연락하는 친구들만 연락하고 살다 보니 진짜 약간 나만의 메타버스에 갇혀 살고 있었거든요. 그러다가 오랜만에 그 메타버스에 뉴페이스가 등장한 셈이었어요. 어쨌든 블로그 댓글만 보고는 처음에 남자분일 거라고 생각했다가 여자분이시구나 했어요. 그런데 그냥 막 아우라가…

예쁘신 데다가 피부도 좋으시고, 스타일도 너무 훌륭하시면서 위트도 있으시고, (저 어제 여기저기 뛰어다니느라 먼지 뒤집어쓰고 무릎 튀어나온 청바지 입고 나가서 죄송해요. 뭔가 복장 불량 같았음!) 자기 직업이 뭐인 것 같냐고 물어보셨을 때 나도 모르게 "의…사요? 아니면 변호사?"라고 대답했는데, 어쨌든 맞췄다. 나는 이웃님을 '이쁜 자산가 언니'라는 의미로 '이자 언니'라고 부르기로 혼자 결정했다. 아크로리버파크까지 가지신 이자 언니를 만나서 진짜 어디 가서 돈 주고도 못 듣는 이야기를 듣고 신나게 수다를 떨었다. 나 이런 자리 너무 오랜만이라서 마치 소개팅하는 기분이면서도 사실 또 내가 재테크 이야기할 친구들이 정말 없는데, 너무 오랜만에 이런 이야기를 나누니까 진짜 시간 가는 줄 몰랐다.

그다음에 아이 교육 이야기도 해 주시는데, 진짜 내 친구들이 나에게 해 주는 이야기랑 100% 일치해서 깜놀람! 일단 나도 발등에 불이 떨어진 거 같고 그렇네요. 영어유치원 정말 안 땡긴다고 매번 이야기하는데, "나중에 울면서 후회할걸?" 하시는데, 진짜 막 3년 뒤에 울면서 후회하는 내 모습이 보이는 것 같고? 어쨌든 나에겐 너무 소중하고, 진짜 재미있고, 유익한 시간이었다. 이자 언니의 소중한 시간을 뺏은 것 같아 죄송스럽기도 했지만, 그래도 만나 주셔서 너무 감사해요! 제가 어디 가서 이런 고수를 만나겠습니까?

진짜 시간 내주셔서 진심으로 감사합니다. 신세계백화점 슈퍼에서 초바니 다 쓸어올 걸 그랬다.

어린이집 하원 시간 알람이 울려서 부랴부랴 애를 데리고 왔다. 어린이집에서 진짜 땀 뻘뻘 흘리면서 신나게 뛰어놀았나 봐. "엄마, 나 오늘 1등으로 등원했고 마지막으로 하원하는 거야."라고 이야기하면서 약간 기분 좋아하더라? "어머, 너 오랜만에 현민 선생님 독차지하고 놀았구나! 우와~ 좋았겠다." 어린이집 처음 다녔을 때 담임 선생님이랑 오랜만에 독대하고 놀다 온 우리 애, 진짜 기분 좋아 보였다. 햄버거랑 감자튀김 먹고 싶다고 해서 오랜만에 모스버거에서 이것저것 주문했다. 분명히 저녁을 먹고 하원했는데 햄버거 하나를 뚝딱 잘 먹더라. 내가 늘 말하는 것! 딱 3가지만 잘하면 된다고.

1. 잘 먹는다.
2. 잘 싼다.
3. 잘 잔다.

3번 빼고는 다 잘하는 것 같다. 잠을 뒤척이지 말고 푹 좀 자줄래? 여기에 이것들 정도를 추가해야 하…나요?

4. 영어유치원을 다닌다.
5. 수학학원을 다닌다.

일단 앞의 3가지만 잘하고 한 달 뒤에 다시 이야기하는 걸로. 나도 오늘부터 열심히 알아볼게. 어쨌든 어제 너무 많은 일을 처리하고 뉴페이스도 만난 하루였는데, 진짜 어찌 보면 이런 것도 미라클인가 싶고 그렇더라고요!

Anyway, 오늘도 좋은 아침!

워킹맘은 영유 못 보내!

요즘 나의 최대 관심사인 '워킹맘은 영어유치원을 보낼 수 있을까?'에 대해 이번 주 내내 내가 삽질하면서 느낀 점을 이야기했더니 내 친구 은정이 왈, "그래서 내가 영어유치원 못 보냈잖아."라잖아. 그렇지? 어쨌든 방법이 있기는 하지만 상당히 돈이 들겠더라고. 게다가 하원 이후의 스케줄만 생각했는데 등원은? 아침 9시 30분부터 수업 시작이면 내가 7~4시 근무일 경우 등원은 못하고 학원 2개 돌리고 하원만 겨우 하는 거네. 그리고 만약 10~7시 근무를 하면 등원은 할 수 있지만, 하원은 학원 3개쯤 돌리다가 저녁도 같이 못 먹고 그냥 애랑 룸메이트 되는 거더라고.

그러나저러나 막 매력적인 옵션은 아니니까 그냥 거기서 제일 상황에 맞게 선택해야겠지? 그런데 지금 내 마음은 그냥 휴직하고 싶고 그렇다? 그럼 모든 것이 다 해결되는데 또 그러면 돈이… 아~ 에라이! 또 그 와중에 어제 아침에 애한테 숙제시키고 부글부글했던 나. 하지만 우리 애는 어린이집 선생님께 "새벽에 일찍 일어나서 영어 숙제를 다 하고 왔어요."라고 말했다고 합니다.

그래도 진짜 감사하게 생각하는 게 내가 우리 애에게 한글을 가르쳐준 적이 없는데, 어느 날 갑자기 얘가 한글을 읽고 쓰더라. 별생각이 없었는데, 만약 이 모든 상황에서 아이가 한글을 몰랐다면 정말 스트레스 많이 받았을 것 같다는 생각이 들었어. 정말 우리 어린이집은 '사랑'입니다. 어떻게 이렇게 자연스럽게 한글을 읽고 쓸 수 있게 해 주신 건지, 어린이집에서 한글을 배우지 못했다면 나 흰머리 57개쯤 더 생겼을 것 같네? 정말 감사합니다.

어제 저녁에는 월화수에 애매하게 남은 밥을 꺼내 양파랑 파랑 어묵이랑 볶아서 볶음밥을 만들고 계란프라이와 미역국이랑 같이 먹었다.

〈서울 자가에 대기업 다니는 김 부장 이야기〉 책에서 송 과장

편을 읽고 '나는 뭘 좋아하지? 나는 어떤 사람이고 싶었지?' 계속 생각 중이다. 나는 어떤 사람인가? 회사에선 빙그레 쌍년이고 싶은 (하지만 빙그레는 아직 득하지 못했고 쌍…년만 득한 것 같은) 사람이면서, 그럼에도 불구하고 일도 적당히 "아, 저 사람한테 맡기면 대체적으로 아웃풋은 좋아."라는 평가를 받고 싶으면서도, 또 "일하면서 애도 잘 키우더라."는 평가도 받으면서 남편이 막 내가 말 한마디 하면 내 말 다 따라오고, 서로 너무 사랑하고, 그리고 코드도 잘 맞았으면 하는 아주아주 소박한 꿈을 가진 사람으로, 목표 자산액은 277억에 부채율은 20% 미만 정도면 좋겠다는 대한민국의 워킹맘입니다. 소박하기 그지없잖아요? 그렇죠?

다 늦은 밤에 스타벅스 푸딩을 먹다가 10시 넘어서 잠든 우리 애. 덕분에 나도 어제 늦게 잤네? 나 요즘 운동하러 나가는 것 외에는 집에만 있는데 외출 좀 해야겠다. 친구들 안 만난 지도 너무 오래되었어.

오늘은 세상에~ 벌써 금요일! 내일은 주말이라고 합니다. 이렇게 행복할 수가 없네요.

모두 모두 좋은 아침!

나는 어떻게 1억을 모았을까?

〈돈의 속성〉을 읽고 있는데 종잣돈 1억을 만드는 규칙에 대한 이야기가 나와서 내 이야기도 해 보려고 한다.

종잣돈 1억 원을 만드는 규칙

1. 1억 원을 모으겠다고 마음을 먹는다.

2. 1억 원을 모으겠다고 책상 앞에 써 붙인다.

3. 신용카드를 잘라버린다.

4. 통장을 용도에 따라 몇 개로 나누어 만든다.

5. 1천만 원을 먼저 만든다.

- 〈돈의 속성〉 중에서

이 방법은 쉽다. 전혀 어렵지 않다. 솔직히 지금 당장 4번까지는 바로 할 수 있다. 그런데 아마 책을 읽자마자 5번까지 하는 사람이 과연 몇 명이나 될까? 나도 1억까지 모으고 나서야 집을 샀다. 그럼 나는 어떻게 1억을 모았던가? 사업을 하는 사람도 아니고, 전문직도 아니며, 그렇다고 삼성맨도 아니고 그냥 회사원인데. 솔직히 만 원, 아니 천 원, 아니 백 원 아껴봤자 얼마나 되냐? 이런 생각은 모두가 다 하는 거 아니던가? 내가 첫 번째 집을 매수하면서 정리했던 엑셀 파일을 찾아보았다.

상품명	납입기간	청약일자	납입(주기)	(월)납입(금)	총납입(금)	은행
연금저축 삼성골드연금보험(B1.3)	10년	2009-03-30	매월	250,000 y	10,500,000	하나은행
청약종합저축		2009-05-06	매월	20,000 y	1,320,000	하나은행
장기주택·신세과세(보너스)	7년	2009-03-06	매월	100,000 o	4,300,000	하나은행
저축예금통장				y	370,178	하나은행
일반수익증권적립식	-	2010-01-12		100000	6,740,710	동양종합금융증권
일반수익증권적립식				100000	2,771,694	동양종합금융증권
일반수익증권적립식	-			100000	1,925,625	동양종합금융증권
비과세장기주식형				0	3,518,329	동양종합금융증권
부자 RP현금(CMA)					2,004,472	동양종합금융증권
소금부자					1,839,877	동양종합금융증권
CMA·RP계좌					3,047,190	동양종합금융증권
신한 김대리통장(저축예금)					80,000	신한은행
골드러쉬 골드테크		2012-08-20	자유입출금		2,836,444	신한은행
퇴직연금		2010-12-01				신한은행
외화통장			자유입출금		279,500	씨티은행
종권연계통장			자유입출금		0	
키움증권(주식)					10,930,000	주식
				670,000	126,234,671	

정말 과거의 나는 항상 대단한 것 같다. (자뻑 죄송) 저렇게 쪼개

147

서 돈을 넣을 정도로 부지런하다면 뭘 해도 뭐든 되었을 것 같은? 나는 1억을 만들기까지는 한 곳에만 투자하거나, 적금만 하거나, 펀드만 하는 것은 위험하다고 생각했다. 하나가 손해가 나더라도 다른 하나가 이익이 나야 할 것 같다는 생각이 늘 강했고, 무엇보다 현금을 가만히 두지 못했다. 만 원이 생겨도 무조건 통장에 넣었고, 지갑에는 절대로 현금을 넣고 다니지 않았으며, 무조건 신용카드만 썼다. 저 때만 해도 현금영수증을 해달라고 하면 대놓고 거절하는 사람들이 많았다. 그 소리 듣기 싫어서 그냥 백 원도 신용카드로 결제해서 내가 쓰는 모든 비용이 국세청에 신고되도록 했다. 그래야 연말정산 때도 편하잖아?

회사에서 월급 대신 받은 ESPP나 RSU˚는 내 노후 자금이라고 생각해서 건드리지도 않았다. 연금저축보험은 세테크용이지, 보험 상품이 아니고 청약저축도 해지하지 않고 계속 납입하고 있다. 인생 어떻게 될지 모르잖아? 다주택자도 청약할 수 있는 날이 올 수도 있고, 나도 무주택자가 될 수 있으니 청약저축은 남겨두었다.

● **ESPP**: Employee Stock Purchase Program. 근로자 주식 매입 제도. 직원 스톡 옵션
RSU: Restricted Stock Units. 양도제한조건부 주식. 성과를 낸 직원에게 회사가 보상으로 지급하는 주식

지금은 없어진 금융 상품도 많다. 장기주택 비과세 상품과 장기주식 비과세 상품은 연말정산용으로 만들어서 열심히 납부했는데, 지금은 그런 혜택을 나라에서 다 없애버렸다.

이렇게 하면 1억은커녕 천만 원도 못 모을 것 같은데 모아진다. 거짓말 같지만 내가 모았다. 생각보다 오래 걸리지도 않았다. 10년도 안 걸렸으면 얼마 안 걸린 거 아냐? (7년 걸렸다.) 심지어 저 1억의 종잣돈에는 주식투자로 번 돈은 없다. 그때는 주식을 하지도 않았으니까.

〈돈의 속성〉을 쓴 김승호 님은 '빨리 부자가 되려면 빨리 부자가 되려고 하면 안 된다.'고 하셨다. 10,000% 공감한다. 빨리 부자가 되려고 하는 순간, 오늘 아끼는 천 원이, 어제 아낀 백 원이 너무나 보잘것없고, 시시해지고, 구차해지더라. 그래서 천천히 가는 길이 가장 빠른 길이라고 생각한다.

부자가 되는 방법은 다음 3가지라고 한다.

1. 상속을 받는다
2. 복권에 당첨된다.
3. 사업에 성공한다.

나는 1번도 안 되고 2번은 Not My Style. 이제 남은 방법은 3번 뿐이다. 여기서 사업이라는 것은, 재테크(주식, 부동산 포함)까지도 의미한다. 어쨌든 1번도, 2번도 아니니까 3번의 방법만 나에게 남은 것이다.

아마도 대부분의 사람에게 남은 옵션은 3번일 것이다. 그러니까 억울할 것도 없고 모두가 각자 자신의 3번을 찾는 것이 중요하다. 누구나 다 마음만 먹으면 할 수 있다(고 생각한다). 나도 그냥 과정을 듣기만 한 거지 뭘 딱히 했던 건 아니었다. 사실 기억도 안 난다. 그런데 이걸 왜 말하느냐, 누구나 다 할 수 있는 걸 모두가 안 하기 때문이다. 작은 것들을 쌓으려고 하는 이유도 그 때문이고, 그래서 조급해하지 않으려고 부단히 기록하는 이유도 그 때문이다. 언젠가 100편쯤 썼을 때 내 상황도 달라져 있지 않을까? 상상만 해도 너무 행복하고 가슴 벅차다.

오늘도 좋은 아침!

반포 아파트와 그 밖의 아파트 매수기 링크

 2012년 첫 집 매수기 –
배울 점은 뭘까?

 2014년 첫 집 매도기,
그리고 두 번째 집 매수 –
6평에 8,000만 원

 쉽지 않았던 임신, 그리고
세 번째 집을 샀다.

 집을 또 산다고?
네 번째 집을 샀다.

 다섯 번째 집 매수기 –
첫 셀프 인테리어

 여섯 번째 집 매수기 –
정신 차려~ 그만!

아크로리버파크 게스트하우스 사용기

어제 아크로리버파크 게스트하우스에서 하룻밤 더 자고 체크아웃을 했다. 부자 친구 나나가 나를 위해 고운발크림을 주기로 했지만, 나나도 운동해야 하고, 나도 체크아웃하고 점심시간 이용해서 사무실로 출근해야 해서 서로 얼굴은 못 보고 커뮤니티센터 프런트 데스크에 맡겨둔다고 했다. 체크아웃 키를 반납하면서 "저기… 혹시 뭐 맡겨둔 거 있지 않나요?" 했더니 포스트잇이 붙여진 고운발크림을 건네주신다. 하나도 부끄럽지 않아요. 나나야, 고마워.

고운발크림이랑 아크로리버파크랑 뭔가 상당히 부조화스럽지만, 그 부조화를 내가 탄생시켰다고 생각하니까 기분이 묘하네? 어제 친구 어머님이 내 얼굴을 보시더니 "요즘 뭐 속상한 일이 있어요?"라면서 귀신같이 물으셨다.

"아니, 그런 것보다 일단 지금 집 없이 떠돌아다니니까 아무래도 좀 불편해요. 하지만 무엇보다 안 보고 경험도 안 했으면 모를까 저는 새 아파트에 너무 살고 싶어요. 심지어 분리수거도 매일매일 할 수 있대요."

"네에? 분리수거를 매일매일요?"

"네! 그리고 음식물 쓰레기도 집에서 버릴 수 있대요."

"네에???"

"주차는 말할 것도 없고요. 친구 보니까 아침에 애 학교 보내고 개인 PT 받고, 유산소 개인 운동 1시간 정도 하고, 또 골프 레슨하고, 커뮤니티센터에서 커피 한 잔 하고… 뭐 그렇게 아파트 단지 안에서 이것저것 다 하더라고요. 반팔 입고 왔다 갔다 해도 아무 문제 없고요. 저 진짜 새 아파트 살아보고 싶어요."

이렇게 이야기했는데, 이게 저의 아크로리버파크 게스트하우스 5일 지내본 평입니다.

모르고 살았으면 모르는 세상인데, 비록 5일이지만 어쨌든 사아아알짝 옆에서 경험해 보니까 새 아파트에 진심으로 살아보고 싶다. 나같이 '몸 테크에 자신이 있는 인간'도 이런 소리를 하는 걸 보니 앞으로 학군 좋은 동네에 지은 지 10년 안 된 새 아파트의 인기는 당분간 사그라들지 않을 것 같다. 그리고 솔직히 커뮤니티센터 같은 건 모르고 살면 모를 수 있는데, 요즘에는 글쎄? 신축 아파트 지어지면 커뮤니티센터 사진을 카톡으로 30장씩 2세트로 모아서 보내는 사람들 많잖아요? 그거 처다보고 있으면 나름 간접 경험이 되는 거고, 뭐 그러다 보면 사고 싶고, 살고 싶고 그런 건데, 전세도 비싸니까. 그러다 보면 월세라도 살게 되는 건가?

어쨌든 3년 전인가? 우리 애를 위해 1층으로 이사 가고 싶어서 반포써밋으로 전세 알아보러 갔을 때 첫 입주여서 7억이라고 싸다고 부동산 사장님이 말씀하셔서 내가 진짜 개정색하고 "7억이 싸다고요?" 했거든요. 그런데 지금은 7억으로 반포에서 새 아파트 전세는커녕 낡은 아파트 전세도 겨우 구하네 마네 하게 생겼으니 이 3년 동안 정말 세상이 변해도 너무 많이 변했다. 그저께 만난 이자 언니가 해 준 이야기 중에서 다음 몇 가지 정도는 기록해 봅니다.

"매수는 쉽죠. 매도요? 어려워요."

"저도 녹물 먹고산 인생 꽤 됩니다. 이제는 못 돌아가요."

(언니, 녹물 먹었는데 피부 왜 이렇게 좋고 예뻐요? 나도 반포 녹물 꽤나 먹었는데… -_-)

"저보고 자산가라고 하시면 제 주변의 자산가들이 웃습니다."

(네…에???? ㅠㅠㅠ)

"'싫으면 날 자르던가!' 하는 마음으로 회사를 즐겁게 다니도록 해요."

"그래도 건강이 최고죠."

"눈알 빠지게 공부했어요. 그리고 투자가 너무 재미있어요."

정말 나에게 이야기하실 때 눈빛이 반짝반짝하면서 조근조근한 말투로 막 다음 이야기가 기대되게 말씀하셔서 이자 언니야말로 재야의 고수 아니겠어요? 어디 유튜브라도 하시면 파이프라인 하나 제대로 나오시겠다 싶더라고요. 아! 그리고 대박 소식! 어제 인테리어 사장님이랑 전화하다가 내가 입주청소는 언제 하면 되냐고 물었더니,

"저희가 해 드리는 건데요?"

"네에에에???? 해 주신다고요?"

"견적서에 다 포함되어 있잖아요."

아~ 견적서 열심히 본 것 같은데 제대로 안 봤나 봐. 나 엄마한테 입주청소하지 말라고, 사치하지 말라는 소리 도대체 왜 들은 거야? ㅋㅋ

"사장님, 저 입주청소 처음 해 봐요."
"혼자 하시려고 했어요? 허허"
"아니요! 와~ 감사합니다."
"본인 돈 주고 하는 청소인데 왜 감사하대? 허허허"

그러게요. 내 돈 주고 하는 입주청소인데 왜 내가 감사하다고 했지? 어쨌든 입주청소는 인테리어 비용에 포함되어 있다고 합니다.

오늘도 좋은 아침!

우리 인생 이만하면 괜찮아요!
(ft. 오은영 샘이 에르메스 VIP인 거 너무 멋있고!)

1. 분리수거하는 날

분리수거하는 날이어서 온 집안의 쓰레기통을 싹 다 비웠다. 쓰레기통의 쓰레기를 종량제 봉투에 담고 다시 새로운 비닐을 씌우는데, 이것도 은근 일이구나. 이걸 나름 틈틈이 하는 데도 꽤 많은 양의 쓰레기가 나왔다.

2. 두유 만들기

또 서리태로 두유를 만들었다. 〈먹는 단식 FMD〉와 〈식사가 잘 못 됐습니다〉 책을 읽고 공통점을 찾아보면 두유나 낫또, 그리고 견과류를 먹는 것이 좋다는 이야기가 많아서 두유를 만들어봤다. 서리태에 아몬드를 넣으면 고소하답니다.

3. 잘 먹고 잘 살기

어제의 샐러드. 일단 농사지은 상추 깔고, 농사지은 토마토 올리고, 비싼 올리브오일 한 번 두르고, 오리엔탈소스도 올리고, 호두 올리고, 한스앤그레텔에서 산 치즈를 올렸다. 한스앤그레텔에서 정신 못 차릴 만큼 신나게 시식하고 치즈를 담다 보면 10만 원이 정말 우습다. 다 맛있어! 저기 올린 치즈 가격만 만 원쯤 할 듯. 압력솥에 서리태와 쌀과 곤약 쌀을 잘 섞어서 밥을 하고, 삼겹살은 오븐에 40분 정도 구워서 '겉바속촉'으로 만들고, 나물 꺼내고, 밑반찬 꺼내고, 오이소박이김치를 꺼냈다. 나는 서리태 위주의 밥과 샐러드, 그리고 나물과 멸치 위주로 먹었다.

4. 직접 만든 두유 시음하기

드디어 완성된 두유. 맛이 궁금해서 밥 다 먹고 배가 안 꺼졌는데도 밤 9시에 마셔 보느라 배가 너무 불렀다. 잘 나왔다. 두유!

5. 내 마음의 주인은 나!

육아에 지칠 때 남의 이야기가 참 듣기가 싫더라. 왜냐, 모든 일은 케바케(case by case)이듯 모든 아기는 애바애(애 by 애)이기 때문이다. 다른 애에게 먹혔다고 내 애한테 먹힐 리 만무하다. 그런데 막 아는 척하고 훈수 두고… 하~ 써글.

"다른 애들은 애 둘 넘게 낳고도 외출도 잘하고 할 일도 다 잘하더라!"

지금 생각해 보면 이 말이 제일 상처가 되었던 것 같다. 나도 외출하고 싶지. 나도 할 일 잘하고 싶지. 그런데 상황이 안 되는 것을 어쩌랴. 그리고 잠이 부족하고 피곤해서 일도 잘 안되는 걸 어쩌랴.

솔직히 나는 애 낳고 예전의 나를 찾는 데 4년쯤 걸린 것 같다. 어쨌든 남이랑 비교해서 나에게 저렇게 말하는 무례함을 이해하려고 했던 몇 년 전의 내가 굉장히 짠하다. 이해 안 하면 되는 것이고 무시하면 되는 일이었다. 나중에 우리 애가 크면 저 애 둘 넘게 낳고도 외출도 잘한 부모의 아이보다 더 올바를 거라고 믿어 의심치 않는다. 아, 어제 읽은 오은영 박사님의 책에 비슷한 이야기가 있어서 문득 생각이 났다.

부모님들, 마음을 뺏기지 맙시다. 내 마음의 주인은 나입니다.

나는 오은영 박사님이 에르메스 VIP인 것도 너무 멋있고, 자신만의 확실하고 멋진 스타일로 세팅하신 것도 늘 부럽다. 무엇보다 이렇게 상냥하고 친절하지만 단호한 조언이 현실적으로 제일 도움이 되더라고. 이 책을 읽는데 막 마음이 따뜻해지는 느낌이야. 오은영 박사님이 '우리 인생 이만하면 괜찮아요.'라고 조언해 주시는 느낌이야. 틀린 말이 아니다.

늘 최선을 다하고 사는 우리잖아요?

감사합니다.
오늘도 좋은 아침!

이 세상에 돈 벌 거리는 너무 많다!

크리스마스 아침, 연어를 맛있게 굽고 나니 허경영에게 다섯 번째 전화가 옴. ㅋㅋ 어제 가족들과 좌에는 이재명, 우에는 윤석열, 남쪽에는 안철수, 북쪽에는 심상정~ 뭐 이런 이야기를 막 하고 있는데, 마침 허경영에게 전화가 와서 '너무 답답해서 하늘을 보니 허경영이 전화하고 있더라.'로 마무리. 전화는 제발 그만 좀… 내 돈도 아닌데 정말 돈 아깝다요.

어제 진짜 추웠는데 점퍼도 안 입고 뛰어다니는 꼬맹이들. 남편은 바디프랜드 안마의자에, 두 꼬맹이는 〈나홀로 집에〉 1편을 보면서 진짜 웃다, 또 웃고, 계속 보고 싶다고 이야기하고 신나게 뛰어 다니네. 아빠가 커피 한 잔 하러 가자고 했는데, 다들 배불러서 도저히 움직일 수 없다고 거절. ㅎㅎ 다 같이 수다 떨고 있는데, 엄마 이야기 정말 또 흥미진진. 엄마는 자기가 이 동네 돌아다니다 보면 돈 벌 거리가 너무너무 많다고. 만약 4인 가족이라면⋯

아빠는 경비(경비는 최저 시급보다 더 많이 준다고)
엄마는 식당의 설거지나 음식 손질 또는 서빙
딸은 마사지숍
아들은 물류 회사나 택배

이렇게만 일해도 한 가족이 거의 월 천만 원은 훌쩍 번다고. 그리고 이런 일뿐만 아니라 정말 소소한 일거리가 많다고!

건어물 분류하기
상품 포장하기 또는 송장 스티커 붙이기
전기제품 같은 거 마지막 조립하기(검수하면서 수동으로 마무리)
편의점 알바 등등

편의점 알바도 사장님들 이야기를 들어보니 젊은이를 뽑으면,

1. 일을 시작하기도 전에 펑크 내는 경우가 많다.
2. 지각이 많다.
3. 1~2번을 다 넘겼어도 금방 그만둔다.
4. 문자로 '저 오늘부터 못 나가요, 지금까지 일한 22일 4시간 15분 치에 대해 계산해서 123-345-5677 계좌로 넣어주세요.' 라고 통보한다.
5. 4번을 넘겼고 아주 성실한 알바라면 성실하게 핸드폰으로 동영상을 보면서 일한다.

이런 정도인데 5번까지 가는 경우는 30%? 그런데 나이 좀 있는 어르신을 뽑으면 핸드폰은 서랍에 넣어두시고, 편의점 여기저기 알아서 청소하시고, 또 과자나 음료수 같은 거 알아서 정리하시는 등 책임감 있게 일하신다고. 그래서 편의점 사장님들은 요즘 오히려 나이 있는 분들을 선호한다네.

혹시 편의점 사장님 계시나요? 맞아요? 어쨌든 그러면서 우리 엄마 하시는 말씀! 너희가 천만 원 번다고 해도 그렇게 대단한 거 아니라고, 다들 그 정도는 번다고. (네에? 난 천만 원 못 버는데?) 엄마도

알바 하는 거 아는데, 뭐 하는지 굳이 이야기 안 해 줘서 나도 물어보지는 않았지만, 용돈벌이가 너무 재미있나 보다. 아, 당연히 본업도 있지.

엄마는 자기 나름 본업에다가 알바까지 하는 사람이라면서 온라인 부업도 언젠가 해 보고 싶다고 이야기해서 올케랑 나랑 엄마랑 내 동생이랑 어쩜 이렇게 다른지 모르겠다고 했다. (나랑 올케는 이 이야기가 너무 재미있어서 와인까지 따서 마셔가면서 들었고 내 동생은 졸리다고 자러 방으로 들어가 버렸다.) 우리 남편은 사위라서 듣기 싫은데 듣기 싫은 척을 못한 건지, 억지로 들었는지 아닌지는 잘 모름. (그런데 꽤 집중하는 것 같았음.) 하지만 올케가 "어머님은 이제 더 벌 궁리하지 마시고 이미 번 돈을 쓰면서 살 생각을 하셔야 하는 나이 같은데요."라고 이야기했지만, 모르지 뭐. 어쨌든 오프라인에 여전히 돈 벌 거리가 너무너무 많다면서 여러 가지를 이야기해 줬는데, 정말 많긴 많더라.

엄마 왈 "이 세상에 돈 벌 거리는 정말 많거든? 그런데 다들 자기는 그런 일 하면 큰일 나는 줄 알고 안 할 뿐이지."라면서 돈이 되는데 뭘 그렇게 따지는지 신기하다고 하셨을 때 나도 그건 77%쯤 동의했다. 그러면서 아빠가 나랑 올케에게 "너희들 부모는 흙수저였지만, 그래도 너희들은 은수저 정도지." (아빠, 올케는 금수저 아닐까?) 아빠는 우리에게 즐거운 인생을 살아가라고 하는데, 우리 나름 즐거운 인생 아니니, 올케야? 하긴 우리 너무 짠하긴 하지?

엄마는 길 가면서 여기저기 보면 부동산 투자할 거리가 너무 많다고, 부동산 투자가 너무 하고 싶다고, 돈도 있고 돈이 될 것도 보이는데, 세금 무서워서 못 하겠다고 이야기했다. (나라면 세금 개무시 하고도 하는데, 또 이 이야기했다가 혼났다.) 내가 꽘에 부동산 샀다고 이야기했더니 "응, 그래." 그러고 끝! 사진을 보여달라는 말도 안 하고 얼마 주고 샀냐고도 안 물어보더라고. 그냥 엄마가 지나가는 말로 "사기 아닌지 잘 알아봐라." 했는데, 만약 사기를 당했어도 그걸 내가 알려면 꽤 오래 걸릴 것 같다. 정말 재미있는 수다였다.

아빠가 우리 애랑 조카에게 5만 원씩 줬더니 조카가 "할아버지, 이걸로 주식 살게요. 고맙습니다!" 했고 우리 애도 질세라 "엄마, 나 이걸로 주식 사줘."라고 하더라?

"주식이 뭔지 알아?"
"응, 회사!"

"어… 그래. ^^ 월요일에 5만 원어치 주식 사줄게."

이렇게 또 행복한 크리스마스를 보내고 우리 애는 아빠랑 신나게 놀다가 잠이 들었지. 오늘은 이사 갈 집에 가서 미리 점검도 좀 하고 침대랑 소파 들어오는 것도 보고 와야지. 헤헤~

오늘도 좋은 아침!

반포로 이사 온 날

우와, 올해의 마지막 날이야. 나 또 엄지손톱이 다 갈라졌다. 피도 나고, 아프고, 손등도 텄음. 이렇게 집안일을 하면 꼭 티가 난다니깐? 어제 아침에 일어나서 한 바퀴 산책했음. 산으로 가는 건 깜깜하고 무서워서 메리어트호텔 쪽 한번 둘러보고 신세계백화점도 한번 쳐다보고 왔다. 그리고 어제 아침에 주방 정리는 어쩌지… 한참 생각했는데, 문득 소파 아래에 수납이 된다는 사실이 생각난다. 좀 더 정확하게 말하면 일부러 수납이 되는 소파로 샀는데 까먹고 있었다. 부랴부랴 소파를 들어서 등원 준비하는 우리 애랑 휴지와 주방용품을 넣었다.

그리고 어제의 사건! 엄마가 야간 근무를 마치고 우리 집에 갑자기 오셨다. "나 고속터미널이다." 하길래 "어디 가?" 했더니 조금 있다가 "띵동~" 내가 며느리가 아니길 천만다행! 내가 버리려고 내다 놓은 것들을 보더니, 엄마네 집에 창고 있으니까 일단 한번 보자고 해서 다 보여줬지. 3명 사는 집에 도마가 17개쯤 나왔는데, 이렇게 도마가 많이 나온 범인은 바로 양가 어머님들!

안 쓰는 도마랑 버릴 도마를 분류해 두었는데, 엄마가 화분 받침을 한다고 하면서 다 챙겨 가심

아기 낳을 때 엄마가 천 사다가 기저귀나 수건으로 쓰라고 바느질까지 해 준 것도 안 버리고 있었는데, 엄마가 쓴다고 다 챙겨 가심

우리 애 작아진 옷 중에서 조카에게 맞을 것 같은 옷도 엄마가 따로 가방에 넣어두셨고 아름다운가게에 기부할 이불이랑 커버 중에서도 몇 개 골라서 가져간다고 하심

갈 곳을 잃어서 일단 책상 밑에 쑤셔두었던 뚜껑 열리는 하얀색 수납장도 엄마가 다 가져간다고 하심

정말 이렇게 또 짐을 한가득 덜어냅니다. 올레!

엄마가 가져가야 할 짐이 계속 늘어나서 결국 아빠를 소환했다. 남편이 간식으로 커피랑 빵을 시켜줬는데, 나도 뭔가 해야 할 것 같아 호떡을 튀겨봅니다. 인덕션 개시! 처음 써보는 거라 온도 조절을 못했는지 호떡이 좀 탔다. 인덕션은 진짜 화력이 좋구나! 와우~

우리 아빠는 누군가에게 전화가 와서 통화 중이셨다. 아빠가 말이 많은 스타일이 아니신데 어른들도 전화로 꽤 오랫동안 수다를 떠서서 신기했다. 그리고 TV 없는 집에 적응 중인 우리 애는 TV 대신 아빠 핸드폰 차지! 이걸 내어준 아빠도 참…. 그림도 그려야 하는데 핸드폰도 들여다봐야 하고, 사진 찍는 엄마에게 부끄러움도 표시해야 하고, 우리 애도 참 바쁘다…. 그치?

엄마랑 올케랑 아빠가 생각보다 집이 커 보인다고 해 줬다. 집이 커 보이는 이유는, 정말 짐을 열라 많이 버려서이고, 정리 업체가 정리해 준 다음 날 와서이고, 안방에 짐이 없어서이다. 그런데 지금 내가 침대가 없어서 정리하느라 개고생하고 있어서 그런 건가? 뭔가 돈을 주고 사서 새로운 짐을 만들기가 상당히 싫은…. 와~ 그런데 집이 계속 정리되어가는 것도 정말 신기하네.

우리 애는 아크로리버파크에 놀러 가면 항상 창문에 붙어서 한강을 쳐다보느라 움직이지도 않고 20분 정도 집중해서 올림픽대로를 쳐다본다. 이삿짐 들어오기 전날 창문에 붙어서 한참 밖을 보더니,

"엄마, 여기는 왜 한강이 안 보여?"
"서울 한복판에서 한강이 보이는 집은 비싼데…. 금호동도 안 보였잖아?"
"엄마, 금호동 집에서 한강 보였거든?"
"어? 보인 거 알고 있었네…. 귀신이구먼! ㅎㅎ"

어쨌든 정리 업체에서 한샘 샘키즈장을 거실로 빼주신 걸 다시 안방으로 넣고 거실 창문 쪽을 비웠다. 창문 앞을 가리는 것보다 이게 훨씬 낫다. 이제 정리는 10%쯤 더 한 것 같다. 베란다 짐 정리 하고 분리수거를 어떻게 할지 정하면 된다. 분리수거할 게 나오면 어디에 두어야 할지 진짜 모르겠어서 매우 난감하다. 이게 지금 주방 골목에 널브러져 있는데 어찌해야 할지 모르겠네.

어쨌든 올해의 마지막 날,
오늘도 좋은 아침!

미라클 모닝, 별거 없어요!

"여러분, 새해가 밝았습니다. 모두 모두 새해 복 많이 받으세요."

어제 평소보다 조금 일찍 일어났더니 하루 종일 빌빌…. 새벽 3시 기상은 역시 안 되겠구나. 이사 오고 나서 대충 정리한 후 처음으로 정신 차리고 잠깐 장 보러 나갔는데 너무 춥더라. 마트에서 달걀이랑 모과차랑 잡곡 등등 몇 개 샀는데, 4만 원 이상이면 배송된다고 해서 조금 더 담았더니 9만 원이 나왔다. 내가 너무 물가를 모르고 살았나봐. 너무 놀랐어. 근데 사장님이 지금 전복이 손질되어 도착하니 좀 사라고 하셨지만 당당하게 거절했다. ㅎㅎ

장 본 후에는 우리 애 미술학원 체험 수업이랑 내 운동 체험 수업을 신청했는데, 회사에서 연락이 와서 급하게 집으로 올라왔다. 금호동도 산꼭대기에 집이 있어서 마을버스 타고 내려가곤 했는데, 여기도 비슷한 위쪽이라 뭔가 마음먹지 않으면 내려가기가 쉽지 않네? 다음 집은 평지에… 가능한가요? 암요, 암요, 가능하게 해야죠.

마트에서 절반 가격인 7천 원에 산 딸기를 우리 애가 순식간에 클리어. 그리고 이 집에서 처음으로 집밥을 해 봤다. 인덕션으로 바꾸고 나서 압력솥으로 밥을 했다. 기존에 사용하던 하이라이트는 제일 쎈 불로 10분이면 밥이 되었는데, 이건 하이라이트의 제일 쎈 불보다 2단계 정도 약하게 하고 10분 동안 밥을 했더니 아래는 좀 타네. 적절한 화력을 알아내려면 시행착오를 꽤 여러 번 해야 할 듯.

냉동실에 있던 떡갈비랑 아까 사 온 계란프라이랑 엄마가 주고 간 밑반찬(이런 거 안 먹는다고 했는데 결국 다 먹음) 꺼내서 간단하게 먹었다. 텅텅 비어있는 냉장고를 보니까 마음이 편하다. TV는 없지만 패드가 있는 우리 애. 다행히 유튜브 앱이 고장 나는 바람에(?) 보고 싶은 영상을 볼 수 없어서 슬픈 영혼. 부동산 사장님이 크리스마스 선물로 보내주신 차를 마셨다. 남편은 올해의 마지막 날 회식을 한다고 해서(도대체… 왜…?) 우리 애랑 둘이 오순도순 케이크를 먹었지. 아, 맛있어.

오늘은 나를 따라서 우리 애도 일찍 일어났다. 새벽 5시에 도대체 잠도 없는 우리 애. 그런데 이사 와서 너무 좋다고 한다. 나도 좋긴 좋네. 어쨌든 지난 한 해 모두 정말 수고하셨고 나 또한 많은 변화가 있었다. 부글부글하고 시팍시팍 하는 내 본성은 바꿀 수 없었지만, 감사한 일에 더 집중하고 조금은 유연해진 것도 같다. 아주 진짜 조금 '어떤 50대를 보낼 수 있을까?'를 생각해야 하는 나이가 되었다는 것에 살짝 놀라기도 했고.

어쨌든 행복한 새해가 되기를 기원합니다.
모두 모두 Happy New Year, 그리고 Good Miracle Morning!

가끔 나에게 미라클 모닝에 대한 질문이 들어올 때가 있는데, 별거 없어요. 그냥 일찍 자고 그만큼 일찍 일어나면 되는 것. 그리고 그 일찍 일어난 시간에 나에게 조금 더 집중하는 시간을 보내면 된답니다.

오늘도 좋은 아침!

나를 성장시키는 건
선의를 베푸는 사람들이 아니지!

새벽에 눈을 뜨면 잠을 깨려고 미국 주가부터 확인하는데 어머? 세상에? 테슬라가 12% 넘게 오르고 있더라! 근데 테슬라뿐만 아니라 애플도 시총이 3조 달러를 돌파했다고. 많이는 없지만 그래도 두 종목 모두 보유하고 있어서 기분이 좋았다. 미실현 수익이지만, 주식은 보유세도 없고 애플은 배당까지 해 주니까 안 좋아할 이유가 없지.

가끔 물어보더라, 집값 올라가면 기분 좋냐고. 집값이 올라가도 그걸로 수익 실현한 적은 없는 쪼랩이니까 "안 좋아요."라고 말할 줄 알았죠? 내가 가지고 있는 자산의 가치가 떨어지는 것보다는 당연히 오르는 게 좋죠. 세금이야 뭐… 분할 납부해야죠. 물론 갑자기 4~5배씩 올라서 놀라긴 해도 이게 또 삶의 활력이 되니까.

'어서 일어나! 세금 벌어야지….'

내가 몇 번 말했지만 나를 성장시키는 건 나에게 선의를 베푼 사람들이 아니지. 물론 그 사람들에게서 따뜻함과 정을 느끼고 감사함까지 느끼지만, 나를 성장시켜주는 건 사실 나를 괴롭히는 사람인 경우가 많지. '아~ 저 개새끼!', '와~' 집주인이 전세금을 갑자기 팍팍 올리는 바람에 이를 바득바득 갈고 집 산 사람들은 지금 집주인에게 감사하고 있다고. 내 주변에도 이런 사람들이 몇 명 있다. 늘 착한 집주인을 만난 사람들은 집을 사야 하는 니즈가 떨어지거든요.

나도 8년 전인가? 경기도에 사시는 회사 부장님이 이번에 전세 보증금을 1억 올려주었다고 말씀하셨는데, 진짜 그날 나는 너무너무 놀라서 2년에 1억을 어떻게 모으냐고 반문하다가 부랴부랴 집을 갈아탔다. 우리 회사 부장님의 전세 보증금을 8년 전에 갑자기 1억 올리신 집주인분께 진심으로 감사합니다. 미실현 수익을 가지고 좋아하면 안 되지만, 기분이 나쁘지는 않다고 말하다가 이야기가 또 옆으로 잠깐 샜네. 그래서 테슬라는 2루타. 아, 애플은 50% 정도.

어제의 독서. 〈원씽(The One Thing)〉에서 성공을 이루는 비결은 올바른 습관을 선택하고 그것을 확립하기 위해 필요한 통제력을 갖추는 것이라고 했다. 그게 전부다. 정말 동의한다. 작은 습관을 쌓으려고 300일 넘게 고군분투하는 이유도 바로 이것! 자기 관리? 이런 거창한 것보다는 "응? 왜냐고? 배고프면 밥 먹는 거랑 똑같아. 내가 해야 하는 거니까 한 건데?"라고 말할 수 있는 내가 되었으면 좋겠다. 나의 작은 습관이, 투자가, 그리고 음~ 집밥도? ㅎㅎ

어제는 우리 집 도배하는 날이었지만, 집에서 일하고, 회의하고, 스터디를 하느라 기가 다 빨렸다. 게다가 집 밖으로 한 발자국도 안 나가고 계속 책상에 앉아있어서 허리도 정말 아팠다. 집은 난장판이어서 업무 마치고 진짜 힘내서 분리수거할 것들 싹 다 분류하고, 기부할 물품들 정리하고, 쓰레기를 추려서 쓰레기봉투에 담고 나서 저녁을 했다. 압력솥에 잡곡을 넣어 밥을 했고, 시어머님이 주신 물김치랑 김치랑 나물 반찬을 꺼냈고, 삼원가든 양념갈비를 구웠다. 그리고 그동안 버리지 못했던 프라이팬도 다 빠이빠

이~. 몸에 나쁘다는 것을 알지만, 스테인리스로 된 프라이팬에 달
걀 여러 개 기부한 다음에 도저히 답답해서 안 되겠기에 코팅된 프
라이팬을 쓰고 있었다. 그러다가 인덕션으로 바꾸면서 코팅된 유
해 물질(발암물질)을 먹느냐, 기름을 먹느냐 뭐 이런 거지. 그래서 기
름을 더 먹기로 합니다. 발암물질보다는 낫겠지.

어제도 정말 수고했다.
오늘도 좋은 아침!

워킹맘의 집안일 줄이는 꿀팁

언젠가 내가 썼던 집안일 줄이는 꿀팁!

2018년에 쓴 거라 좀 바뀐 것도 있지만, 일단 갑니다, 큐!

저도 워킹맘입니다. 아침 7시 40분에 아이랑 같이 집에서 나오고 저녁 6시 10분에서 20분쯤 아이 하원시키면서 같이 퇴근합니다. (직장 어린이집 보내고 있어요.) 먼저 집안일은 남편과 무조건 나누어야 합니다. 이건 봐주고, 대신 해 주고, 내가 참고 이런 거 없어요. 남편이랑 무조건 나누어야 해요. 50%까지 나누기가 힘들다면 10%부터 시작해서 차츰차츰 늘려야 합니다. 우리 집은 남편이 분리수거와 설거지, 음식물 쓰레기 버리기, 청소를 전담해요. 저는 요리, 아기 하원, 아기 목욕(이건 가끔 남편도 합니다.), 마트 보기를 담당하고 아기 등원은 남편과 함께 합니다.

1. 집안일에 유용한 전자제품

일단 건조기와 식기세척기는 필수로 있으면 편하고 로봇청소기와 물걸레 청소기까지 옵션으로 있으면 편하다고 합니다. 저는 건조기와 식기세척기, 로봇청소기가 있는데, 이렇게만 있어도 진짜 편해요. 건조기는 빨래한 다음에 널고 털고 하는 행위를 안 해도 되고 먼지 안 날려서 좋아요. 이게 없을 때는 어떻게 살았나 싶어요. 공간이 없으면 안방에라도 놔야 하는 물건일 것 같습니다. 청소도 매일매일 할 수 없으니까 주말에, 아니면 한 달에 2번 정도 대대적으로 하고 평일에는 로봇청소기를 돌리면 삶의 퀄리티가 약간 높아집니다. 집밥을 많이 해 먹는다면 식기세척기도 필수일 것 같습니다. 설거지하고 정리하는 데 의외로 시간 많이 잡아먹더라고요. 식기세척기에 설거짓거리 돌리고 가족 간에 대화를 하거나 숙제할 시간을 확보하면 좋아요.

2. 밥

아침은 간단하게, 아니면 각자 회사에서 알아서 해결! 아기는 바나나와 요거트 정도 먹이면서 출근합니다. 저녁은 20분 이상 넘는 요리는 절대 하지 않아요. 많이 해서 내일 또 먹어야지, 이런 거 하지 않습니다. 한 번 먹고 치울 정도만, 그리고 아주 간단한 것만 하고, 반찬 같은 거 배달도 시키고 레토르트 식품도 활용합니다. 돈을 쓰는 만큼 몸이 편해집니다.

추가

국 같은 건 주말에 몰아서 하는 경우(아주 가끔 있음) 얼렸다가 녹여 먹어요. 이건 소분하는 게 좀 귀찮지만, 2인분씩 소분해서 얼려두면 해동할 때 편해요. 그래도 귀찮으니까 국 없이도 밥 먹을 수 있도록 아예 입맛을 바꿨어요. 냉동 함박스테이크 같은 거 굽기도 하고 계란프라이나 계란찜, 고기 굽기, 집에 있는 야채 넣고 굴소스로 볶기, 부침개, 김치볶음 등등 해 먹어요. 레토르트 식품은 카레라이스, 짜장밥 등등 지금 생각나는 건 이 정도네요. 식사 준비 시간은 거의 20분 안 넘어요. 너무 야채를 안 먹었다 싶으면 방울토마토 같은 거 사다가 먹고, 점심은 먹고 싶은 거 열심히 먹고, 또 배달 음식도 잘 활용해요. 돈을 쓰는 만큼 몸이 편해집니다.

3. 빨래

1번이랑 겹치지만, 저는 거의 매일 빨래합니다. 그냥 세탁기에 넣기만 하면 되고, 끝나면 건조기에 넣기만 하면 되니까. 빨래 개는 건 남편이랑 같이 해요. 옷장에 걸어두는 옷도 있지만, 뚜껑 없는 플라스틱 수납 바구니 같은 데 옷을 넣어둡니다. 어차피 입는 옷만 입으니까요.

4. 장보기

무조건 인터넷! 저는 이마트몰이나 동네 마트에 주문합니다. 대량으로 구매하지 않아요. 사놓은 걸 까먹고 그대로 버리거든요. 버리는 것도 집안일입니다.

5. 교육

이건 아직 아기가 어려서…. 그런데 요즘 같은 세상에는 애 앞에서 엄마가 스마트폰 안 하고 안 보여주는 것만으로도 큰 교육이라고 생각해요. 전 스케치북 던져주고 그림 그려줘요.

제일 중요한 포인트

1. 집안일은 같이하는 거다. 나의 일이 아니다. 그러니까 남편

이 도와주는 거 아니다. 같이해야 하는 거다.

2. 돈을 쓰면 몸이 편하다.

와~ 그리고 보니 그동안 정말 많이 바뀌었다. 일단 등원을 공통으로 하지 않고 100% 남편 혼자 한다. 진짜 등원만 안 해도 하루가 덜 피곤하다. 이걸 내가 남편이 오롯이 혼자 할 수 있도록 했다니 정말 장하다. 그리고 아기 목욕도 요즘에는 남편이 더 많이 시킨다. 와, 나 진짜 장하다. 마트 안 간지는 정말 오래되었다. 반년 넘었나? 코로나 시작하고 한 번도 안 감. 모든 물건은 온라인으로 배달하여 해결. 어머 어머, 세탁소도 남편에게 맡기면 자꾸 비싼 데다가 맡겨서 그냥 내가 맡기곤 했는데, 내가 너무 피곤하고 바쁘니까 본인이 맡기기 시작. 와~ 집안일이 많이 넘어갔네. 뿌듯해. 그리고 빨래도 요즘엔 3일에 한 번. 그래서 내가 좀 여유가 생겼구나.

2018년의 나를 칭찬하고 그동안의 나를 칭찬해.

오늘도 좋은 아침!

미국특허 등록완료!

2015년에 시작되어 2019년에 끝난 미국 특허 등록에 대한 기록!

1. 시작

2015년이었던가? 당시 상사였던 분이 TF 팀을 만드셨고 1년 정도 잠깐 일했다. 순환 근무라고 하셨고 뭐 딱히 선택의 여지는 없었다. 회사에서 얼굴은 마주쳤지만 함께 일해 본 적 없고 전문 분야가 전혀 다른 분들과 잠시 같은 팀이 되는 경험을 할 수 있었다.

2. 아이디어 정리하기

그러던 어느 날 같은 TF 팀원분이 메일을 하나 보내시더니 "영어 잘하죠? 이거 한번 검토 좀 해 줘."라고 하셨다. 나 영어 못하는데…. 사실 나는 8년째 매주 50분씩 영어회화 공부를 하고 있었다. 점심시간에 몇 번 "오늘 영어 수업 있어서 식사 못해요."라고 말했더니 그게 돌고 돌아 "영어 잘하죠?"가 되었던 것. 메일을 확인해 보고 "근데 이거 왜요?" 했더니 "내용 검토해 보고 특허 신청 같이 하자. 나 혼자는 못할 것 같고."라고 하셨다. 사실 별거 아니라고 생각해서 "네!" 하고 대답한 후 의견 내고 아이디어를 정리했다.

3. 미국 특허청에 특허 신청하기

내가 정리한 이 아이디어를 법무팀에 전달했다. 법무팀 특허 담당자분이 나와 같이 사내 영어회화 수업을 듣는 분이셨는데(그래서 얼마나 다행이었는지) "오, 이거 아이디어 좋아 보여요!"라고 이야기하시면서 "그런데 이번부터 특허를 신청하면 한국 특허청에 신청하지 않고 미국 특허청에 신청하게 되어서 아마 미국 쪽에 등록하게 될 것 같아요."라고 하셨다. "네!" 하고 말았다. 이때만 해도 특허를 신청하는 자체에 의의를 둔 거지, 그 뒤를 생각하지는 않았던 듯.

4. 아이디어 정비해 특허 재신청하기

특허 신청을 하고 몇 달이 지나면서 완전히 까먹고 있었는데, 법무팀에서 연락이 왔다. "지난번에 특허 신청하셨던 거 있잖아요? 그거 본사에 보고했는데, 본사에서 이미 진행 중인 아이디어와 겹치는 부분이 있다고 합니다. 그래서 아이디어를 정비해 다시 등록하려고 하는데, 이 부분 한번 설명해 주셔야 할 것 같아요." 나는 내 비루한 영어로 미국 본사의 변리사 같은 분에게 해당 내용을 열심히 설명했다. 그러고는 또 한참 까먹고 있었다.

5. 미국 특허가 출원되다

2년쯤 지났을까? 2017년에 법무팀에서 메일이 하나 왔다. 지난번에 등록한 미국 특허가 출원되었다는 내용이었다. 사실 '출원되었다'는 것이 무슨 말인지 아직도 잘 모르지만, 뭐 어쨌든 신청이 잘 되었고 신청한 내용도 잘 통과되어서 출원까지 되었다는 이야기였다. 출원이면 미국 특허가 되었다는 건가? 결론은 잘 되었고 보상 휴가가 하루 나왔다. 그러고는 다른 말이 없어서 또 까먹고 살았다.

6. 미국 특허청에 특허 등록 완료!

그러다가 또 2년쯤 후에, 그러니까 2019년도에 도큐사인(미국 주식 있잖아요? DOCU!)에서 메일이 하나 왔다. 뭘 사인하라는 건데, 처음에는 스팸인 줄 알고 열지도 않고 있다가 법무팀에서 그거 열어보고 사인하라고 알려주셨다. 그래서 메일을 열어봤더니 내가 신청하고 출원한 특허가 드디어 미국 특허청에 등록 완료되었으니 사인하라는 문서였다. 사인하고 며칠 뒤 주말에 메일이 하나 더 왔다.

미국에 출원된 것도 영광인데, 미국 특허로 등록이 완료되었다는 메일이라고 법무팀 담당자분께서 확인해 주셨다. 사실 나도 처음이라 잘 모르겠고 지금도 잘 모른다. 출원도 잘 되었고 등록도 잘 되어서 적지만 돈도 조금 나오고 보상 휴가도 하루 더 나온다는 메일이었다.

7. 특허 번호에 등록된 내 이름 석 자

여기까지 별생각이 없었다가 갑자기 급궁금해져서 미국 특허 사이트를 검색해 봤다. 그리고 메일에 기재되어 있는 특허 번호를 넣었더니 세상에~ 세상에~ 내 이름이 나오더라? 너무 신기했다. 방금도 다시 검색해 봤는데 여전히 내 이름 석 자가 잘 나오고 있다.

8. '특허'라는 무형 자산이 생기다

물론 이 특허는 개인 특허도 아니고 얼굴도 본 적 없는 미국의 본사 직원 4명과, 또 TF 팀에 같이 있던 분과 함께 등록된 회사의 특허다. 하지만 내가 살면서 무형 자산 하나 생겼다는 사실이 뭔가 굉장히 신기했다. 4년 정도? 거의 5년의 긴 여정이었는데, 살면서 이런 경험을 또 할 수 있을까? 생각해 보면 이 과정을 겪은 것 자체만으로도 매우 큰 경험이었다.

9. 도큐사인 주식 구입하기

이때 도큐사인을 통해 비대면으로 미국 특허청의 서류에 공식적으로 사인해서 특허 등록이 완료되는 것까지 봐놓고 도큐사인 주식을 안 샀더라고. 그런 2019년의 내가 약간 아쉬워서 최근에 이 주식을 샀다. ㅎㅎ 수익률 7.70%!

10. 결국 나의 결론은?

쓰다 보니 난 늘 결론이 돈, 주식, 부동산…이 되는 느낌적인 느낌?

11. 언젠가는 유용할 특허 자산

뭐 아직 써먹은 적은 없지만 언젠가는 써먹을 수 있겠지 생각하려고 한다.

12. 내 경험의 소중함

결과적으로 재미있는 경험이었다. '신청 → 출원 → 등록'이라는 과정을 통해서 특허 하나가 탄생하고 또 이 모든 과정을 대면하지 않고 비대면으로 진행할 수 있다는 것도 무척 흥미로웠다. 새로운 것을 찾고 미래를 예측하려는 것도 중요하지만, 내가 경험하는 것을 좀 더 관심 있게 지켜볼 줄 아는 것도 중요하다고 생각했다.

13. 향후 계획

그다음은 뭐가 있을까…?

오늘도 좋은 아침!

자산 관리는 어떻게 해요?

처음 시작은 언제였는지 모르겠다. 아마도 적금을 시작하고, 돈을 모으고, 엑셀 파일에 내 자산을 정리했을 때부터였을까? 재작년까지만 해도 매월 업데이트했는데, 어느 순간부터는 여기저기에 있는 앱들이 나의 자산을 잘 정리해서 너무 잘 보여주므로 업데이트 주기를 좀 늘렸다. 그래도 엑셀에 정리하는 것이 나는 제일 좋더라.

2017년 이전까지는 하나의 엑셀 파일에 계속 워크시트를 추가하면서 기입했다. 그러다가 자산이 너무 늘어서 매년 엑셀 파일을 새로 만들었다. 아, 자산 규모가 크다는 게 아니고 종류가 많다는 이야기! 이렇게 정리하지 않으면 까먹기도 해서 꼭 정리해야 한다. 사람마다 원하는 문서 형식이 모두 다르므로 자기만의 자산 관리 문서를 만들어 두면 좋다. 이렇게 엑셀 파일에 틈틈이 업데이트만 해도 자산은 충분히 관리할 수 있다. 사실 구글 시트에 함수를 넣어서 주식까지 가져오게끔 만들까 하다가 그것도 시간이 걸리는 일이라 하다가 말았다. 최근에는 뱅크샐러드 앱에서 카드값까지 불러오길래 잘 이용하고 있다.

처음 1억을 모을 때까지는 이렇게 돈이 생길 때마다 엑셀 파일을 열어서 업데이트하는 방법을 개인적으로 추천한다. 적금이나 지출을 기록하다 보면 어디서 내가 아낄 수 있는지, 어디서 내가 줄일 수 있는지, 또 어디서 내가 다음을 기약할 수 있는지가 그려진다. 그렇게 돈을 불리면 된다. 천천히 강약을 조절해가면서.

나는 자다가도 가끔 '내가 무슨 자산을 가지고 있지?' 하고 생각하는데, 이때에도 대충 95%는 다 읊을 수 있다. 물론 가끔 까먹는 경우도 있지만, 약간 신경 써서 기억하려고 마음먹으면 대부분 다 떠올린다. 내가 어떻게 모은 돈인데 까먹고 살겠어.

'주식을 사고 앱을 지워라.' 뭐 이런 말 많이 하는데, 앱을 지워도 네이버에서 주식 종목의 이름을 검색하고 내가 매수한 가격이랑 주 수를 대충 기억하면 수익률이 다 계산되잖아. 잊고 싶은데 잊혀지지 않는 누군가의 전화번호처럼 기억나지 않나? 어차피 그럴 거라면 시시콜콜히 다 기록하고 매번 업데이트하면서 내 자산을 정확하게 파악하는 것이 좋다고 생각한다.

나도 안 믿었고 지금도 가끔 거짓말 같지만 1억까지 모으는 것이 어렵지, 그 뒤는 정말 가속도가 붙는다. 진짜 지금 이 글을 쓰면서도 거짓말 같은데 이상하게 그렇더라? 남들보다 빨리 가속도가 안 붙을 수도 있지만, 그 말은 남들보다 자산을 깎아 먹을 일도 없다는 의미니까 자신만의 방식으로 모으고 엑셀이든, 구글 시트든, 아니면 스타벅스 다이어리에 쓰든 스크롤 없이 페이지를 안 넘기고도 한눈에 내 모든 자산이 보일 수 있게 잘 정리하기를 추천한다.

(약 파는 것 같긴 한데) 믿고 자산을 잘 정리해 봐요. 진짜더라고요. 진짜로 도움이 되더라고요. 물론 사람마다 각자의 방식이 있지만, 해 본다고 돈 드는 건 아니니깐.

암튼 오늘도 너무너무 좋은 아침!

질투의 힘!

〈철학은 어떻게 삶의 무기가 되는가〉에 '공평한 사회일수록 차별에 의한 상처가 깊다.'라고 나온다. 이거 진짜 맞지 않아? 내가 부동산에 관심을 가지면서 가장 많이 이야기하는 단어가 '질투'거든? 예를 들면 길 하나를 두고 길 건너는 방배동, 반대편은 사당동이야. 그럼 당연히 사당동 쪽에 있는 아파트가 싸지. 방배동은 서초구이고 사당동은 동작구거든. 아파트 실체는 별 차이가 없지만, 가격 차이는 천차만별이다.

자, 그럼 그 위치 근처에 있는 아파트 자체의 실체가 중요할까, 동작구 대신 서초구라는 이미지가 중요할까? 이거 생각해 볼 만하지? 그런데 실체는 거의 비슷하고 이미지만 약간 다를 뿐인데, 가격 차이가 난다면 질투가 안 날까? 당연히 질투가 나지. 그럼 무슨 일이 일어나냐면 어떻게든지 그 가격을 따라잡더라고. 거짓말 같지만, 부동산 시장을 잘 살펴보면 바로 옆 아파트가 오르면 그 아파트도 덩달아 가격이 오르거든. 이걸 나는 '질투의 힘'이라고 불러. 자매품으로 '풍선 효과'라는 것도 있지.

질투가 나서 따라잡고 싶은데, 나라에서 못 따라잡게 꾹꾹 눌러버리면 바람 빠진 풍선처럼 모두 다 내려가는 게 아니라 바람이 빵빵한 풍선 한쪽이 눌러서 반대쪽이 과장되게 부풀어버리는 거야. 아~ 참, '풍선 효과'는 전문 용어다.

조금 과장하면 대한민국을 움직이는 힘은 '질투'가 아니던가?

올림픽 금메달을 생각해 보자. 우리나라만큼 금메달에 집착하는 나라가 있을까? 미국이나 러시아랑 비교하지 않고 꼭 옆 나라 일본이랑 비교하잖아. 물론 역사 때문이라고 이야기할 수도 있지만, 나랑 비슷하게 생기고 비슷하게 살고 있는 쟤는 적어도 꼭 이기고 싶은 건 질투 때문이 아닐까?

'벼락 거지'라는 말이 왜 나왔을까? "부자들한테 세금 더 때리고 너희들에게 그 세금을 현금으로 나눠줄게. 나쁜 다주택자들이 집을 많이 사서 집값이 오른 거거든? 우리가 그 나쁜 다주택자들한테 세금을 더 뜯어내서 너희들 다 줄게. 공. 평. 하. 게!"라고 했는데, 그래서 뭔가 공평해진 것 같지만, 사실은 집을 살 수 없는 상황이 펼쳐진 거지. 이게 개 빡치는 이유는 그동안 '나쁜 부자' 내지는 '나쁜 다주택자' 탓을 하면서 "그래, 집을 못 사는 건 내 탓이 아니라 쟤 탓이야."라고 자위할 수 있었는데, 이제는 도망칠 곳도, 원망할 사람도, 미워할 집단도 모두 없어져 버린 거야. '공평하지 않았기 때문에'라는 핑계를 대면서 해 오던 자기 방어가 이제는 불가능해졌다? 그것만큼 허무하고 화나는 일은 없을 것 같은데….

아, 철학책을 읽어도 나는 돈 생각이 나는구나. 부자가 될 수 있을 것 같지… 않아요? 내일 빨간 날이니까 오늘도 힘내봅시다.

오늘도 좋은 아침!

명절 연휴에는
많이 웃고 많이 행복해지자

예전에 TV에서 중년 여성이 나와 아침에 손발이 붓고 어쩌고…. 그래서 무슨 약을 먹는다는 광고를 볼 때마다 '손발이 붓는 건 도대체 무슨 느낌일까?' 생각했다. 그런데 요즘에는 아침에 일어날 때마다 손이 퉁퉁 부어있다. 나도 늙어가는 거지. 이자 언니가 나에게 엄청 따뜻한 댓글을 남겨주셨는데, 정말 건강이 최고라는 사실은 잘 알면서도 간과하기가 쉽네.

열심히 사는 것도 좋지만, 나이 들어서 건강에 적신호가 오면 그땐 다 무너져. 돈 벌면 뭐해? 많이 웃고 많이 행복해집시다.

오늘부터 연휴다. 너무 좋다. 어제 페키짱 님부터 시작해서 벼락슈터 님, 그리고 내 사랑 은정이까지 너무 소중한 댓글이랑 따뜻한 메시지를 보내주셔서 이번 명절은 편안하고 행복하게, 그리고 또 어떤 '짓'을 해 볼 궁리를 하면서 재미있게 보내야겠다.

며느리들에게는 명절이 사실 그렇게 반갑기만 한 건 아니다. '남편 조상님에게 인사 잘하면 조상님이 뭐 작은 행운이라도 챙겨주시겠지.' 하는 마음이 있지만, "남편아, 너도 소파에 누워서 TV 보지 말고 같이해."라고 말해도 남편은 소파에 누워서 계속 TV를 보겠죠? 전을 시꺼멓게 태워도 보고, 뒤집었는데 동그라미가 아니라 아메바 모양도 만들어보고, "어머머머… 호호호호호… 여봉~~ 나 이런 거 안 해 봐서 못하는데 도와줄 수 있어? 자기야~~~" 하면서 같이 전도 부쳐보고 해 봅시다.

저요? 저는 결혼하고 처음 시댁에 갔는데, 시어머님이 막 동그랑땡을 200개 만들 분량을 다지고 계셨나? 근데 진짜 거짓말 아니고 엄마가 제사 때면 나에게 아무것도 하지 말라고 하셔서 아무것도 할 줄 모르는 채 결혼했어요. 그리고 막 저렇게 애교 떨고 그런 사람도 아니어서 매우 진지하게 앉아서 정말 일부러 그런 건 아니고 동그랑땡을 함박스테이크 크기로 만들기도 하고, 전을 익지도 않았는데 태워보기도 하고, 기름 냄새난다고 생색은 다 내고, 뭐 그래서 결국 시어머님이 쉬운 것만 시키시더라고요.

원래 비빌 언덕이 있으면 비비는 것처럼 '어라? 쟤 좀 할 줄 아는데?'라는 느낌을 주면서 잘하는 척하잖아요? 그러면 그 일이 다 내 일이 되는 거죠. 진짜 그걸 잘하고 즐기면 아무 문제가 없는데, 못하면서 잘하는 척하면 모두가 난감한 상황이 올 수도 있다는 거죠. 조상님이 전을 드시러 오셨는데, 익지도 않았는데 겉은 다 타는 불상사 같은? 일할 때도 마찬가지. "저 이거 못해요."라고 말하는 것도 별로지만 "제가 잘할 수 있습니다!"라고 해놓고 삽질하면 같이 일하는 사람들이 별로 안 좋아합니다(많이 목격함). 어쨌든 기름 냄새나는 아줌마의 일기는 여기까지, 모두 행복한 연휴 렛츠 스타트!

오늘도 좋은 아침!

이걸로 주식 사주세요

어제는 친정에 갔다. 엄마가 이번에 육전이랑 갈비를 엄청 많이 했다고 하셨는데, 정말 엄청 많이 하셨네. 맛있어. 아빠가 탁구를 배우고 싶다고 하셔서 탁구대랑 탁구 연습하는 거 사드렸는데, 우리 애랑 둘이 탁구 삼매경. 중간에서 공이 자동으로 발사되는 기계인데, 당연히 애가 너무 좋아하지. 아빠의 가마솥도 운치 있다. 공구통도.

남편은 바디프랜드, 나는 세라잼에 널브러져서 TV도 보고 커피도 마시면서 뒹굴뒹굴했다. 아니, 근데 아직도 트로트 열풍 안 끝난 거야? 프로그램 제목이 '주접이 풍년'? 와씨~ 진짜 제목 너무 찰

떡 아니냐고? 그리고 내 페이팔 주식은 수익률 700% 넘었던 거 본 거 같은데 지금 286%. 와~ 이렇게 될 수도 있구나. 무슨 일 있니? 나 꽤 월세 받을 때도 너무 잘 썼는데, 좀 잘하지 그랬어. 아, 그리고 우리 애는 어른들이 용돈을 주시면 꼭 "엄마, 나 이걸로 주식 사줘."라고 말한다. 어제는 아빠가 세뱃돈 주시면서 "이걸로 뭐 할 거니?" 했더니 또 "주식 살 거예요."라고 하더라고. "엄마, 근데 나 이번에는 나이키 주식 사줘."라고 하길래 어젯밤에 주식 장 시작하기 전에 나이키 주식을 사줬다.

지난번에는 나랑 장난치다가 내가 "어? 이거 300만 원입니다." 했더니 "네네, 제 주식에서 빼가세요." 하길래 "손님, 주식은 그렇게 마음대로 빼가고 그러는 거 아니에요."라고 설명해 줬다. 어쨌든 이제는 가끔 자기 주식 잘 있냐고 물어본다. 자기 자산에 대해 제대로 아는 건 아니지만, 콘셉트를 아는 거 같아서 귀여웠다. 어쨌든 명절 연휴가 끝나고 다시 일상으로. 모두 모두 힘냅시다, 이틀만 지나면 또 주말!

오늘도 좋은 아침!

전문직이 아니어서 자부심 있어요

어제 잠깐 도서관 앞에 사는 친구네 아파트 커뮤니티센터에 가서 커피를 마시면서 친구랑 아이 교육에 대해 이야기했다. 영어유치원은 입금 대기 순이라 선착순으로 딱 10시면 10시에 맞춰서 입금해야 하고 10시 10초에 입금해도 늦는 거 혹시 알고 있어요? 이런 거 대행해 주는 업체도 있다고. 근데 대행료가 30만 원이라는데, 이걸 내고 엄마들이 또 이용한다고 하네? 또 금손이라는 것도 있고.

지금은 각종 경시대회 시즌으로, 대치동 학원은 부모의 차종이랑 차 번호 적어두었다가 부모가 아이를 데리고 학원 앞으로 오면 차에서 내린 아이를 엘리베이터까지 데려다주는 선생님도 있고,

반대로 엘리베이터에서 학원까지 데려다주는 선생님도 있다고 하네? 주차 걱정 안 해도 되는 거였네? 그리고 레벨 테스트의 수준을 듣고 진짜 깔깔거리면서 웃었다. 나도 못 풀 듯. ㅎㅎ

우스갯소리로 영어유치원은 엄마의 정보력과 아빠의 무관심, 조부모의 재력으로 보낸다는 말이 있다. 이게 우스갯소리가 아니라 조부모의 재력이 없으면 정말 영유를 보낼 수 없다는 사실은 우리끼리만 알기로 해요. 그리고 이제 우리 나이에 맞벌이하는 엄마의 직업은 의사, 변호사, 판사, 검사, 치과 의사, 약사, 수의사, 교사 정도 남아 있다고 한다. 그런데 변호사는 일이 너무너무 많아서 힘드니까 (그래도 맞벌이는 가능하다고) 이 중에서 하루에 4시간 일하는 페이닥터가 최고라고. (어? 이거 우리 단톡방 미타임에 나오는 책 제목인데!)

우리는 왜 서울에 있는 좋은 대학교의 애매한 과를 갔을까? 요즘은 지방이라도 무조건 약대라 하던데. (약대… 생각 없었던 거 아닌데… 아깝다.) 뭐 어쨌든 그냥 우리 나이에 맞벌이하는 엄마들 중에서 평범한 직장인은 없으니 자부심을 가지자고요? (저기에 IT 엔지니어도 이제 들어가는 거죠?) 나 웃고 있는 거 맞지? ㅎㅎ ㅠㅠ 일할게요.

모두 모두 좋은 아침!

부자가 되는 방법을 요약해 드립니다?

어제는 운동하러 가기 15분 전까지만 해도 안 가려고 했다. 정말 무기력했던 건가? 정말 가지 말아야지 했는데, 나도 모르게 차키를 들고 신발을 신고 있었다. 정말 조오오오오오옷나 힘들었다.

어제 아침에 '읽고 있는 책을 다 읽어야지.'라고 마음먹고는 리눅스와 나만의 사투를 벌이고 있던 중간중간에 아이폰의 타이머 기능을 이용해 30분씩 시간을 세팅해서 읽었다. 책 한 권을 대충 다 읽는 데 30분이 몇 번 필요한지 궁금했거든.

이 책은 난이도가 낮아 쉬운 편이어서 (그러니까 내가 대부분 잘 아는 내용이고 좋아하는 '돈' 이야기여서 쭉쭉 읽을 수 있었다는 의미) 30분을 두세 번 정도 쓰고, 저녁 먹고, 조금 더 읽었더니 다 읽을 수 있었다. 그러니까 나는 어제 아침에 세운 목표를 정말로 어제 저녁에 이룬 것이다.

네, 부자엄마AZ도 이렇게 조금씩 진화하고 있습니다. 그런데 책 읽다가 진짜 빵~ 터졌는데 이거 여러분 알고 있었어요?

슈퍼리치가 된 로버트 기요사키(Robert Toru Kiyosaki)를 보라.
하는 사업 족족 파산했지만 여전히 부자가 아닌가?

설마 하고 찾아봤더니 세상에~ 부자 아빠는 하는 사업마다 파산했는데도 여전히 슈퍼리치인 걸 보니 부자 아빠가 맞네? (그런데 왜 뭔가 속은 기분이지? ㅎㅎ) 어쨌든 여러분! 주식으로 돈 버는 건 정말 난이도가 높은 일이고 워런 버핏도 그렇고, 로버트 기요사키도 그렇고, 또 정말 많은 전문 투자가도 돈을 잃고 힘든 순간이 있었다고 합니다. 요즘 주가 빠진다고, 물가가 너무 오른다고, 내 월급 빼고 다 오른다고 너무 속상해하지 마시고 우리 모두 힘을 냅시다! (말은 원래 늘 쉬운 법! 헤헤~)

어제의 저녁은 역시나 압력솥에 밥을 하고, 밑반찬을 다 꺼내고, 감자를 볶았고, 고기를 구웠다. 시댁에 가서 반찬을 못 받은 지 2주가 되어 덕분에 냉장고 안에 있던 밑반찬을 거의 다 먹었다. 이번 주는 내 입맛에 너무 딱인 우리 엄마표 오이피클이랑 엄마가 사다 주고 간 차돌박이랑 김치를 먹어야겠다. 언젠가 엄마가 밥해 먹는 것도 에너지가 많이 소모되니까 "그냥 밥만 해서 김치랑 먹고 단백질은 달걀이랑 고기로 보충해 먹어라."라고 이야기하셨는데, 정말로 그러고 살고 있네.

어쨌든 슈퍼리치도 파산하는 세상에서 그래도 파산 신고 안 하고, 성실하게 대출금 갚고, 투자하고, 일하고, 육아하고…. 우리 둘 다 하거나 둘 중 하나만 하더라도 늘 관심을 갖고 '나만 뒤처진 건 아닌가?' 걱정하면서도 뭔가 딱히 지르지는 못하고, 그래도 또 시간 지나면 '그래, 그때 안 질렀던 것도 잘한 거야.'라면서 또 나름 현실적으로 잘 살고 있는 나나 너나 우리 모두의 인생도 꽤 괜찮은 거니까 우리 서로 응원하는 걸로 합시다.

어제 카톡 단톡방 미타임에 어떤 분이 완독하신 책을 올리셨길래 "혹시 책 내용 중에 요가, 명상, 감사, 이른 기상, 적당한 식사 등이 있나요?"라고 여쭤보았다. "그런 이론적인 걸 깨부수고 현실적으로 행동하는 방법에 대해 써놓은 책이더라고요! 이 책을 추천합니다."라고 답해 주셔서 어제 도서관 가서 빌리려고 했더니 누군가 이미 읽고 계시네.

명상, 감사, 이른 기상, 적당한 식사, 자아 성찰, 이런 거는 모두 확실히 다 좋다. 그런데 요즘 부자들이 쓴 책을 너무 많이 읽어서 그런가? 맨날 혼나는 기분도 들고 약간 저런 말에 지친 것 같으면서도 지친 건가, 지겨운 건가? 뭐 어쨌든 그래서 오늘부터는 〈인간의 조건〉을 읽기로 했다. 하하~ 이 책은 당분간 닭고기는 먹지 않겠다고 다짐하게 해 준 〈고기로 태어나서〉 한승태 작가님의 예전 작품.

어쨌든 모두 좋은 아침!

무척 재미있게 읽었던 〈인간의 조건〉

어제 〈인간의 조건〉(한승태 저)을 다 읽고 서평을 쓰긴 했다. 사실 내 서평은 정말 내 꼴대로 썼으므로 실제로 이 책에 묘사된 꽃게잡이 배라든지, 편의점이나 주유소에서 승태가 당한 모욕에 대해서는 거의 이야기하지 못했다. '정말 저런 무식한 사람들이 있어?'라는 생각이 계속 든다.

멀쩡하게 2억짜리 외제차 타고 주유소에 기름 넣으러 와서는 "시팔, 저러니까 주유소에서 기름이나 넣고 살지."라고 말한 사람을 알고 있다. 회사 동료들은 저 사람이 저런 기본적인 인간의 조건도 갖추지 못한 사람이라는 걸 모르겠지. 착하고, 반듯하게 생기고, 아니 조금 잘 생겼나? 친절하고, 매너 좋고. 하지만 저런 생각을 한다는 사실을 아무도 모르리라.

나는 며칠 전에 "바보도 아니고 정말 힘들고 미칠 것 같았으면 20년 가까이 일하지는 않았겠지."라고 말했는데, 그 말을 읽기라도 한 것처럼 〈인간의 조건〉에서 승태가 꽃게잡이 배를 탈출하는 장면이 잊혀지지 않는다. 승태는 바보가 아닌데, (더 쓰면 스포일러) 물론 승태에게 이 모든 직업(이라고 쓰고 '알바'라고 읽어야 하나?)은 글을 위한 체험 정도였겠지만, 그의 체험 속에 등장하는 수많은 사람의 행태를 보면 니체의 말대로 일은 중요하다. 음~ 일이라기보다 '경제 활동 내지는 밥벌이'가 중요하다는 결론에 다다른다.

한국 사람들은 우리나라에 온 중국인 노동자들을 개무시한다. 중국인 노동자들은 한국말을 못 하는 몽골인들을 개무시한다. 몽골인들은 한국말을 아예 못하는 이집트인들을 개무시한다. 인간의 계급 체계는 인도에만 있는 줄 알았는데, 우리도 서로 말을 안 하고 인정을 안 하고 있을 뿐이지, 어떤 곳에 가면 분명히 계급이 있다. 뻥 치지 말라고? 뻥 아닌데? 승태가 다 목격했다. 그리고 사실 나도 꽤 자주 목격한다.

친구 중에 상황이 안 좋아서 미국으로 이민 간 친구가 있다. 미국에 가서 이것저것 열심히 알바 하고, 다시 공부를 시작하고, 등록금도 벌면서 했던 말이 아직도 잊혀지지 않는다.

"한국 사람들은 힘들게 유학 와서 돈 없다고 하면서 왜 아르바이트를 안 해? 그렇다고 공부를 열심히 하는 것도 아니야. 술 마시고 노느라 바쁘다고 아르바이트는 절대 안 해!"

"아르바이트하면 자기 계급이 내려가는 줄 알고 안 하는 거야? 아니면 영어를 못해서 못하는 건가?"

"유학을 왔는데 영어를 못하는 건 말이 안 되지 않아? 나는 한국 사람들이 스타벅스나 마트에서 캐셔하는 걸 진짜 한 번도 본 적이 없어."

"그래도 H마트랑 한남체인에는 한국 사람들이 많잖아."

"거기도 어른이나 있지, 학생은 없어."

"다들 마트 캐셔 하면 하층민이 된다고 생각하는 병에 걸려서 그래. 그리고 비빌 언덕이 확실해서 그렇고. 미국 대학교는 졸업이 꽃인데, 한국에서는 미국 대학교에 입학한 것만으로도 우쭈쭈 하니까 그러는 거야."

아, 이 책의 여운 때문에 잠이 일찍 깬 건가? 다행히 한승태 작가님의 다른 책은 없는 것 같다. 어쨌든 주말이다. 너무 좋아.

오늘도 좋은 아침!

나쁘지 않다
(고 생각하자, 생각한다, 그러하다)

사실 새벽 4시에 일어났지만 억지로 도로 잤다. 왜냐하면 어젯밤 12시쯤 잤는데 수면 시간은 지켜야 할 것 같아서. 밤 12시쯤 잔 이유는 사랑하는 남편이 술 마시고 들어와서 조잘조잘~. 평소에는 정말 말이 없는데 술을 많이 마셨는지 말이 많더라? 본의 아니게 수다 떠느라 늦게 잤다. 평소에도 그렇게 많이 대화하면 좋은데?

어제는 주말이라 스타벅스 오픈런을 했다. 우리 애 아침과 내 커피랑 남편의 카라멜 마키아또를 사 왔고, 애랑 책 읽다가 미술학원에 데려다줬고, 그 사이 바로 옆 스터디카페에서 나도 책을 좀 읽었다.

아, 그리고 책장 정리를 했다. 대충 두서없이 꽂혀있는 책 중에서 뺄 것은 빼고 소설은 소설끼리, 영어책은 영어책끼리, 부동산책은 부동산책끼리, 주식책은 주식책끼리, 인문학책은 인문학책끼리, 육아서는 육아서끼리 옮겨주었다. 그리고 다시 읽기 시작한 은미 님이 선물로 주신 〈여덟 단어〉. 정말 서문부터 너무 마음에 든다. 인생은 강의 몇 번, 책 몇 권으로 변하지 않으니까요.

늘 무언가 액션을 취하면 빨리빨리 결과가 나오기를 원하면서 살았다. 바로 결과가 나오는 것들도 사실 꽤 있다. 예를 들면 요리! 그래서 나는 마음이 힘들고 우울할 때면 요리를 했다. 내 눈물을 쏙 빼는 양파를 잘게 썬 후 올리브유에 볶아서 매운맛을 빼고 담백하게 만드는 데 걸리는 시간은 10분도 채 안 걸리거든. 뭐 하나는 시작해서 마쳤다는 자기 만족감을 얻는 데 요리만 한 것이 없다. 뭔가 약간 쓸모 있는 인간이 된 것 같은 착각도 들고.

그런 의미에서 매일 아침 일어나면 이불을 정리한다. '그래, 적어도 오늘 아침에 이불은 정리했다. 애썼다. 내가 마음을 안 먹어서 그렇지 마음만 먹으면 안 되는 게 어디 있어?'라는 오만과 아집을 가지고 38년쯤을 살아왔다. 38년이나 저런 오만을 가지고 인생을 살아갈 수 있었던 건 '거봐, 내가 마음먹으니까 다 되잖아.' 했던 일이 의외로 많았기 때문이었다.

찢어지게 가난했거나, 죽음을 넘나드는 큰 사고를 당했다거나, 크게 배신을 당하거나, 망했다는 이야기로 시작하는 재테크 책이 많다. 그리고 늘 똑같이 '그 최악의 사고는 내 인생 최고의 계기가 되었습니다.'라고 말한다.

나는 너무 풍요로웠던 적도 없었지만 찢어지게 가난했던 적도 없었다. 죽음을 넘나드는 사고도 없었고, 늘 소소한 사건이 있었지만 타인의 시선으로 봤을 때는 평범하기 그지없는 인생이었다. 그래서 어쩌면 38년 동안 나의 편견에 대해 크게 불만 없이 살 수 있었다. 나는 마음만 먹으면 다 할 수 있지만, 지금은 너무 피곤하고 바빠서 마음먹기가 싫다고 내 행동을 정당화하면서 살아왔다.

후회하냐고? 아니!? 꼭 저런 큰 사건 때문에 인생을 다시 되돌아보는 건 아니지 않을까? 인생을 살면서 간접적으로 경험하고 자연스럽게 배워가면서 '아… 내가 정말 편협했구나!' 반성하기도 하고, 잘못된 행동을 개선해 나가는 것도 나는 괜찮다. 왜냐하면 늘 "빨리빨리!", "지금 당장!"을 외쳐도 천천히, 꾸준하게 해야 그 진가를 발휘할 일이 이 세상에는 더 많기 때문에.

매일매일 남편이 선물을 사다 주고, "너는 이 세상에서 제일 예쁘고 너무 사랑해. 너 없이는 못 살겠다."고 이야기하는 것도 (우리 남편이 그랬다고 생각하면 약간 닭살 돋고 웃기고) 부럽지만, 정말 뭐 하나 내 마음 쏙 들게 하는 것도 거의 없고, 늘 반응도 없이 미적지근하며, "인생 즐겨야 하지 않아?"라면서 저 하늘 위에 뜬구름 잡는 소리나 하는 남편이랑 천천히 삶의 방향을 조금씩 틀어서 맞춰가는 결혼생활도 나쁘지 않다(고 생각하자, 생각한다, 그러하다).

결혼생활도 천천히 맞춰가는 것 아니겠나 싶다. 회사 생활도 그러하고, 재테크도 그러하고, 건강도 그러하고, 육아도 그러하고, 습관을 만드는 일 또한 그러하다.

내가 어제 산 미국 주식이 오늘 100%도 넘게 오르는 것도 기분 좋지만, 이렇게 기분 좋은 일이 나에게 일어날 확률은 거의 없다는 것도 잘 알고 있다. 가끔 후퇴도 하지만 2보 전진하고, 1보 후퇴하고, 뭐 가끔은 3보 정도 후퇴하는 날도 있다. 하지만 천천히 야금야금 1보씩 전진하다가 언젠가는 상대방 진영까지 가서 결국 'Queening'을 하는 인생이 된다면 그 또한 큰 기쁨이 아니겠는가?

오늘도 좋은 아침!

우리는 정말 멋진 사람들이야!

오늘은 어린이집 졸업식이다. 코로나 때문에 어린이집 졸업
식을 못 한 지 2년이 되었는데, 올해는 졸업생이 정말 딱 2명이라
서, 그리고 우리 애는 4년을 꼬박 다녀서 선생님들이 졸업식을 할
수 있도록 배려해 주셨다. 우리 애가 이렇게 한글을 잘 읽을 수 있
게 된 건 당연히 선생님들의 노력 덕분이다. 하지만 1살 어린 여자
동생들이 "오빠, 나 이 책 읽어줘.", "오빠, 오빠는 한글 잘 읽잖아.",
"오빠, 오빠는 모르는 건 없지?" 하면서 이것저것 물어봐 준 덕분에
우리 애가 책을 더 열심히 읽어줬다는 이야기를 들었다.

아쉬운 마음에 동생들을 위한 선물과 쪽지를 준비하고 그동안

우리 애가 성장하는 과정을 고스란히 담은 (많은 사람이 온라인에서 아이의 얼굴을 공개하는 건 위험하다고 펄쩍 뛸) 우리 애의 인스타그램 계정을 적어두었다. '가끔 소식 전할게!'라는 멘트와 함께. 그리고 조리사 선생님과 도우미 선생님까지 총 14분의 선생님들을 위한 꽃을 준비했다. 모든 선생님께 감사하지만 우리 애가 이렇게 성장하는 데 가장 큰 기여를 한 분은 성함도 모르고, 마주칠 일도 거의 없는 조리사 선생님이다. 선물은 퇴소하는 날에도 '절대 금지'라고 하셔서 이렇게 꽃이라도 준비해 보았다. 그리고 내가 쪽지를 쓰면 '조인성 드림'이라고 우리 애가 썼는데, ㄹ이 왼쪽도 보고 오른쪽도 보는 등 글씨가 난리도 아니다.

어제 회사 분과 업무 때문에 이야기를 나누다가 어린이집 퇴소일이라고 했더니 "선물 사서야겠어요. 거기 너무 좋아하셨잖아요." 라고 하시길래 선물은 안 된다는 말을 해 드렸다. 그다음 기관은 어디로 정했냐고 물으시길래 그동안의 생각을 쏟아부으면서 대답했다. 영어유치원은 맞벌이가 보낼 수 있는 교육 기관이 아니라고 열변을 토하려고 했더니 "사실 맞벌이 부모 아이는 시간이 안 맞고 귀찮으니까 좀 꺼린다고 하더라고요."라고 하셨다. 이미 알고 계시는구나!

조부모의 (등하원 또는 재정적인) 도움 없이 이런 교육 기관에 보내려면 누구 하나는 일을 그만두고, 누구 하나는 월 2천쯤 벌어야 할 것 같다고 했다. 그러다가 우리 둘 다 그런 이야기가 무슨 소용이냐면서 일단 재택근무하는 달은 점심시간 쪼개고 근무 시간을 유연하게 잘 조정하면 될 것 같다고. 앞 시간에는 학원을 못 붙이니까 뒤쪽으로 학원 스케줄 잘 세팅해 두고, 그 뒤에는 반반차 신공을 쓰자고 했다. 그러니까 내가 휴가가 20일이면 반차는 40개이고, 반반차는 80개가 되는 건가? 그러면 일주일이 5일이니까 대충 16주는 어떻게 또 버틸 수 있지. 16주면 무려 4달이지? 16주가 지나면 또 휴가가 생기니까 어찌저찌 또 된다?

어쨌든 생각이 많았던, 좀 더 솔직히 말하면 현타를 많이 받았던 2월이었다. 책을 읽으면 작가들과 독대하는 시간이 좋았고 요리를 하면 아무 생각 안 하고도 내 행위가 '저녁 식사'라는 결과물로 30분 안에 탄생하는 것이 좋았다. 하지만 현실은 일도 하고, 육아도 하고, 이제는 아이 교육 기관까지 생각해야 해서 어떤 날은 상당히 우울해지기도 한다. 그렇지만 늘 결론은, '어찌저찌 또 되겠지.'였다.

내가 정말 하고 싶은 말은, 내가 워킹맘이라서 그러는 것이 정말 아니라 워킹맘들은 우는 타이밍에 우는 것도 정신없어서 못 하고 매일매일 정말 열심히 살고 있다는 것이다. 그리고 정말 그 누구의 도움 없이 이렇게 부부가 맞벌이에 외주 거의 안 주고 애 하나를 키우는 일은 음… 멋진 일이라고 생각한다. 그 와중에 집안일도 해야 하고, 재테크도 해야 하고, 살도 빼야 하고, 시부모님의 아들도 키워야 하고, 애 숙제도 봐줘야 하고.

어휴~ '멋지다'라고 표현하련다. 멋지고 또 멋진 것이라고. 우리는 정말 멋진 사람들이라고.

오늘도 좋은 아침!

미라클 모닝 400일!

마지막으로 어린이집 가는 날! 아쉬운 마음으로 출발했다. 총 14분의 선생님들께 드릴 꽃풍선이랑 우리 애 풍선이랑 헬륨 빠질 때까지는 우리 애 잊지 마시라고 어린이집에 드릴 풍선이랑 친구들 줄 선물까지 챙겨서 출발했다. 그런데 막상 수료식 시작부터 끝까지 우느라 우리 애는 사진도 못 찍었네.

마지막 날에 여기저기 우리 애의 흔적이 남아있는 교실을 볼 수 있어서 좋았다. 어린이집에 처음 입소했을 때 힘차게 했던 담임 선생님과의 하이파이브, 우리의 흔적, 수료식 식순 내내 애는 울고. 그래서 막 시선 처리도 엉망이어서 엄청 잘 나온 사진도 없고 준비해 간 풍선이랑 찍은 사진도 없~다. 마당에서 좀 찍을 수도 있었지만, 독감 때문에 그것도 좀 조심스러워서 인사만 드리고 나왔다.

남편이랑 우리 애는 어떨지 모르겠지만, 나는 꽤 오랫동안 이 어린이집이 문득문득 생각날 것 같다. 특정한 선생님 한 분이 좋고 그런 게 아니라 모든 선생님이 다 좋았고 이 공간 자체도 너무 좋았다. 감사하고 또 감사하다. 살다 보면 또 마주칠 일이 분명히 있을 거라 믿는다. 그리고 오늘 아침에는 〈여덟 단어〉를 다 읽었다.

인생에 정답은 없습니다.

모든 선택에는 정답과 오답이 공존합니다.

지혜로운 사람들은 선택한 다음에 그걸 정답으로 만들어내는 것이고, 어리석은 사람들은 그걸 선택하고 후회하면서 오답을 만들죠.

인생에 정답은 없습니다.

다만 정답으로 만들어가는 과정만 있을 뿐입니다.

정답으로 만들어가는 과정에 실패도 만나고, 후회도 할 수 있으며, 잘나가다가 뒤로 더 후퇴하는 날도 있겠지. 하지만 인생에 정답은 없는 것이고, 이게 정답인지를 알려면 아직도 인생이 한참 많이 남았다는 사실. 어쨌든 나는 정답으로 만들어가는 과정의 어딘가쯤 존재한다는 것. 다른 건 모르겠고 방금 알게 된 건, 나의 감사한 우리 애 어린이집 퇴소일과 함께 오늘로 미라클 모닝 '400일'이라는 사실!

　인생의 정답을 만들어가는 과정에 '일찍 일어나서 6분 동안 자신만의 루틴을 한다.'는 것이 필수 조건은 아니다. 사실 인생이라는 긴 여정의 그 어디에도 정답 자체에는 아무 조건이 없다. 하지만 어쨌든 400일 동안 매일 기록했으니 앞으로도 열심히 기록하기로 해 본다.

　혼자만의 조용한 시간은 사람을 성장시킨다고 〈독서력〉에서 이야기했다. 400일 동안 새벽에 일어나 보았으니, 그리고 그 시간은 틀림없이 나 혼자만의 조용한 시간이었으니 나는 400일 동안 조금은 성장했을지도 모른다. 뭐, 아닐 수도 있고. 성장을 했는지의 여부가 중요한 건 아닐 것이다. 그냥 하루하루를 성실하게 사는 것, 그 자체가 기쁨이라고 생각해 본다.

　그래서 오늘도 좋은 아침!

오늘을 잘 살지 못하면서
미래를 꿈꾸는 건 황당한 짓입니다

10년이 지난 지금 다시 읽어도 주옥같은 글을 일기장에서 발견했다. 주옥같은 글이면서 책 속에서 만나는 부자들이나 자산가들이 늘! 늘! 하는 그 이야기. 무려 니체도 하는 그 이야기!

오늘을 잘 살지 못하면서
미래를 꿈꾸는 건 황당한 짓입니다.

일단 입학하신 학교,
다니는 직장에 최선을 다하시는 것이 중요합니다.

여기를 탈출하는 게 꿈이라고 하더라도

설령 나중에 성공해서 탈출하게 되더라도

오늘 이 자리를 열심히 사는 것은 정말 중요합니다.

어느 날 내 인생이,

신데렐라를 지켜주는 요술 할머니의 마술 지팡이에 의해서

호박이 마차로 바뀌는 것과 같은 극적인 변화는 없습니다.

어제 같은 오늘, 오늘 같은 내일이 모여서

내 인생을 이루는 겁니다.

어느 자리에서건

최선을 다하는 사람,

그런 사람이 성공하는 사람입니다.

― 살짝 튀긴 새똥(닉네임)

진짜 주옥같다. 부자들만, 자산가들만, 인문학자들만, 저명한 사
람들만 저런 말을 하는 것이 아니라 어느 정도 살아본 사람들은 다
이렇게 말하는 걸 보니 오늘을 일단 열심히 사는 것부터 해 보자.

3월이다. 3월을 어떻게 잘 보내고 3월을 어떻게 잘 세팅하느냐에 따라 나의 4월이 편안해진다. 아, 편안해지지는 않겠고 어쨌든. ㅎㅎ

오늘도 좋은 아침!

아무도 나를 이해해 주지 않는다

등원 전 우리 아이의 아침은 시금치 리조또와 한우고기, 그리고 킹스베리딸기다. 나는 어제 등을 대고 누운 후 엉덩이를 들어 올려 글루트 브릿지 자세를 한 후 양쪽 손에 덤벨을 들고 위로 45도 각도로 올려주는 운동을 했다. 가슴에 자극이 와야 한다는데 그냥 모르겠다. 열심히 했다. 운동 마치고 한숨을 쉬었더니,

"왜요? 무슨 일 있으세요?"
"아니요, 눈물 나요. 너무 힘들어서요."
"룰루레몬 앰배서더 되셔야죠."

"......"

선생님, 빈정대는 거 아니시죠? ㅠㅠ

'룰루레몬 앰배서더'

마음속으로만 생각할걸⋯. 원하는 것을 가시화하라고! 주변에 알리라고! 부자들이 말하길래 그렇게 하려고 하는데, 룰루레몬 앰배서더가 되려는 사람이 맨날 운동하면서 한숨이나 쉬고, 눈물이나 훔치고⋯ 정말 미칠 지경이다.

운동하면서 자주 마주치는 어머님이 있는데, 어제 잠깐 이야기를 나눌 수 있었다. "요즘 아이의 유치원도 바뀌고 해서 제가 정말 너무 힘드네요. 일도 하고 애까지 챙기려고 하니까 정말 매일매일 힘들어요." 했더니 "지금은 그래도 나중에는 아이가 엄마는 왜 일 안 하냐고 하는 날이 올 거예요. 저도 평생 일 안 하다가 아이들이 그렇게 물어봐서 애들 키워놓고 일했어요. 다 또 어찌어찌 잘 되니 너무 걱정 말아요."라면서 조언해 주셨다. 진짜 감동받은 거 티 안 나기를 바랐는데, 눈물이 또 그렁그렁. (나도 이제 늙었나 보다⋯. -.-;)

어제 잠깐 팀원분이 "유치원 이틀째인가요? 애가 적응 잘하고 있어요?"라고 물어보셨는데, 나는 또 말문이 터져서 재택근무가 끝나면 우린 어떻게 하냐고(그 집은 출퇴근 시간만 왕복 3시간임), 나는 너무 힘들고 어쩌고, 집안일이 힘들고 어쩌고, 손톱이 갈라지고 어쩌고, 머리카락이 빠지고 어쩌고 하면서 한참 랩을 했다. 이분은 남자분이시고 애도 둘인데, 나랑 같은 역할을 이분이 하시니 이분 앞에서 내가 징징거릴 수가 없는데, 그래도 징징거렸다. 결론은 배우자에게 말했는데 배우자가 이해하지 못해도 싸우지 말자였다.

우린 정말 회사 생활과 육아에 대한 양육자의 역할에 상당히 최적화되어 있어서 불필요한 에너지를 최대한 소모하지 않아야 한다는 사실에 본의 아니게 학습된 것 같다. 아이와도 좋게 좋게, 배우자와도 좋게 좋게, 뭐든 좋게 좋게….

아무도 나를 이해해 주지 않는다. 이해해 주는 '아무도'가 어딘가에 있을 수도 있는데, 일단 그건 가족도, 지인도 아니고 무엇보다 어디 가서 말할 거리도 안 된다는 것. 비슷한 처지끼리 말해봤자 그 뒤에 나를 기다리고 있는 일상의 할 일은 사라지지 않으므로 그냥 정신없이 하루를 열심히 살기로 결론을 내려본다.

요약하면 별거 아니다. 아침 준비하고, 아이 등원시키고, 설거지하고, **빨래하고**(건조기 돌리고, 빨래 개고, 제자리에 집어넣고), 점심 준비하고, 설거지하고, 청소기 돌리고, 저녁 준비하고, 설거지하고, 정리하고, 애 숙제 챙기고, 가방 챙기고, 애 씻기고, 쓰레기 버리고, 그리고 이 모든 과정에서 일하고. 별거 아니잖아요? 다들 잘하는 거잖아? 그죠? 헤헤~

아무도 내가 뭐가 힘든지 이해해 주지 않는다. 심지어 나도 내가 도대체 뭐가 힘든지 잘 모르겠다. 그러므로 힘들지 않다. 다들 하는 거니까. 하원한 우리 애는 아파트 복도에 패딩을 내던지고 놀이터로 달려간다. "너 패딩을 왜 복도에 벗었어?"라고 물어봤더니 "내 마음이지! 왜? 그러면 안 돼?" 하는데, 음… 안 되는 건 아니네. 그래….

오늘도 좋은 아침!

언제 어른이 되려나?
너나 나나!

야구장 다녀와서 우리 애랑 남편이랑 둘이 분명히 잘 놀고 있었는데, 갑자기 싸움으로 번졌다. 싸움이라기보다 우리 애가 계속 징징거리다가 급기야 울먹거리면서 남편에게 "아빠, 미워!" 하더니 엉엉 울기 시작했다. 그리고 자기방 문을 닫으면서 더 크게 울고는 "아빠, 너무해. 아빠, 미워!"라고 했더니 남편이 갑자기 소리를 지르네? 애한테? (쯔쯔…)

우리 애는 그다음부터 "미워!", "너무해!" 소리도 못 내면서 숨죽여 울고 남편은 남편대로 화가 잔뜩 났다. (여보, 애 7살이야~.) 애가 숨넘어가게 울어서 애 달래준다고 "물 마시고 심호흡해 봐." 했는데 자기 머리를 때리면서 눈물이 멈추지 않는다고 한다. 머리를 때리면 머리만 아프다고 이야기해 주고 "물 마시자. 자, 숨 쉬어봐." 하면서 계속 애를 달래주었다.

남편에게 먼저 애한테 소리 지른 거 미안하다고 이야기하라니까 절대 싫다고 하고, 우리 애한테 네가 아빠에게 소리 지른 거 미안하다고 하라니까 절대 싫다고 한다. 둘 다 싫으면 계속 울고만 있을 거냐고 했더니 우리 애가 자기가 아빠한테 먼저 말은 걸고 싶지 않지만, 아빠가 자기에게 먼저 오기만 하면 자기가 아빠를 안아줄 거라고… 7살짜리 꼬맹이가 지 아빠보다 낫다.

남편은 자기 혼자 화가 났다는 사실에 계속 화가 나 있었는데, 내가 애한테 한번 가보라고 했더니 싫다고, 이따가 간다고 한다. "지금 한번 가봐. 해 주고 싶은 행동이 있다고 하네." 했더니 정말 억지로 나에게 등 떠밀려서 갔는데, 우리 애가 아빠를 안아주고 진짜 엉엉 울더라.

내가 남편이면 속으로 감동받아서 울었을 것 같기도 하고 진짜 애한테 미안했을 것 같기도 하다. 정말 나도 아직 어른 되려면 한참 남았지만, 이쪽도 만만치 않다. 나도 화가 많지만 그래도 많이 참고 속으로 부글부글하는 경우가 많아졌는데, 저렇게 매사 욱

하고 화가 나면 정말 어떤 마음으로 일상을 사는지 진심 궁금하다. 어떤 날은 상당히 무심한 것 같은데, 오히려 가족들에게만 이러는 것 같기도 하고.

내가 설거지하는 걸 보더니 물이 사방팔방 튀게 하는 게 자기랑 설거지 스타일이 다르다고 하길래, "나는 어서 빨리 설거지하고 다음 집안일을 해야 하니까 그래."라고 대답했다. 그랬더니 예전부터 그랬다는데, 예전에도 집안일을 했으니까 예전부터 그랬지 도대체 이 사람은 무슨 말이 하고 싶은지 모르겠다. 내 설거지 방식이 마음에 들지 않는다는 이야기라면 네가 다하던가(라고 마음속으로 이야기했다).

"일주일 내내 삼시 세끼 다 하면서 일한 나도 있는데, 주말에 야구학원을 같이 다녀온 2시간이 그렇게 힘들고 억울했던 거야?"라고 물어보려다가 굳이 뭐…. 표정과 행동이 다 말해주는데, 물어보고 확인할 이유는 없을 것 같아서 그냥 알아서 마음 추스르겠거니 하고 말았다. 나에게 빈정대고 애한테 소리 질러서 너의 마음이 편해지고 나아진다면 그렇게 하는 것도 어쩌면 하나의 방법이니까.

그 뒤에 밀려오는 미안함과 후회도 그대의 몫이라는 걸 알고도 한 행동일 테니 이해하는 걸로 치자. 다만 어른은 아이의 거울이라 내가 후회하는 나의 행동을 우리 애가 따라 할 확률이 많으므로 조심하자.

앨버트 반두라(Albert Bandura)의 '보보인형 실험'*을 한번 찾아봅시다(그리고 조심합시다). 어쨌든 우리 집은 다시 평화를 찾았고, 해가 지고 다시 밥 먹을 시간이 되었다.

우리 세 가족의 주말을 제대로 나타내주는 사진. 애 아빠는 소파에 널브러져서 스마트폰 보기, 우리 애는 그림 그리기, 나도 같이 그림 그리기. 애가 그린 그림에는 하늘 아래에 구름과 해가 떠 있고, 집은 이층집인데 아이가 있고, 그 옆에 고양이가 있다. 집 밖에는 강아지가 있고 강아지 집도 있다. 무지개가 있고 해 아래에 보이는 회색은 낮에 떠 있는 달이라고 했다. 엄마는 책을 읽으니까 책상 위에 책을 그렸고 강아지 밥그릇이랑 물통도 예쁘게 그렸다고 했다.

그림을 그리면서 이건 액자를 해달라고 하기도 하고 "아빠, 나

● **보보인형 실험**(Bobo doll experience): 스탠퍼드대학교 심리학과 교수 앨버트 반두라(Albert Bandura)가 1961년에 진행한 실험으로, 인간은 직접적인 경험과 보상을 통해서만 배우는 것이 아니라 다른 사람의 행동과 그 결과를 관찰하는 것만으로도 모방 학습을 할 수 있다는 것을 증명했다.

달팽이 정말 잘 그렸지?" 물어보기도 한다. 정말 귀여워. 아빠에게 혼나고 올 때는 언제고 아빠가 이 세상에서 제일 좋다고 아빠 옆에 붙어 있는 모습이 너무 사랑스럽다. 어쨌든… 언제 어른이 되려나~ 나나 너나…. 애가 더 어른 같았던 토요일이었어.

오늘도 좋은 아침!

일희일비하지 말자

새벽부터 같이 일한 개발자분이 자기가 뭐 요청을 올릴 거라고 하시길래 나 정말 미안한데 월요일에 제대로 봐주겠다고 했다. 아, 지금 올리면 지금 해 주실 거 같으니까 월요일에 올리겠다고 하시는데, 뭔가 배려받은 기분이라 감사하더라. 사실 회사 생활하면서 일희일비하면 절대 안 되는데…. 참 이게 남 이야기면 말이 쉬운데 또 내 입장이 되면 어렵다?

'내가 가만히 있으면 가마니로 보는 거 아냐?'
'말할까 말까?'

'이건 말해야 하는 거 아냐?'

부글부글한 일이나 부당하다고 생각되는 일, 그리고 차별받았다고 생각되는 일은 늘 생기기 마련인데, 이럴 때마다 '아…', '어…', '뭐…' 하는 것도 좋고 '더 생각하지 말자.' 하는 것도 좋다. 정말 일희일비하지 않는 것이 제일 중요한데, 사람 마음이 그게 늘 어렵더라고. 그래도 어제는 별거 아니었지만 개발자분이 배려해 줬다고 '착각'하면서 '일회'하고 업무를 마무리했다.

일희일비하지 말자! 결국 인생은 또 새옹지마고 뭐 그렇더라. 인생의 길흉화복은 변화가 많아 예측하기 어렵다는 말!

하원한 우리 애. 어제 나도 새벽 출근하고, 업무 일찍 마감하고, 우리 애도 일찍 끝나는 날이라서 도서관 프로그램을 예약했다. 도서관에 가기 전에는 가기 싫다고 하더니 또 막상 가니까 재미있나 봐. 이렇게 책 반납하는 거 보는 걸 너무도 좋아한다. 우리도 바닥에 앉아서 책 좀 구경하고 도서 전시도 구경했다. 우리 애는 만들기 프로젝트 하는 공간에서 만들기를 하라고 하고 나는 그 옆에 앉아 카톡방 미타임에서 이야기하고 있었다. 1시간 정도 지나니까 만들기 프로젝트 선생님이랑 우리 애가 손잡고 나 책 읽고 있는 쪽으로 오더라고.

"어? 너 여기 엄마 있는 거 어떻게 알았어?"
"엄마가 여기 있을 거라고 이야기해서 알았지."

내 이야기를 듣긴 듣는구나! 그냥 안 들리는 척하는 거였구나?

저녁은 피자 시켜 먹고 싶다고 하길래 그럴까 했지만, 식은 밥도 처리할 겸 파기름 내려고 파를 송송 볶다가 양파와 양송이와 삼겹살을 참참 잘라서 같이 볶아주고 마지막에 밥까지 넣어서 볶음밥을 만들었다. 그리고 미역국을 데웠고 밑반찬을 꺼냈다. 저녁을 맛있게 해 먹고 산책까지 간단하게 하고 바쁜 하루를 마감했다. 새벽에 안 깨고 정말 푹 잘 잔 것 같아. 오늘 주말이라서 너무 좋다.

오늘도 좋은 아침!

경험(삽질?)은 배움의 지름길?
(ft. 크몽과 전자책)

매달 1일은 괌 콘도의 월세가 들어오는 날이다. 시간 잘 맞춰 월세를 보낸 후 메시지를 주는 세입자에게 감사하다고 답장 쓰고 있는데, 크몽에서 전자책 승인이 났다고 한다. 신난다, 신나.

어제 저녁, 남편이 남은 나물 다 넣어서 비빔밥 하자고 했는데, 내가 고기가 먹고 싶어서 볶음밥을 했거든요? 근데 남편이 볶음밥을 보자마자 "아~ 이렇게 고기 말랑하게 볶아서 들어간 볶음밥 싫은데…."라고 하대? 써글! 내가 어제 어떤 하루를 보내고 저 밥을 볶았는지 알면 그런 말 못 한다? 어쨌든 밥 먹다가 남편이,

"그런데 전자책이 뭐야?"

"아, 크몽이라는 사이트에 전자책을 썼어."

"크몽이 뭐야?"

"그런 사이트야."

뭐 이렇게 대답해 주고 말을 주고받았는데, 남편이 밥 먹다 말고 크몽을 한참 들여다보더니,

"와~ 1년 만에 2억 만들었대."

"와~ 한 달에 2천만 원 벌 수 있대."

하고 크몽 삼매경… ㅎㅎ

"여보, 잘 봐라? 그런 책들 몇 권 팔렸는지?"

"아…"

"내가 전자책 쓰면서 배운 거 하나 알려줄까?"

"뭔데?"

"전자책 중에서 제일 많이 팔리고 지금도 계속 끊임없이 같은 주제로 나오고 또 나오는 전자책은 〈어떻게 하면 전자책을 쓸 수

있을까〉라는 전자책이야."

"어? 진짜 그게 1위네?"

주식으로 100억 벌기, 부동산으로 부자 되는 노하우, 블로그 마케팅, 인스타 마케팅 노하우… 뭐 이런 전자책이 1등 하는 게 아니라 How to 전자책이 1등을 하고 있다는 사실은, 그만큼 전자책을 쓰려고 하는 사람들이 많다는 것, 그리고 왜 '무료 배포 기간'이라는 걸 넣는지 여기서 배울 수 있지. (뜬금포 전자책 이야기?)

솔직히 쓰는 건 쉽지만 쓰고 난 뒤가 문제다. 어떻게 팔 건데? 홍보는? 정말 나 같은 경우만 해도 쓰긴 썼는데, 내가 이 전자책으로 정말 새로운 파이프라인을 만들거나 대박이 나고 싶어서 홍보해야겠다고 마음먹었다면 어떻게 해야 할까? 어디에 홍보하지? 만약 나를 아예 모르는 사람에게 판매하려면 어디에다가 홍보해야 할까?

분카페? 댓츠노노! 일단 그곳에는 이런 걸 올리는 것 자체가 위반이다. 가만히 있으면 누가 알아서 크몽에 친절하게 들어와 클릭해서 사주나? 그럴 리 없다는 건 다 알죠? 그래서 무료 배포 기간을 통해 여기저기 다른 사람들의 블로그에 노출해야 한다. 불특정 다

수에게 많이 노출될수록 누군가가 관심을 가지고 클릭할 확률이 높아진다. 물론 돈을 주고 광고를 붙일 수도 있지만, 블로그에 퍼가는 것 자체는 공짜로 광고하는 것이어서 전략적으로 잘 활용하는 것이 중요하다.

전자책 공부 좀 한 사람 같죠? ㅎㅎ 진짜 눈으로 읽어서 공부하는 거랑 직접 써보고 삽질해가면서 배우는 거랑 천지 차이네요. 경험을 한다는 건(이라고 쓰고 '삽질'이라고 읽어봅니다.) 어쩌면 배움의 지름길이 아닌가 싶다. 맞죠?

모두 모두 좋은 아침!

거짓말을 하면 증거가 다 남는 세상에
우리는 살고 있죠

내가 송길영 님의 데이터 강의를 듣고 몇 가지 기억나는 게 있어서 내 쪼대로 요약해 보았다.

이제는 거짓말을 하면 증거가 다 남는 세상이다? 그러니까 내가 누군가를 뭔가 맹목적으로 믿는 것이 아니라면 저 사람의 말이 진실인지, 아닌지 알아보는 방법이 이제는 정말 다양할 뿐만 아니라 좀 더 정확하다는 거지. 그게 정말 어딘가에 다 저장되어 있는 세상이라는 사실!

어제 이자 언니랑 잠깐 대화하다가 어떤 사기꾼 이야기가 나왔다. 곰곰이 생각해 보니까 사실 사기꾼이야 이 세상에 정말 널려있는데, 그러려니 하는 이유는 누군가 나에게 상당히 공들여서 사기치는 경우가 아니면 귀여울 정도로 말이 안 되기 때문이지.

'쉬운 돈벌이', '쉬운 부업', '이것만 하면 1년에 1억…' 뭐 이런 것들에 넘어가는 나이가 아니라는 것과, SNS 계정도 뭐 일명 '네티즌 수사대'처럼 마음만 먹으면 파고 또 파고 할 수 있다? 왜 소개팅할 때도 이름이랑 나이만 알면 페이스북이랑 싸이월드 뒤져보던 시절이 있었잖아요? (나만 그런 시절이 있었다고 하지 말아요. 다들 있었잖아요. 네? 싸이월드 모르신다고요…?)

지금은 누군가를 추적하기가 더 쉬워졌다. 예를 들면 나 같은 경우도 분명히 '부자엄마'라는 흔하디흔한 아이디를 썼고 IT 엔지니어라고만 언급했는데도 어느 날 회사 분이 "블로그 하시죠?" 하셨다. 그런데 인플루언서도 아니고 뭐 유명한 블로거도 아닌데 그렇게 말씀하셔서 진짜 깜짝 놀랐거든. 그래서 그날 이걸 추적해 보니까 누군가 내 블로그를 봤다? 대충 몇 가지 글을 보고 외국계 회사 다니나 보다 추정을 한다? 그리고 회사에서 찍은(당연히 내 얼굴은 없었음) 사진을 보고 어떤 건물인지 추측을 한다? 어? 그 건물? 거기에 외국계 회사?

근데 나라고 확신하면서 물어보신 걸 보니까 어디 이름이라도 나왔나? 싶었지만 아닌데…. 어쨌든 그 회사 분이 나를 어떻게 아셨는지 아직도 모르겠지만, 누구나 마음만 먹으면 다 추적할 수 있는 세상이다. 데이터를 기반으로 정확하게 추적할 수 있는 세상이니까 친구를 잘 사귀어야 한다고도 했다.

우리 아파트에 사시는 분들도 내 블로그에 몇 분이 댓글을 달아주셨다. 지난번에 피부과 갔던 이야기를 쓰면서 '서울대 공대 공학부 최우등 졸업'하신 분이 '연세대 의학대학원'을 나왔는데, 서울대 공대 최우등 졸업이 제일 첫 줄이었다고. 그런데 댓글에 "ㅌㅇ피부과죠?"라고 써있어서 그때는 신기하다고 생각했는데, 이제 와 생각해 보니 그렇게 신기할 일도 아니다. 내가 막 되게 철저하게 뭘 숨겨가면서 쓴 게 아니라 있는 그대로 어디에 살고, 어디로 이사 가고, 뭘 하는지 다 썼으니 마음만 먹으면 뭐. 어쨌든 오늘은 우리 애 유치원이 쉬는 날. 하~

도대체 유치원이 왜 쉬는지 모르겠는데 쉬는 날이니까 휴가를 내야 할 것 같다. 그런데 회사 일 하는 게 애랑 노는 것보다 에

너지는 훨씬 덜 소모되긴 한다. 내가 돈을 더 벌든, 더 바쁘든 그거랑은 아무 상관 없이 내가 휴가 내고 놀아줘야 하는 거잖아요? (어금니 정말 꽉 깨물고) 이런 건 엄마들만 할 줄 알지, 아빠들은 못 하잖아요? 애 방학이라서 휴가 내면 아빠들은 큰일 나잖아요? 그죠? 맞죠? ㅎㅎ

좋은 아침입니다. 오늘도 좋은 아침!

영어유치원,
그냥 보내기만 하면 안 됩니다

아, 어제 아이 하원시키고 일하는데, 정말 엉덩이 무겁게 앉아 있었어도 진도는 하나도 못 나갔다. 이럴 땐 그 말이 너무 맴돈다.

"회사는 학교가 아닙니다. 성과가 있어야죠."

학교에 다니듯 회사를 다니면서 성과는 없지만 승진을 잘하는 사람들이 대단하다 싶었는데, 이 말 들으면 얼마나 마음이 쫄릴까 싶네? 어쨌든 어제 하루는 성과 없이 계속 삽질만 했더니 마음이 불편하고, 찝찝하고, 머리도 아프다. 점심시간에는 영어 수업을 했는데, 정말 수업하기 5분 전에 갑자기 피곤함과 잠이 한꺼번에 밀려오는 바람에 악으로 겨우 버텼다.

저녁에는 현미 넣어서 밥을 했는데 밥이 너무 맛있게 되었다. 미역국 팔팔 끓여서 먹는데, 따뜻한 밥에 따뜻한 국을 먹으니까 식도를 지나고 위를 지나서 내려가는 뜨끈한 기운이 너무 좋은 거지. 아, 정말 좋다. 나물을 다 꺼내고 고기도 구웠다. 컨디션 안 좋을 때는 잘 먹는 것도 중요하니까 든든하게 먹고, 설거지하고, 바로 침대에 누웠다. 이내 잠이 들었고 그사이에 남편과 우리 애는 밥을 마저 다 먹고 유튜브도 같이 보면서 아이스크림도 먹다가 밤 10시 넘어서 씻기 시작했다. 나는 그대로 쭉 자고 싶었는데, 일어나서 씻고 나온 애 옷을 입히고 한밤중에 영어 숙제를 봐줬다. 하하~ 영어 숙제 다 하고 나니까 정말 거의 밤 11시.

그래도 확실하게 배운 건 영어유치원을 보내려면 부모가 영어 숙제를 잘 봐줘야 한다는 사실이다. 솔직히 별거 아닌 것 같고 다들 당연하게 하는 것 같겠지만, 이것도 일이거든. 생각보다 시간이 걸린다. 어제 숙제는 단어 스크램블해 놓은 것 중에서 tree를 찾아야 하는데, 애도 나도 끝까지 못 찾아서 그냥 못 푼 채로 놔뒀다. 리딩랩 같은 건 그냥 단순하게 읽기만 하면 되는 게 아니라 한두 개씩 꼬아서 내므로 정말 잘 이해해야 하는데, 아이가 아직 읽지 못하니까 부모가 읽어주고 설명도 해야 한다. 그렇게까지 해야 하냐고 물어본다면? 네… 이렇게까지 해야죠. 아니면 과외라도 붙여야 하고요. 왜냐하면 이렇게 숙제 안 봐주고 영어유치원만 보내면 영어유치원비 200만 원 그냥 날리는 것이기 때문! '영어유치원비+부모의 서포트'가 같이 있어야 200만 원이 천만 원으로 승화하는 거랍니다.

어제 친구랑 우리 애들 부럽다고. 우리 어렸을 때 이렇게 영어를 배울 수 있었으면 영어 좀 편하게 잘했을 거 아니냐고 이야기했다. 진짜 그렇지 않아요? 아까 새벽 5시에 알람 들었을 때는 몸이 천근만근이었는데, 일기 쓰다 보니 정신이 좀 드는 것 같다.

오늘도 좋은 아침!

우리의 댓글이
브런치 글이 되었습니다

점심시간에 잠깐 도서관에 책을 반납하러 다녀왔다. 〈IT 회사에 간 문과 여자〉 책을 발견했다. 반가웠다. 그리고 메일을 통해서 나의 서평이 작가의 브런치에 언급되었다는 사실을 알게 되어 작가의 브런치 글을 읽었는데 눈물이….

"여러분의 댓글이 브런치의 글이 되었답니다. 저 혼자 본 비밀 댓글도 너무 아깝네요. 꿍꿍이 님, 소백모모 님, 미끄럼틀 님, 팥 님, EuniceCan 님, 바다맘 님, 루비 님, 유리너스 님, byulchoco 님, GT 님 모두 감사합니다. 여러분의 댓글이 이렇게 브런치의 글에서 일부를 차지하게 되었답니다."

내가 이렇게 매일 일기를 쓰기 시작한 것도 사실… 분명히 나는 고군분투하고 있고, 매일매일 희로애락과 분노가 함께하는데, 이걸 나눌 사람이 없었기 때문이기도 하다. 친구들에게 이야기하기에도 참 그렇고, 남편은 당연히 관심도 없고(있다고 해도 내가 원하는 반응이 아님. 사실 무슨 반응을 했어도 내 마음에 쏙 들지는 않았을 것임), 나에겐 희로애락이 다 있어서 매일이 드라마 같고 영화 같은 사건이지만, 남이 듣기에는 정말 재미도, 감동도 없고 심지어 별로 화날 일도 아니라는 게 나에게는 참 답답했다.

"야, 너만 애 낳고 일하는 거 아냐. 다들 애 둘씩 낳고 일하고 잘 살아."

저 말을 정말 지금도 잊을 수가 없다. 다들 잘 산다고? 나 못 사는 거니? 나는 좀 투덜거리면 안 되는 거니? 뭐 그 뒤로 좀 누군가에게 점점 이야기하기가 어려워졌던 거 같다.

회사 생활을 하다보면 정이라든지, 애사심이라는 게 본의 아니게 생긴다. 그렇게 나는 마음을 주었는데, 그 회사라는 유기체를 이루고 있는 것들이, 그러니까 사람이라든지, 정책 같은 것들이 나를 엿 먹이는 순간이 늘 있다. 딱 꼬집어서 뭐 하나가 그런 게 아니라 여러 가지가 시너지 효과를 내서 내 일상을 강타하니까 정신 못 차리는 순간이 많다. 이럴 때마다 "나 오늘 좀 힘들었다…. 아~ 빙 그레 쌍년 또 못함. 또 쌍년 됨." 이런 말 한두 번은 하는데, 듣는 상대방도 3번 이상 넘어가면 진부하겠지? 나 지금 회사 생활이 18년째인데(욕하는 거 아님. 진짜 계산해 보니까 이런! 정말 18년째임), 남 듣기에 같은 레퍼토리를 얼마나 읊어댔을까? 그래서 어느 순간부터 입을 닫게 되었고 대신 기록하기 시작했다.

맞다! 우린 공감해 줄 사람이 필요하고 바쁜데 또 외롭다.

바쁜 거랑 외로운 거랑 너무나도 안 어울리지만, 생각해 보니까 난 최근 3주 동안 상당히 바빴는데 상당히 외로웠던 것 같다. 오늘은 밤에 좀 기어나가서 사회 생활 좀 해야지. 지금 생각해 보니까 어렸을 때 공부 잘하는 애들이 꼭 독후감도 잘 썼어. 서울대 간 친구들 보면 늘 독후감 상을 받더라고.
작가의 글이 너무 좋다. 저 글을 요즘 세대답게 인스타로 발굴

해서 와디즈 펀딩 받아 이렇게 책으로 탄생시킨 1인 출판사도 정말
대단하다.

아, 금요일이다. 정말 너무너무 좋다.
오늘도 좋은 아침!

정확한 지시는
가정의 평화를 가져옵니다

어제 우리 애 아침으로 오믈렛 만들려고 달걀을 푸는데 모양이 예뻐서 사진을 찍어봤다. 요리해 본 사람들은 알겠지만, 요리하다 말고 사진을 찍는다는 것은 정말 귀찮은 일이다. 하지만 그만큼 계란의 모양이 내 마음에 들었다는 뜻! 헤헤~

표고버섯이랑 양파랑 오이랑 송송 썰어서 빈대떡처럼 구운 다음에 노란색 치즈 올리고 반 접어서 접시에 올려서 주면 된다. 애가 잘 먹기도 하고 단백질에, 야채랑 치즈까지 있으니 과일이랑 같이 먹으면 균형 잡힌 아침인 것 같아서 이번 주 야채만 살짝 바꿔가면서 오믈렛을 만들어주고 있다.

어제 저녁에는 내가 막 삼겹살을 굽고 있는데 남편이 퇴근했다. 퇴근하고, 옷 갈아입고, 저녁 준비하는 걸 도와줄 법도 한데, 아니면 적어도 애랑 놀아주든지 할 수도 있는데, 애는 유튜브 삼매경, 남편은 옷 갈아입고 침대에 누워서 TV 삼매경이더라? 내가 "여보, 뭐해? 어머? 나 이렇게 밥하는데 침대에 누워있는 거야?" 하고 다시 부엌으로 왔더니 본인도 무척 민망한지 웃더라. 근데 나도 그 마음 알지~. 하기 싫은 건 하기 싫지.

"엄마, 아빠는 뭐 하는데?"
"아, 아빠는 엄마가 저녁 하는데 TV 보는 거 같지 않아?"

정말 쿨하기 짝이 없다. 허허허~ 그래도 확실한 건(우리 남편만 그런 건 아니고 다른 남편들에게도 모두 통하는 것 같은데) 뭔가 남편이 했으면 하는 일은 굉장히 정확하게 오더를 내려야 한다는 것!

"여보, 쓰레기통 비워줘."
→ 댓츠 노노! 절반도 안 찬 쓰레기통을 비우거나 쓰레기통 아무거나 하나만 비우는 일이 발생할 수 있음
"여보, 부엌이랑 거실에 꽉 찬 쓰레기통 모아서 종량제 봉투에

넣어서 버려주고, 비닐봉지 공간 남으면 애매하게 남은 다른 쓰레기통의 쓰레기도 넣어서 꽉 채워서 버려줘."

→ 종량제 봉투는 빈 틈 없이 꽉 채워서 버려야 한다는 사실을 명시해 줘야 함

"여보, 주말인데 자기가 점심 좀 해 줘."

→ 댓츠 노노! 맨땅에 헤딩하라는 것만큼 상대방이 당황스러워 함

"여보, 냉장고에 파랑 어묵 있거든? 그리고 내가 떡볶이 포장되어 있는 거 사뒀는데, 파랑 어묵만 더 넣어서 우리 오늘 점심은 자기가 떡볶이 해 줘."

→ 요리까지 정해주면 좋지. 안 정해줘도 알아서 척척 하는 남편은 다른 것도 더 잘할 듯. 그렇죠?

정확한 지시는 우리 모두에게 평화를 가져옵니다. 꼭 그렇게까지 해야 하냐고 물어본다면 어차피 같이 살 인생, 나도 하기 싫은 집안일. 조금만 더 정확하게 이야기해서 하나라도 덜면 너도 좋고 나도 좋은 것 아니겠습니까? 그리고 몇 번 하면 자동으로 알아서 하는 날이 오더라고요.

우리 집은 남편이 쓰레기통 비우는 거랑 음식물 쓰레기 버리는

거랑 분리수거하는 거 담당이다. 그런데 저는 '음쓰' 버리는 거 진심으로 너무너무 싫은데 저거 남편이 해서 너무 좋음. 그리고 요즘에는 설거지도 열 번 중 한두 번 정도는 남편이 함. 나도 남편이 설거지하는 날은 널브러져서 핸드폰 보거나 컴퓨터 하는데, '아, 쟤 설거지하느라 힘들겠다. 나 혼자 쉬고 있어서 마음이 불편해.'라는 생각이 전혀 안 들어요. 그저 좋음. 즉, 남편도 내가 집안일 할 때 자기는 침대에 누워서 핸드폰 보면서 아무 생각도 안 했을 것임. 그러니까 피차 이해하고 사는 거지 뭐.

와, 근데 새벽에 바람 소리 진짜 장난 아니다. 지금도 바람 소리가 엄청 크게 들린다. 오늘이 목요일이어서 너무 좋구나!

오늘도 좋은 아침!

'황소'를 버티면 뭐든 다 해요

'황소'는 수학학원인데, 빡세기로 유명하다고 나는 대충 알고 있어서 저 말이 너무 웃겼다. 이걸 친구한테 말했더니 "그런데 요즘 황소가 선행 학습 진도가 조금 느리다는 평이 있어서 황소만 보내지는 않고 진도 빼는 다른 수학학원이랑 같이 보내거나 필즈랑 황소 둘 다 보내는 집도 많아."라고 무척 진지하게 설명해 주더라고. 요즘 본의 아니게 이것저것 사교육에 대해서 주워 듣고 있는 중인데, 분명히 처음에는 '이렇게까지 해야 하나?'로 시작했던 것 같아. 하지만 지금은 '뭘 시켜도 잘 시켰어.' 내지는 '우리 잘하고 있는 거래.'라는 결론이 나니까 무척 재미있다?

일단 지금 영어유치원 보내면서 숙제 봐주는 건 당연한 거고. 그러니까 디폴트로 삼시 세끼 먹는 것처럼 그냥 당연히 숙제 봐주는 거고, 여기서 계속 리딩랩 같은 걸 엄마인 내가 애 수준에 맞춰서 챙겨서 읽어줘야 하고(하다못해 자기 전에 3권씩 꼭 읽어주기와 같은…), 영어학원을 TOP 10에 드는 학원을 보낼지, TOP 7나 TOP 3 등 어떤 수준의 학원에 보내고 싶은지 목표를 정해야 한다고 했다. 당장 다음 주에 우리 회사 매니저랑 올해 목표 세운 것에 대해서 이야기하고 수정이 필요한지 준비도 안 했는데, 우리 애 학원 목표는 올해 9월과 11월 것까지 다 세워서 내년 3월 초등학교 입학 때 문제가 없게 해야 한다는 것이다. 이런 걸 나에게 누가 알려주겠는가? 아무도 안 알려주지. 우리 애 영어유치원 친구들이 누가 있는지도 모르는 판에.

그러니까 내 친구들 이야기를 다 열심히 듣고 받아 적고 하느라 나도 정신이 없는 거지. 그리고 분점이 여러 개인 학원은 대부분 대치동이 본점인데, 같은 학원이어도 "대치동 A 학원이요." 하면 "우와~" 하지만, "반포 A 학원이요." 하면 "아~ So what?" 하는 분위기라고 했다.

나는 요즘 대화하는 사람이 많지도 않다. 그런데 휘몰아치는 정보 속에서 허우적대는 느낌이 들었다가 약간 '재미'를 느끼고 있는 건, 아직 나에게 닥친 일로 인지하지 못하고 제3자의 시선으로 보고 있기 때문일까?

일단 어느 정도 레벨의 학원을 보낼지 결정하고 그것에 맞춰서 애를 공부하게 해야 한다. 우리 애를 TOP 3 이내의 학원에서도 최고 레벨반에 보낼 것인지, 아니면 작은 보습학원에 보낼 것인지 결정해야 한다. 우리 동네에도 학원이 넘쳐나지만, 대치동에는 우리 애의 성향과 상황에 따라 고를 수 있는 학원풀이 조오오오오옷나 다양하게 많으니까 '대치동', '대치동' 하는 것이겠지? 하지만 학원 끝나는 시간에 교통 상황이 숨 막힐 정도로 심각하게 막히는데, 이거 때문에 받는 스트레스는 엄마(가끔은 아빠)의 몫인 것!

어제 저녁에 잠깐 커피 마시고 집에 가던 시간이 마침 학원들 끝나는 시간이었나 보다. 어떤 유명한 학원가 골목은 애들 데리러 온 승용차들이 뒤엉키고, 빵빵거리고, 지랄 염병이 났더라. 며칠 전에 친구가 반포 학원가에 있는 빌라나 나홀로 아파트는 몇 년째 매물이 없다는 이야기를 해 줬는데, 너무 웃긴 건 바로 저번 주에 나도 그 골목 근처에 전세 매물이 있는지 알아봤다는 것. 진짜 없음! 여러 개의 영어유치원과 영어학원, 미술학원, 수학학원, 체육

학원, 스터디카페, 우리 애 야구학원과 수영장, 그리고 비인가 국제학교까지 다 있는 신비한 골목. 우리 애는 매일 셔틀을 타고 그 골목을 왔다 갔다 하고 있다.

황소수학은 3학년 때 시험 보는 것을 목표로 하고 일단 여름에 소마 레벨 테스트는 볼 수 있으면 좋겠다. 영어학원은 지금 다니고 있는 영어유치원을 내년까지 다니면서 스피킹은 따로 준비해서 TOP 7 정도 되는 학원에 보내는 걸 목표로 하면 되려나? ㅋㅋ 계획을 제법 세웠죠?

오늘도 좋은 아침!

영어유치원 보내려고 적금 들어요

소마셈 두 권째인가, 세 권째인가? 어쨌든 다 풀었다. 대견해. 아침에 또 피자 토스트를 만들어 달래서 해 줬다. 등원하는데 "내가 왜 가야 해?"라는 말을 두세 번쯤 하면서 집에서 쉬고 싶다고 하는 우리 애. 나도 집에서 쉬고 싶어. 진짜야~.

나 어제 일하면서 빨래도 2번 돌린 거 혹시 아니? 아, 그리고 일단 책에 대한 흥미를 갖게 해 주려고 〈월리를 찾아라〉를 샀다. 받자마자 이거 영어책이냐고 실망하더니 글씨 안 읽어도 되는 책이라는 사실을 알고 옆에서 열심히 월리를 찾더라. 어렸을 때는 좀 시간이 걸려서 찾았던 거 같은데, 30분도 안 걸려서 책 한 권 속 월리를 몽땅 찾아버리더라. 그리고 영어 숙제도 했는데, 숙제하는 시간이 조금 빨라졌다. 숙제하는 책에 패턴이 있으니까 뭔가 교재의 위쪽에 나온 걸 보고 참고해서 따라 쓸 줄도 알고 글씨 쓰는 속도도 조금은 빨라졌다.

어제 저녁에는 냉장고에 반찬이 없어서 오늘부터 냉장고 파먹기 시작! 어제 카드 명세서를 봤는데 작년부터 할부로 나가는 세금이랑 이사 오면서 할부로 산 가전이랑 이케아 주방이 기본으로 나가고 우리 애 영어유치원비만큼 더 썼더라?

혹시 영어유치원 보낼 생각하시는 분들 계시면 따로 돈 빼서 적금 들어놓기를 추천해요. (농담 아니고 어금니 꽉 깨물고 진지해요.) 조부모의 재력이 아니라면 일반 회사원이 영어유치원 보내는 거 상당히 큰돈이거든요. 솔직히 저는 돈 생각 안 하고 일단 보냈는데, 이렇게 비쌀 줄은 몰랐네요. 서울페이나 제로페이 되는 곳이면 그걸로 10%라도 할인받고(하지만 안 되는 곳이 대부분일 듯) 학원비 할인 카드 만들어서 조금이라도 돌려받아야 할 것 같아요. 이거 할부로 어찌어찌할 수도 없는 게 결국 매달 학원비가 나와서 일시불로 해야 하니까 미리 돈을 따로 모아두는 게 제일 현실적인 플랜으로 보입디다. 조부모의 재력이 있음 정말 좋겠지만!

진짜 나중에 내가 조부모가 되었을 때, 내 자식이 자기 애 영어 유치원비 내달라고 하고 자기 애 봐달라고 하면 조오오오오오옷나 싫은데, 싫은 티도 못 내고 매정한 애미(내지는 할미) 될까봐 나도 지금 어금니 꽉 깨물고 최선을 다해 엄마아빠시어머님시아버님께 도움 안 받는 거거든요. 뭐 대단한 이유가 있는 건 아니고 입장을 바꿔 생각해 보니까 나도 싫은데 우리 부모님들이라고 좋을까 싶더라고요. 아, 싫다기보다 다들 힘이 없잖아요, 체력이 딸려서. ㅎㅎ 허리 안 구부러진 멋쟁이 할미가 되어서 70살 되어서도 청바지 입고 다니고 싶네요.

뭐 어쨌든 그냥 건강하게 자식이 부모 걱정 안 해도 되게끔 잘 사는 게 나의 도리라면 도리인 것 같으니 일단 허리띠 더 졸라매야지 뭐. 이자 언니도 나물에 밥만 먹으라고 했는데, 진짜 당분간 김치에 밥만 먹고 살아야겠다.

오늘도 좋은 아침!

같은 학원이어도 반포랑 대치는 달라!

며칠 전 유튜브 라이브에 송희구 작가님이 나오셔서 "손품 이야기 많이들 하시는데 임장은 꼭 가셔야 합니다."라고 일침을 가하셨다. 나는 고정 관념이 있어서 내가 모르는 동네, 내가 안 밟아본 곳은 절대 관심을 안 가지는 편이다. '손품'이라는 편한 방법이 있어도 나는 왜 꼭 임장을 하려고 하는 것인가를 고민했던 시간이 있었다. 물론 요즘에는 부동산을 매수하지 않은지 오래되었지만.

그런데 어제 잠깐 '직접 가보지 않고 절대로 알 수 없는 것들이 많다.'는 생각을 했다. 인터넷에는 정말 정보가 많아서 부동산을 살 때 임장하지 않아도 알아볼 수 있는 다양한 정보가 진짜 많다. 그런데 직접 가보지 않으면 모르는 것들도 정말 많다. 예를 들면 내가 반포로 이사 오기 전에는 막연하게 '내가 평생을 살았던 동네인데 대충 다 알지 않겠어?' 하면서 생각했던 것들이 있었는데, 막상 살아보니까 이방인 같은 느낌이 들 때도 많다. 어렸을 때 있던 미용실이 지금도 있고, 그때 있던 냉면집도 그대로 있지만, 실제로 애 엄마로 살아보니까 모르는 것투성이!

지난주 이자 언니가 논술학원 이야기를 해 주서서 진짜 핸드폰에 그 논술학원 이름을 적어두었다. 그다음 월요일에 애 등원 시키면서 같이 셔틀 태우는 어머님이랑 잠깐 스몰톡을 했는데, "혹시 논술학원 대기는 걸어두셨어요?"라고 물어보시길래 "네? 아니요? 어떤 논술이요? 그런데 지난주에 아는 분이 저에게 논술학원 하나 알려주서서 이름 적어놓긴 했어요. 뭐더라…." 하면서 찾아서 말씀드렸더니 "여기는 대기 걸어두셔야 해요."라고 하셨다. 아, 대기~. 뿐만 아니라 다른 친구와 대화할 때도 또 놀람의 연속이었다.

"나 지난주에 논술학원 이름 하나를 들었는데, 아침에 그 논술학원 대기 걸어둬야 한다는 이야기를 들었어."
"혹시 논술화랑 말하는 거지?"

"헐~ 어떻게 알았어?"

"거기 이 동네 엄마들 다 보내."

"진짜?"

"응, 우리 애도 대치점으로 보냈었어."

"대치는 달라?"

"응, 같은 학원이어도 대치 본점이랑 서초점은 수준이 달라."

"아…………"

"그런데 600명씩 대기하고 빠지는 이유도 생각해 봐야 해. 아이들이 좋아하는 학원은 아웃풋이 안 좋을 수도 있거든. 대기가 몇백 명씩 빠지는 것도 다 이유가 있어!"

이런 건 둘 다 보내보았거나, 어느 한 군데를 보낸 사람이 이야기해 주지 않으면 절대로 알 수 없는 것 아닌가? 그러니까 집을 살 때 임장을 꼭 해야 배우는 것들이 있듯이 직접 살아보고 겪어봐야 아는 것들이 있다. 그리고 인터넷의 맘 카페나 네이버가 알려주지 않는 진실이 더 많다. 생각해 보면 인터넷에서는 담백하고 긍정적인 이야기는 얼마든지 할 수 있지만, 인터넷에 부정적인 평가는 대부분 안 남긴다는 것이 팩트다. 괜히 남겼다가 고소라도 당하면?

나랑 내 친구 써니맘은 이 동네 학원 골목가를 '모든 종류의 학원이 다 모여있는 신비한 골목'이라고 이야기하곤 한다. 사실 실제로 신비한 골목이지만, 막상 어제 낮에 왔다 갔다 해 보니 결국 '공황장애가 오는 골목'에 더 가깝다. 그 시간에 와보지 않았다면 절대로 알 수 없는 것들이다.

어젯밤 10시 넘어서 라이드 왔던 부자 친구 나나가 사진 한 장을 보내면서 'AZ야, 나 니네 동네 왔다가 겨우 유턴했어. 공황장애 올 것 같아.'라는 문자를 보냈다. 반면 출퇴근 시간에만 왔다 갔다 하는 우리 남편은 "의외로 차가 안 막힌다."고 이야기했는데~. 이런 세상은 모르겠지? 결국 직접 가보지 않으면 알 수 없는 것투성이다.

회사 생활도 그렇지 뭐. 어제 친구랑 저 사거리의 신호등을 왔다 갔다 하다가 "사실 내가 요근래 굉장히 스트레스 받았었어."로 시작하면서 40이 넘은 나이에도 깨지고, 자존심이고 뭐고 정말 별소리를 다 듣는다는 이야기를 했다. 신입사원 때도 맨날 이 친구에게 일이 너무 어렵다고 했다. 그런데 이제 20년이나 지났는데도 여전히 나는 일이 어렵다고 이야기하네. 하하~ 들어줘서 고마워.

오늘도 좋은 아침! 굿 미라클 모닝!

나는 할 수 있다고 계속 생각했어!

회사에서 워킹맘 대선배 부장님들 중에는 나중에 애 학교 보내면 딱 한 명의 엄마랑만 친해지라고 알려주신 분도 있었고, "애가 수학을 반이나 전교에서 TOP 먹으면 엄마들이 알아서 연락오니까 수학에 신경 써."라고 알려주신 분도 있었다. 지금 생각해 보니 두 분 모두 우리 회사 다니시면서 대치동 라이드까지 다 하시고, 매니저이시고, 일도 엄청 잘하시니 멀리서 찾을 것이 아니라 이 두 분한테 많이 배워야겠다. 대치동 학원을 다니기 전에는 우리 동네로 라이드 많이 오셨다고. 아마 '공황장애 골목'을 말씀하시는 듯. 어쨌든 수학을 잘하려면… 음~ 어렵다. ㅋㅋ

야구 레슨이 끝나고 코치님이 우리 애를 집까지 데려다 주셨다. 애가 차에서 내리는데 코치님 조수석이 우리 애 땀으로 범벅. 엄청 재미있었나 보다. 코치님께 감사의 인사드리고 집에 올라가려니 "엄마 엄마, 나 오늘 영어 스펠링 테스트 몇 점 맞았어?"라고 물어보네. 엄마는 아직 모르지. "엄마, 빨리 점수 같이 보자." 하면서 애 얼굴이 완전히 뭐라고 해야 하지? 엄청 신나 보이는 거야. 그래서 엘리베이터에서 받아쓰기 공책을 꺼내줬다.

"왜? 몇 점 받았을 것 같은데?"
"다 맞았을 것 같아."
"그래? 왜 그런 생각이 들었어?"
"그냥!"

그러고 공책을 폈는데 와~ 진짜 다 맞았다. 어쨌든 받아쓰기 다 맞은 거 확인하고는 애가 너무너무 좋아하고 신나 했다. 집에 와서 간식 먹고 태권도를 갔다가 다시 집에 와서 숙제도 정말 뚝딱했다. 내가 너무 신기해서 "그런데 받아쓰기 다 맞은 비법이 있었어?" 했더니 "없었어."라면서 "그런데 스펠링 테스트를 시작하기 전에 나는 할 수 있다고 계속 생각했어!"라고 대답하더라?

7살 꼬맹이가 무슨 영어 스펠링 테스트를 보는데 '나는 할 수 있다'고 계속 되뇔 일인지는 모르겠다. 하지만 자기가 할 수 있다고 생각했고 game을 쓸 때 a가 조금 헷갈렸지만, 생각해 보니까 두 번째 글자는 다 a였던 게 생각나서 'game'이라고 썼는데 맞았다고 신나서 이야기하더라. 그리고 7번까지 받아쓰고 나서 '다 맞았다'는 느낌이 왔다네. 하하하~ 그런 느낌 오는 게 참 쉽지 않은데. 아니 그런 느낌이 왔는데 정말로 다 맞는 게 쉽지가 않은데, 우리 아들 정말 장하다.

어쨌든 우리 애 자존감이 좀 올라간 것 같은 느낌이 들어서 나도 덩달아 기분이 참 좋았다. 하지만 5월부터는 7개가 아니라 10개씩 시험을 보고 프레젠테이션도 있다고 해서 또다시 부글부글…. 뭐 하나 넘어서 좋아하면 또 새로운 산이 나를 기다리고 있네요. 어제 리딩랩 하는 날이었는데 리딩랩 담당인 우리 남편이 약간 또 화난 것 같기도 함. ㅋㅋ

저녁이라도 든든하게 먹자. 압력솥에 밥을 하고, 스테이크 고기 굽고, 나물 반찬 꺼내고, 토마토를 먹었다. 제철 음식을 잘 챙겨 먹는 기쁨도 알 것 같지만, 무엇보다 미라클 모닝이고 뭐고 잠이 진짜 보약인 것 같다. 지난주에는 바빠서 몇 번 밤 10시 넘어 잤는데, 오늘은 9시 30분부터 잤더니 약간 두통은 있지만 그래도 뭔가 충전된 느낌이랄까?

오늘도 좋은 아침!

어머, 벌써 500일이요?

와우, 500일! 새벽에 일어난 지 무려 500일이 되었네? 장하다!

어제의 아침, 압력솥에 한 밥을 데웠고, 한우 등심을 구웠고, 반찬을 꺼냈다. 그리고 어제 아이의 미술학원에서 연락이 왔다. 우리 애가 한국아동미술문화협회에서 운영하는 전국아동미술대회에서 은상을 받았다고 했다. 사실 작품만 제출하면 다 받는 상이라는 걸 너무나 잘 알고 있었지만, '우리 애가 크긴 컸구나!'라는 생각이 들어서 뭔가 기분이 묘했다. 미술학원에서 만들어오는 건 버리기도 참 애매하고, 집에 쌓는 것은 더 애매해서 하나씩 기록하고 버린다. 상패도 안 사고 싶었지만 이런 상술은 적어도 한 번은 넘어가

보자 싶어서 하겠다고 말씀드렸다.

우리 애한테 이 메시지를 보여줬더니 "금상이 있는데 은상을 받은 거야?" 하면서 섭섭해했다. 완전 황당! "야, 은상도 대단한 거거든!" 난 1등만 강조한 적이 없는데 애는 왜 이러지? ㅎㅎ

갑자기 퇴사한 팀원의 업무가 나에게 넘어와서 어제 급하게 리뷰를 듣다가 '이름 참 잘 지었다.'고 생각했다. 그런데 자세히 들어보니까 예전에 내가 설계했던 거임. ㅋㅋ 내 스타일대로 지었더니 시간이 지나도 생각이 나는구나. 그냥 혼자 웃었다.

이럴 때 보면 단순한 게 좋다. 개발자이면 공감할 텐데… 설계하고 코딩하는 것도 당연히 어렵고, 새로운 개발 도구 접하는 것도 어렵지만, 제일 어려운 건 네이밍이다. 이름 짓는 건 진짜 어렵다! 테이블명은 뭘로 하지? 칼럼명은 어떻게 할까요? 물론 템플릿(이 경우에는 '표준'이라고 부름)이 있지만, 템플릿이 애매하거나 새로운 서비스이면 개발자가 명명해야 하는 경우도 있거든. 그래서 인문학도도 개발을 잘하는 것 같다. 말도 안 되는 소리가 아니라 머릿속에 인문학이라든지, 철학이라든지 인간의 논리가 자신만의 방식으로 체계적으로 정리되어 있어야 인간이 만든 컴퓨터의 논리도 이해하기 쉬울 테니까.

미라클 모닝을 한 지 500일이 되었다. 내가 이 '짓'을 500일이나 할지는 몰랐다. 확실한 건 내가 되게 모지리거나, 아니면 미라클 모닝의 저자가 사기꾼이라는 사실이다. 아침에 일찍 일어나서 명상하고, 감사하고, 비주얼 라이징해도(저자가 말한 그 6가지를 다 해도) 백만장자는 되지 않는다. 개뻥이다. 석 달만 해도 인생이 달라진다고 했는데 개뻥이다. 그저 피곤할 뿐! 하지만 분명히 달라진 것이 있으니 그것만으로도 충분히 가치가 있다고 생각한다.

미라클 모닝 500일째! 솔직히 미라클 모닝 한 사람 중에서 나처럼 조용한(돈 안 되는) 사람 없죠? 다들 #같이해요 #책도같이읽어요 #비전세우는것도도와드릴게요로 시작해서 #유튜브하고 #강의하고 #돈받고뭔가하죠?

미라클 모닝을 500일 해 보니까 남이랑 하는 것도 뭐 나쁘지는 않겠지만, 일단 스스로와의 약속을 지키는 것부터 해 보는 것이 제일 중요해 보입니다. 내 인생인데 나 혼자 해 보는 것부터 연습해요!

오늘도 좋은 아침!

내 인생의 정답을 찾아가는 중이에요

우리 애 미술학원이 끝나고 다 같이 아이스크림을 먹다가 우연히 친구를 만났다. 누가 "AZ? AZ!" 부르길래 잘못 들었나 했는데 내 친구였네. 그 짧은 시간에 "나 이사 가려고." 했더니 더 물어보지도 않고 "어, 잘 생각했어. 여기랑 저기랑 거기 알아봐."라고 이야기해 주는 소중한 내 친구.

물론 얘만 그렇게 이야기해 준 건 아니고 이자 언니도 "여기 저기 요기 알아봐." 하셨고 부자 친구 나나도 "그 길 건너에 거기 있잖아. 거기 알아봐." 하면서 다들 네이버 부동산을 같이 봐주더라고. 정말 고마워~. 나 이사 가려고 마음먹은 거 하루도 안 된 거 같은데 모두가 한마음 한뜻. 다만 그 모두에 우리 가족은 없….

　그럼 어떻게 해야 한다? 나의 마음을 이야기하고 너의 마음을 들어야 하겠지? 물론 같은 결과를 원하지 않더라도 이야기는 해야지, 가족이니까. 그래서 다 같이 부동산에 갔다. 그냥 동네 맘 카페에서 '부동산 추천'으로 검색했는데, 어떤 글에 4명의 다른 사람들이 한 군데 부동산을 추천했길래 거기로 갔다.

　"제가 저쪽에 살고 있는데 이쪽으로 이사 오려고요."

　부동산 비수기인데 매물은 많지만 거래가 없다고. 그리고 엄마랑 같이 갔던 부동산 사장님이 "요즘은 전세가 별로 없어요, 다 반전세지. 그리고 세입자들도 보증금 낮은 반전세를 선호해요. 이왕이면 강남 살고 싶잖아. 근데 돈이 없어. 그럼 월세 내는 거지." 하셨거든. 뻥 같았는데 진짜였다. 우린 월세살이하면 큰일 난다고 배웠던 거 같은데, 아니란다. 세입자들은 보증금이 낮은 반전세를 원하고 집주인들은 전세를 원한다. 그래서 전세 매물만 많았다. 집주인들은 오히려 월세보다 전세를 원해도 세입자들이 그 전세금이 없으니까 반전세를 원하는 거지. 아~ 이래서 부동산을 직접 가봐야 하는 것!

3년 전만 해도 1억 보증금은 30만 원 월세 정도 쳤던 거 같은데, 지금은 50만 원으로 친다고 했다. 그러니까 9억 전세는 5억에 200만 원짜리 또는 3억에 300만 원짜리 반전세이다. 어쨌든 새 아파트 위주로 브리핑을 들었다. 부동산 사장님이 "지금 살고 계신 아파트도 충분히 좋아서, 게다가 수리 다 하셨으면 오히려 새 아파트 보고 실망하실 수도 있어요. 아예 첫 입주하는 신축 아파트 빼고는 10년만 지나도 또 비슷비슷해요. 아파트도 시간이 지나면 낡으니깐요. 그래도 아이가 어린데 재테크 너무 잘하셨어요. 잘하신 거예요. 집 보시다가 마음에 안 들면 지금 사는 집 계속 사셔도 되니까 편하게 생각하세요."라고 차분하게 말씀해 주셨다. 이래서 맘 카페에서 인기가 많으시구나 싶더라.

동시에 이야기 하나가 생각났다. 개포동에 구축 아파트를 가지고 있는 친구가 있는데, 세입자가 목동에서 살다가 애 교육 때문에 목동 아파트를 팔고 개포동으로 이사 왔다고 했다. 사실 처음부터 목동 아파트를 팔았던 건 아니고 거기 전세를 주고 여기로 이사 왔는데, 자기가 전세금을 2년마다 거의 안 올렸다고. 세 번째쯤 전세 연장하던 어떤 해에 그분이 목동 아파트를 아예 팔고 전세금을 다 현금으로 냈다고 하시면서 그동안 전세금을 안 올려서 너무 감사하다고 했단다. 그런데 친구가 우리에게 이렇게 이야기했다.

"내가 그때 전세금을 시세대로 올렸으면 시팡저팡 하면서 아마 집을 사셨을 텐데, 전세금을 안 올리니까 그냥 현금으로 빚 없이 살고 계시는 것 같아. 그때는 내가 착한 집주인 같았는데, 지금 생각해 보면 내가 제일 못된 사람이라는 생각이 드네."

뭐든 양분화되는 것 같다. 가슴이 따뜻하고, 나를 위로해 주고, '너 잘 하고 있어, 정말 참 대견해~'라는 말을 듣고 싶어 하면서도 '야! 너 병신, 쪼다, 멍청이야!'라는 호통을 즐기는. 그래서 부동산 강의도 "여러분! 병신, 쪼다, 멍청이가 되지 않으려면 이렇게 하셔야 합니다!"라고 말하는 게 인기 있다가 지금은 서로 부둥켜안고 "아니야, 우리 다 잘하고 있어. 토닥토닥~" 하는 강의가 인기 있는 것 아닐까 나름 분석해 보았다.

네, 그냥 내 쪼대로…. 인생에 정답이 어디 있겠는가? 다 내가 쌓아가고, 내가 결정하고, 내가 직접 사는 인생이 내 인생의 정답인 것을. 내 인생의 정답을 찾아가는 중이라고 생각하자. 마음 편하게!

어쨌든 남편은 새 아파트를 알아보는 이 상황을 매우 기뻐했고 커뮤니티센터에 사우나가 있네 없네 하면서 좋아했다. 나는… 맥주가 땡겼다. 그래서 저녁 대신 동네 호프집에 남편과 같이 갔다. "여기 도대체 누가 와?", "어제 부자 친구 나나도 여기 와서 치킨 먹었다는데?" 거짓말 안 하고 인테리어가 구수한 이 동네 호프집을 심지어 예약하고 오는 사람들, 그리고 애랑 엄마랑 같이 와서 테이블은 따로 앉아 생일 파티 하는 걸 보고 우리 남편은 나름의 컬처 쇼크를 받았나 보다.

"정말 알 수 없는 세상이네. 30억, 50억짜리 아파트에 사는 사람들은 맥주도 수제 맥주만 마실 것 같은데… 아니구나?"
"여보, 재벌 회장님도 금가루 휘두른 밥 안 먹고 쌀밥 드셔. ㅎㅎ"

오늘도 좋은 아침!

부부라고 꼭 모든 일을 상의할 필요는 없지

요즘 아침 햇살이 너무 좋다. 커튼 뒤의 뷰가 한강이라면 어떤 느낌일까? 무척 궁금해지는~. ㅎㅎ 남편 생일이라서 생일상을 차렸다. 아침을 안 먹는 남편이지만, 생일 아침에는 서로 생일상을 차려주는 사이좋은 우리. 쌀을 씻어서 압력솥에 밥을 했고, 미역국을 데웠고, 소불고기를 했고, 계란프라이를 했다. 남편 생일이라 특별하게 복숭아도 잘랐다.

우리 애는 한복 입고 등원하는 날! 한복을 입고 하루 종일 앉아 있을 아이가 신경 쓰여서 안에 티 하나 입히고 바지 하나 따로 챙겨 주었지. 낮에 약속이 있어 나갔다가 집에 와서 일 마무리하고 우리 애를 하원하러 갔다.

어제 저녁은 소불고기덮밥. 네, 당분간 소불고기 잔치할 예정이고 이렇게 촛불도 불고요, 와인도 땁니다. 나랑 우리 애랑 만든 생일 카드. 우리 애가 아빠를 그렸는데, 아이언맨과 헐크손으로 꾸며주고. ㅋㅋ 나는 앞으로도 사이좋게 싸워가며 잘 지내자는 취지로 편지를 썼다.

'결혼 생활은 무엇일까? 도대체 왜 결혼을 했을까?' 이렇게 생각했던 시절이 있었다. 그런 날도 있고 저런 날도 있는데, 어찌어찌 9년이라는 시간이 흘렀고 그사이에 정말 애 말대로 수많은 일이 있었다. 그래도 2013년도의 우리와 지금의 우리를 비교해 보면 참 많이 성장했다 싶어. 결혼 초반에는 내가 좋아하던 내 남자 친구는 어디로 갔나 싶고 일에 찌들고 집안일이라고는 할 생각도 없는, (나도 귀하게 커서 그런 거 못하거든요.) 부부싸움하면 나가서 플레이스테이션 게임을 사 오는 이해할 수 없는 인간이 내 옆에 있어서 당황스러웠다.

남들은 남편이 이런 것도 해 주고 저런 것도 해 주던데…. 그런데 몇 년이 지나고 나니 이런 생각이 들었다. 남들은 남들이고 나는 나고. 남편도 나에게 말 못 할 불만이 얼마나 많을까? 말하면 내가 "그게 왜?" 하고 빈정댈 것이 뻔하니 쟤도 나름대로 참고 살고 있겠지. 이제 와 생각해 보면 부동산 투자도 내가 안달나 있을 때 쟤는 별 관심도 없었다 싶었는데, 결국 갭투자를 하게 된 건 다 쟤 때문이었다.

어떤 날 책을 읽고 있길래 무슨 책이냐고 물었더니 천만 원 주고 집을 살 수 있는 방법에 대한 책이라고 했다. 쟤가 읽다가 만 걸 내가 다 읽고 그다음 주에 나는 바로 실행했거든. 생각해 보면 갭투자를 하게 된 건 정말로 다 쟤 덕분이다. 뭐 부부라고 꼭 모든 일을 상의하고 같은 마음으로 진행할 필요는 없지. 그런 식이었으면 꽘 부동산은 절대 못 샀고, 금호동 집도 절대로 못 샀으며, 짓고 있는 근생건물도 영원히 못 지었다. 서로 다른 사람 둘이 '결혼'이라는 제도로 만나 싸우고 서로 맞춰가면서 성장하는 것, 그런 것이 가족을 만들어가는 게 아닌가 싶다. 내가 하는 말을 모두 쟤가 무조건 지지해 줬다면 지금 이룬 자산의 70%는 없었을 거다.

'어? 쟤 또 반대하네? 그래도 나는 Go!'라는 마음, '어? 얘 어차피 지 맘대로 할 거면서 나에게 왜 물어봐?' 했을 마음. 그런 마음끼리 만나도 충분히 '부부'라는 이름으로 성장할 수 있더라. 그 산 중인 이 바로 나랑 쟤.

우리 남편 회사 사람들이나, 우리 회사 사람들이나, 내 친구들이 늘 이야기하는 제일 팔자 좋은 사람, 제일 부러운 사람은 이재용도, 정용진도, 이정재도 아니고 바로 우리 남편…. ㅎㅎ 어쨌든 지금은 조금 천천히 달렸으니 내년에는 딱 지금 자산의 2배로 불려보자. 자, 힘을 내야지!

I can do it, You can do it. We can do it, together!

오늘도 좋은 아침!

무려~ 미라클 모닝 600일!

작심 오백구십구 다음… 어머머머머머… 600일째, 작심 601일째네요. 스스로 되게 장하네. 내가 보통 게으른 사람이 아닌데 600일 동안 새벽에 기상을 하고 매일 일상을 기록했다니. 애썼다!

어제 아침 7시까지 시댁에 오라고 하셔서 그 시간에 갔더니 푸짐한 아침상. 갈비찜이 특히 맛있었다. 우리 애랑 방아깨비 잡고 귀뚜라미 보느라 재미있었는데, 아디다스처럼 줄무늬 들어간 산모기 피하느라 좀 고생했다. 얼굴에 물리고, 옷을 뚫고 물리고…. 하지만 날씨는 진짜 진짜 좋았다.

성묘 갔다가 시댁에 있는데 시어머님이 계속 먹을 것을 내오셨다. 과일에, 송편에… 먹다가 지쳐서 소파에서 세상 제일 달달한 꿀잠을 자고 있는데, 갑자기 친척 아가씨가 내년에 결혼할 남자친구랑 같이 온 거 있지. 허허~

시어머님 댁은 우리 애가 폭탄 떨어진 집을 만들어놔서 자다 말고 부랴부랴 정리하다가 다 같이 커피를 마시러 갔다. 커피를 마시고 우리는 친정으로 넘어갔다. 도착하자마자 우리 조카랑 노느라 바쁜 우리 애. 엄마가 김치를 담갔는데 역시 나는 우리 엄마 김치가 참 맛있다. 세상 깔끔! 바베큐도 하고 매운탕도 먹었다.

올케가 우리 아빠에게 커피머신을 사줬는데 마침 우리 남편도 이런 커피머신을 사고 싶다고 하네요. 요 며칠 백화점에 가서 이것저것 구경하고 있던 터라 올케가 산 커피머신 설명을 같이 들었다. 아빠 서재의 책 사이로 밤이 깊어가네요.

다른 가족들은 어떤 분위기인지 모르겠지만, 우리 가족들은 마당에 모닥불 피우고 앉아서 이런저런 이야기를 했다. 무슨 이야기를 했냐면… 우리 올케는 자기 남편(내 동생)이 한 달에 15만 원도 안 쓴다는 이야기를 했고 (네~ 우리 집에서 저는 그냥 돈 펑펑 쓰는 사치녀) 내 동생은 무슨 ○○화학으로 이번 달에 2,400만 원을 번 이야기를 했다. 엄마는 또 다른 무슨 ○○화학으로 4,500만 원을 번 이야기를 했고, 아빠는 양도차익이 10억인 경우 세금이 얼마가 되냐고 물어 봤다. 세무사 출신인 올케가 양도차익 10억이라는 것만 가지고는 이야기하기가 힘들다고 했고, 우리 엄마는 양도차익 10억이 없으면서 싱겁게 있는 척 그런 거 물어보지 말라고 했다. 아빠는 카카 오택시 불러서 타본 이야기와 카카오블루택시 운전사분이 한 달에 500만 원 넘게 버는 이야기, 그리고 지난번에 엄마랑 부동산 가서 집을 사네 마네 했던 이야기 등등 엄마가 거기서 얼마나 싱겁게 굴었는지도 이야기했다.

내가 "아까 그 친척 아가씨 남친은 남방도 로로피아나 입더라." 했더니 우리 남편은 자기 진짜 그 브랜드 처음 들어보는데, 아니 그게 어디 크게 써 있는 것도 아닌데 언제 봤냐고? ㅋㅋ

"어? 신발은 토즈에, 남방은 로로피아나였는데, 그거 안 보였어? 그냥 보이던데?"라고 했더니 다들 "쟤는 진짜… 별… 쓸데없는 걸 다 안다."라고. 아니, 돈도 안 되고 쓸 곳은 없지만, 눈에 떡하니 보여서 말한 건데? 그래서 그 자리에서 바로 로로피아나를 검색해서 정말 이 필기체 못 봤냐고 했더니 다들 못 봤다고. 여보~ 다른 여자들은 여기 코트 척척 사서 입고 다니고 그래서 내가 아는 거야. 사달라는 뜻 절대 아님! 어쨌든 재미있었다. 우리 남편은 원래 별로 말이 없는데 어제는 말을 많이 했던 것 같다.

즐거운 추석 밤이었다. 제사 안 지내고 이렇게 가족들 다 같이 모이니 얼마나 좋아. 이런 게 명절이지. 어쨌든 600일 동안 새벽에 일어난 나도 매우 칭찬합니다.

오늘도 좋은 아침!

3부

미라클 모닝
1,000일

매일 나를 전공해요

일하는 엄마라 놓치는 순간이 많지만
일 안 해도 놓쳤으리라

우리 요즘 모기와의 사투. 어제도 아침에 일어나서 모기 2마리를 잡았는데, 둘 다 진득하고 검은색에 가까운 피가… 애도, 나도 엄청 물렸다. 써글!

업무를 마치고 우리 애 태권도 심사가 있어서 태권도학원에 가는 길이었다. 같은 아파트에 사는 우리 회사 실장님이 주차하고 내리시는 걸 봤지. 사실 실장님 입장에서는 집 근처에서 회사 직원을 만나는 일이 불편하실 수 있겠지만, 같은 동네 사는 걸 어쩌겠어. 아주 크게 저 멀리서도 들리게 "실장님! 안녕하세요!"라고 인사드렸다. '실땅님'이라고 할 걸 그랬나? 온 동네 사람들이 '아~ 저 사람은 실장님이군.' 했으리라. 그리고 태권도 심사 구경 시작. 45분은 다른 아이들 하는 거 보다가 마지막 15분 정도 남겨두고 우리 애가 시작했다. 이 태권도 심사 때문에 도서관도 안 갔는데 세상에~ 너무 귀엽잖아.

　일하는 엄마라 놓치는 순간이 참 많다. 아이가 처음으로 일어선 순간, 아이가 처음으로 한글을 읽은 날 등등. 한글을 읽을 줄 아는 걸 나는 몇 달 뒤에 선생님을 통해 들었다. 어떻게 생각하면 한없이 미안하고 속상하지만, 그렇게 아이의 모든 순간을 함께할 수는 없다고 생각하련다. 그 순간을 놓쳤다고 해서 쟤와 나 사이에 사랑이 없어지는 건 아니니까.

　태권도 심사? 어찌 보면 별것 아니다. 물론 참관한 부모님들도 많지만, 엄마나 아빠가 안 온 아이들도 많고 이모님이나 할머니, 할아버지가 온 아이들도 많다. 그래도 퇴근 시간이 조정되어 이 소중한 순간을 볼 수 있다는 사실 그 자체에 감사했다. 우리 애는 상장이랑 상패도 받았다(모범훈련상). 당분간 태권도 가기 싫다는 이야기는 안 했으면 좋겠다. 그치~ 아들?

　남편이 갑자기 저녁 약속이 생겨서 늦게 온다고 하니까 "아빠가 집에 올 때 선물처럼 보이게 내가 받은 상을 택배처럼 포장해서 문 앞에 두자."라고 이야기하는 우리 애. 어찌나 귀여운지…. 너의 모범훈련상 축하해!

밥 먹고 치운 다음에 블록 놀이를 시작했다. 재택근무 시간이 길어지면서 결국 나도 현실과 타협할 수밖에 없었던 게 아이에게 유튜브를 보여준 것. 안 보여주는 건 쉬운데 한 번 보여주고 그다음부터 못 보게 하는 건 정말 어렵다는 걸 배웠다. 어쩔 수 없지 뭐.

어제는 개발자분이랑 회의를 하는데 내가 회의하기 전에 우리 애에게 "미안하지만, 엄마가 회의해야 하니까 조금 조용히 해 줄래?"라고 부탁했거든. 그랬더니 평소보다 더 시끄럽게 "크아앙~ 우루루루루!! 꺄~" 하면서 소리지르네. 아오!!! 개발자분이 다 이해한다고, 신경 안 쓰셔도 된다고 말씀해 주셔서 얼마나 죄송스럽고 고마웠는지 몰라. 그래도 회의는 잘 했다.

비가 오는 토요일, 학원 데려다줄 일이 조금 귀찮겠다 싶지만, 그래도 주말은 늘 좋아.

오늘도 좋은 아침!

응~ 나 레어템이야!

어제는 아침에 샌드위치와 샤인머스켓을 먹고 그냥 계속 자리에 앉아있었다. 회의도 많았고 팀장님이랑 면담도 잠깐 했다. 팀회의 때 업무 이야기도 하고 성과 이야기도 하다가 팀장님이,

"올해 계속 D 프로젝트를 했는데, 12월까지 완료했음 해요."

"지금까지 한 것으로도 성과는 있지 않나요?"

"……. 육아를 성격상 다른 사람에게 못 맡기시는 거죠? 예전에도 회식 때 아이 데려오고 그러셨던 것 같아요."

"……"

근데 나도 이제 와 생각하니 너무 내 입장만 생각했던 것 같기도 하다. 나도, 우리 올케도 어쩔 수 없이 애를 데리고 회식에 간 적이 있다. 남편이(또는 내 동생이) 퇴근하는 길에 애 데리러 와서 회식에 더 참석하고 그랬는데, 다른 사람들은 그게 굉장히 불편했을 수도 있겠다. 그런데 왜 또 회식에 안 갈 수는 없었을까? 이런 게 육아의 어려움은 절대 아닌데 생각이 많아지더라.

이모님이나 부모님 도움 없이 애 키우는 나 같은 사람은 진짜 이 세계에서 귀하디 귀한 레어템이 되었나 보다. 레어템은 되게 비싸고 귀한 건데, 난 뭐 이러냐. 허허~ 언젠가는 휴직을 하긴 해야 해서 (아직 육아휴직을 못 썼다.) 그걸 내년에 쓸까 생각중이라고 이야기했다. 근데 또 사실 어찌어찌 상황이 되면 굳이 안 써도 될 것 같고 (사립초등학교를 붙는다든지 하는?) 그럼 그냥 직장인 사춘기 같은 게 온 건가? 음~ 잘 모르겠다.

저녁에 밥 먹으러 한우리에 갔다. 우리 테이블을 담당해 주시는 이모님이 진짜 너무 적당하게 우리를 배려해 주셨다. 애 있다고 호들갑 떨고 예쁘다 이런 게 아니라 와서 툭 보시더니 이거 갖다주시고, 얘가 뭐 잘 먹는 거 같으니 저거 갖다주시고. 이렇게 적당한 친절은 참 어려운 건데 너무 감사합니다.

이렇게 잘 먹다가 우리 애가 갑자기 진짜 갑자기 눈물을 흘리면서 온몸을 배배 꼬다가 아빠에게 안기는 거야. 막 눈물 뚝뚝… 혹시나 싶어서 "혀 깨물었니?" 물어봤더니 진짜 혀 깨물어서 피가 철철… 하아~ 애도 레어템이죠? 나 진짜 당황했네.

피 대충 닦아서 지혈시킨 후 물 마시라고 하고 그나마 도토리묵이 차가우니까 먹으라고 했다. "밥이 왜 없어?"라는 우리 애. 저래놓고 밥을 다 먹은 거지, 한 공기를. 남편이 한 공기를 더 시켜서 반은 자기가 덜고 반은 애에게 줬더니 "아빠, 이거 왜 밥이 반밖에 없어?"라고 말하는 우리 애. 와~

밥값이 74,000원. 오전에 팀장님과 면담하면서 내가 너무 무능한 팀원이라는 자괴감에 눈물이 났는데 나 휴직할 수 있…? 밥 먹다가 혀 깨물어 피 나서 운 7세 본 적 있으신 분? 이렇게 먹고 꼭 딸기 아이스크림을 먹어야겠다고 해서 먹어라 그래. 살이야… 뭐~ 나중에 빼면 되고요.

아프니까 일찍 자라고 숙제도 안 시켰는데 숙제도 안 하고 일찍 자지도 않았다고 합니다. 나도 출근해야지. 벌써 7시 반이다.

오늘도 좋은 아침!

기쁨만 필요했다면
다른 감정 속 기쁨을 몰랐겠지

어제는 지원한 사립초등학교의 추첨일이었다. 안 쓰면 아쉬우니까 우리 집에서 가까운 계성초만 쓰려고 했다. 그런데 우리 엄마가 아쉬우니까 하나 더 쓰라고 하셔서 중대부초까지 썼다. 둘 다 경쟁률이 대충 22:1 정도. 합격이 되어도 조금 이상했을 것 같았는데, 결국 둘 다 안 되었다.

내 주변에는 된 사람이 아무도 없는데, 한 다리를 건너니 좀 있더라. 아, 넣은 거 다 된 사람도 있었다. 사립초등학교 추첨 전에 점을 봤는데 점쟁이가 11월에 대운이 들어온다는? 결국 다 붙어서 엄마들이 이 점집 찾아갈 거라고 했다네. '어? 나도 물어봐달라고 할까?' 하다가 그 돈으로 키즈카페에 가서 우리 귀요미들에게 순살치킨이랑 쇠고기볶음밥이나 실컷 쏘는 게 낫겠다 싶어서 안 물어봤다. ㅎㅎ

하루 지나고 생각해 보니 점쟁이가 미래를 바꿀 수 없는 거라서 점을 봤다고 해도 운이 없으면 안 되는 거였다. 재미로 넣었다고 말은 하지만, 3만 원이나 냈으니(2만 원인 줄 알았는데 3만 원이라고!) 그게 학교 2개니까 6만 원이네. 아~ 아까워…. 그래도 정말 소신 있게 딱 2개만 썼다는 사실에 정신 승리하기로 했다.

종부세가 나왔다. 그냥 많이 나왔다. 지난 일요일 버킨백 뒤져보고, 캘리백 뒤져본 게 둘 다 프리미엄이 붙어서 3천만 원이 넘던데, 어쨌든 그냥 올해도 프리미엄 붙은 버킨백 하나를 날린 거라 생각해야지. 이자 언니에게 버킨백 매장가는 얼마냐고 여쭤봤더니 1,500만 원쯤? 2천만 원은 안 넘는다고 하셨다. 그럼 버킨 하나, 캘리 하나를 나라에 세금으로 내는 거라고 생각하면 되겠다.

가방 많으면 뭐해? 어차피 에코백 들고 다니는데. 진짜 이자 언니 말대로 세금 고지서 보니까 밥맛도 없고, 기운도 없는 것 같고, 사 놓고 3번쯤 들고 나간 샤넬백 팔아버릴까 싶었는데 그것마저 귀찮고 그냥 기분 좋은 일이 없었던…. 근데 종부세는 도대체 왜 부과하지? 나는 재산세도 많이 냈는데? 올해랑 작년에 낸 세금을 다 합치면 뚜껑 열린 포르쉐도 조금만 더 돈을 보태서 살 수 있을지도 모르겠다고 생각하니까 상당히… 기분이…. 에휴~ 앞으로 그냥 버스 타고 다니지 뭐.

어쨌든 일단 카드 할부로 결제하고 내년에 또 종부세 나올 때까지 열심히 할부금을 내야겠지? 어제도 카드 명세서 보니까 재산세 할부금이 제일 고액으로 상단에 똬아악~~~! 이러니까 진짜 더 버킨이든, 캘리든 사고 싶네요. ㅎㅎ

어제 저녁까지 올 한 해 성과를 정리해서 팀장님께 제출해야 했다. 1년 치 메일을 보면서 내가 올해 무슨 일을 했는지 다시 한 번 쭉 살펴봤는데 재미있었다. 내가 잘하고 좋아하는 게 확실히 보였고 내가 못하고 싫어하는 건 질질 끈 느낌이 들었다. 다른 사람과 같이하는 프로젝트 기한이 늦은 적은 당연히 없지만(있다면 큰일날 일) 하기 싫은 건 "이건 왜 이렇게 하나요?"라고 꼭 질문을 하게끔 보고했더라? "음… 안 궁금해서 안 물어봤는데 알아보겠습니다."라고 또 굉장히 쓸데없이 솔직하게 대답했더라고. 안 궁금했다기보다 안 중요해 보여서, 그래서 그 수준까지는 확인 안 했다고 하면 되는 걸. 꼭 나의 무심함을 드러낼 필요는 없었는데 꽤 자주 그렇게 대답했더라고. 그래도 올해의 성과를 잘 정리해서 메일을 보내고 나니 속 시원하다.

가끔 하루에 너무 많은 감정을 느낄 때 늘 생각나는 영화가 있다. 바로 '인사이드 아웃'. 만약 우리 인생에 기쁨만 필요했다면 '기쁨'이라는 감정만 있겠지. 하지만 버럭 하고, 까칠하고, 소심하고, 슬퍼하는 감정, 그러니까 내가 늘 표현하는 그 감정은 내가 또라이거나 부정적인 사람이어서 표현하는 게 아니다. 사람은 모두 화가 있고, 까칠한 면도 있으며, 소심한 부분도 있다. 그래서 슬픔을 느끼기도 하지만, 그 안에서 기쁨을 찾기도 하니까 이 모든 감정이 골고루 있는… 나는 그냥 평범한 사람이 아닐까 싶다. 오늘도 평범한 나날 속에서 기분 안 좋은 일이 있었던 만큼 기분 좋은 일도 있기를 바랍니다.

오늘도 좋은 아침!

드디어 700일!
언젠가 빛을 발할 날이 올 거예요

좋은 아침! 작심 700일째. 와~ 700일이래요. 무려 700일 동안 새벽에 일어나 보았습니다. 그래서 특별히 존댓말로 한번 써보려고요. 헤헤~

워킹 챌린지는 미라클 모닝 5일째인가 시작하기로 한 후 나름 매일 했어요. 워킹 챌린지를 시작한 계기는 전날 친구네 가게에서 술을 마셨는데, 새벽 4시에 일어나 보니 속도 좀 안 좋고 해서 일단 밖으로 나왔습니다. 이날 24분쯤 걸었나 봐요. 아침 7시부터 근무를 시작해야 해서 컴퓨터를 켜고 주방에 불을 켰는데 어? 인증샷?! 하고 부랴부랴 찍어보았습니다. 사실 별것 아니에요. 이게 운동이 될까도 싶을 정도인데, 그냥 좋긴 해요. 깜깜한 새벽에 걷는 일 자체가 좋아요. 게다가 이 세상에 부지런한 사람들이 참 많다는 생각도 들고요.

사실 블로그를 하다 보면 몸을 움직이는 부지런한 분들보다 대출 이빠이 끌어서 자산 팡팡 늘린 다음에 하루는 자산 자랑하고, 하루는 이자 내느라 힘들어 죽겠다고 하고, 하루는 이 모든 걸 극복했으니 강의를 하겠다고 하는 부류의 부지런한 분들 천지입니다. 하지만 실제로 이렇게 새벽에 걷다 보면 고속버스터미널 꽃 도매상가에서 꽃 잔뜩 사 가시는 분, 신세계백화점 근처 음식점에 양파랑 쌀 배달하시는 분, 고속버스 운전하시는 기사님, 공사하시는 분들 등등 몸으로 뛰는 부지런한 분들을 정말 많이 보는데요, 저는 이런 분들의 좋은 기운을 받는 것, 그 자체만으로도 좋더라고요.

요즘 이런 생각을 많이 해요. 온라인에서 돈을 벌 수 있는 방법은 정말 많지만, 특히 감언이설로 남의 돈을 쉽게 벌 수 있는 방법은 다양하지만, 내 몸뚱어리 움직여서 버는 돈만큼 값진 돈이 없고 고물가, 고금리 행진에 늘 변함없는 내 월급과 달리 이 세상 인건비는 쭉쭉 올라가니 체력만 잘 관리해 두면 나중에 알바할 일 천지일 것 같아요. 그런 세상에 점점 가까워지고 있지 않나요?

그리고 엄청 바빴어요. 연말에 우리 애 유치원 방학 때 둘이서만 괌으로 2주 정도 휴가를 가기로 했는데, 휴가 전이니까 할 일도 많고 인수인계할 것도 있고 그랬죠. 부자 친구 나나가 괌 가서 돈 쓰지 말라고 도시락 김이랑 햇반이랑 죽 데워먹는 전기포트를 집 앞까지 갖다 줬어요. 고마워, 나나야. 저녁은 고구마를 넣어서 밥을 했고, 밑반찬을 꺼냈고, 제육볶음을 했습니다. 솔직히 정말 맛있었어요. 그리고 우리 애가 울면서 자기 핸드폰 보고 싶다고. ㅠㅠ 야! 나도 울고 싶다. 남편이 그냥 보여주라고 해서. 휴~ 이렇게 밥 차리고 밥 먹고 났더니 안 그래도 전날 술 마시고 쉼 없이 일했지, 평소보다 1시간 30분이나 일찍 일어났지, 그래서 저녁 8시 40분부터 잤나 봐요. 아주 꿀잠을 잤습니다.

저 원래 새벽에 자주 깨는데, 오늘은 딱 일어나는 시간에 깼더라고요. 어제 배당금도 400달러 정도 들어와서 새벽에 미국 주식 좀 매수해야지 했는데 못했어요. 그냥 400달러를 현금으로 바꿀까 싶다가도 주가가 내려갔으니 배당 나오는 주식으로 추매하는 게 좋겠죠? 어쨌든 700일 동안 새벽에 일어나 봤습니다.

2020년 12월 말이었나 봐요. 시작은 별것 없었어요. 새벽에 일어나 보자. 그리고 10분 이내로 기록해 보자. 뭐 이랬던 거 같은데,

요즘은 10분보다 더 걸리는 날들이 많네요. 별것 없는 기록이 700일 동안 쌓이니까 그냥 그저 뿌듯하네요. 애들 포켓몬 카드 모으는 것처럼요. 제가 늘 애드포스트가 몇백 원이라고 하잖아요? 어제도 640원인가? 그런데 은근 제 일기 읽으시는 분들이 많은 거 같은데, 맞나요? 700일 기념으로 '좋아요' 한 번씩 눌러봐 주실래요?

왜냐하면 제가 700일 동안 새벽 기상을 하고 일기를 쓰는 동안, 여러분은 또 700일 동안 꾸준히 제 일기를 읽으셨으니 여러분도 뭔가 꾸준하게 하신 게 맞거든요. 그렇지 않나요? 누군가의 글을 이렇게 꾸준하게 읽기도 쉽지 않거든요. 저도 블로그 이웃분들 글을 못 읽고 지나가는 적 많아요. 그래서 저도 늘 짧게 쓰고 싶어 하거든요. 헤헤~

올해도 며칠 안 남았어요. 올해 어떠셨어요? 행복한 일이 많으셨어요? 아쉬운 일이 많으셨을까? 아니면 너무 속상한 일만 있었을까? 어쨌든 올해도 곧 지나가요. 그럼 내년은 어떻게 보내면 좋을까요? 제가 '구독료 받고 구독료 내신 분들에게 내년도 플랜 짜는 법을 알려 드립니다.' 하면 구독료 내시려나요? 지금 "어, 당연히 구독료 내고 부자엄마AZ에게 내년도 플랜 짜는 법 배워야지!" 하고 있나요? 그렇다면 그 돈으로 오늘 좋아하는 커피 한 잔씩 사 드시고 2천 원짜리 공책이나 다이어리 하나 사서서 자기 스타일대로 내년에 뭘 하고 싶으신지 한번 써보세요. 블로그에 써도 좋을 것 같아요. (블로그에 쓰면 검색이 쉬워요.)

꼭 남에게 돈 내고 수업 안 들어도 우리는 뒤처지지 않습니다. 절대로 뒤처지지 않아요. 믿어보세요. 내가 하는 방법이 내 인생에는 최적의 방법이라는 걸 믿어봅시다.

안 그래요? 내 친구들도, 나의 부모님도, 나의 자식도, 아니 나조차도 내가 도대체 어떤 사람이고 싶었는지 잘 모르는 경우가 많잖아요. 그런데 만난 적도 없는 사람에게 돈까지 내가면서 조언을 구할 일은 아니라고 저는 생각해요.

내년에는 내가 하고 싶은 일을 하면 되거든요. 회사 다니면 회사에서 세운 목표를 잘하면 되고, 아이가 있다면 아이랑 여행 계획을 세우면 되잖아요. 운동으로 건강 좀 챙기면 되고, 부자가 되고 싶다면(모두의 염원) 제일 먼저 쓸데없는 돈부터 아껴야 하잖아요? 남에게 돈 주고 부자 되는 강의 듣고 그런 것보다 그냥 그 돈을 모아보는 건 어때요?

제가 근생건물 공사대금 내고 마이너스 통장을 3개월 정도 썼는데, 진짜 심장이 막 쫄깃해지는 거예요. 물론 금액이 그리 크지도 않았고 마이너스 통장 금리가 6% 넘어가도 뭐 그냥 이자가 적당한 수준이긴 했는데, 석 달 정도 지나니까 이걸 내가 갚으려고 노력을 안 하면 절대로 못 갚겠다는 생각이 들더라고요. 그래서 열심히 주식도 팔고 잔잔바리들 모아서 마이너스 통장을 다 갚았어요. 물론 10년짜리 적금은 끝까지 해지 안 했어요. 내년이 만기거든요.

마이너스 통장을 다 갚은 날 신한은행에 적금을 들었고, 돈이 좀 모이길래 최근에는 오랜만에 카카오뱅크에 들어갔습니다. 돈이 모자라면 언제든지 해지하면 된다는 생각으로 카뱅에 예금이랑 적금을 들었어요. 자유적금은 매일 7,777원씩, 26주적금은 2배씩 늘어나는 거던가? 어쨌든 이렇게 적금을 들어두었고 예금에 300만 원 넣어두었어요. 왜냐고요? 저는 부자가 되고 싶으니까요. 부자가 되려면 이런 돈부터 모으면 되는 거죠. 나보다 부자가 아닌 사람한테 돈 내고 강의를 들을 게 아니라 그 돈을 이렇게 모아가면 됩니다.

"그러다 언제 부자가 돼?"

음~ 그러게요. 언제 부자가 되나요? 내일 부자가 되면 만족해요? 다음 주에 부자가 되면 만족하시려나? 우리도 당장 부자가 되지 않을 거라는 거 다 잘 알고 있잖아요. 결국 내가 아무리 조급하게 굴어도 인생은 지 깜냥대로, 지 속도대로 천천히 흘러가더라고요. 뭐 가끔 가속도가 붙을 때도 있지만, 또 가끔 막힐 때도 있어요. 아마 몇십 년 뒤에 보면 결국 비슷비슷할 거예요. 노력하지 말라는 말은 절대 아니에요. 여러분의 인생은 여러분이 제일 잘 알고 있으니까 여러분 스타일대로 구성하고 계획하는 게 가장 최선이라는 말이 하고 싶었답니다.

우리 인생의 주인공은 나야 나. 남은 절대로 모름. 부자엄마AZ님은 월급이 많은 거 아니에요? 뭐 이런 이야기할 수 있는데, 음~ 저는 2005년에 대학교를 졸업하고 그때부터 쉬지 않고 회사 생활을 했어요. 그런데 지금 제 월급이 적으면 너무 절망적이지 않겠습니까? (물론 그렇게 많지는 않아요. 그래도 전 만족합니다.)

이력이 화려한 사람도 멋지죠. 여기에서도 일하고, 뭐도 하고, 이것도 하고, 저것도 하고…. 그렇지만 회사를 오래 다녀본 사람들은 알아요. 뭐 하나도 진득하게 하는 스타일은 아니구나! 이게 나쁘다는 게 아니에요. 사업가라면 필요한 거죠. 저처럼 늘 같은 자리에서 같은 일을 한다고 해서 제 인생이 크게 뒤처지고, 느리고, 심심하다고는 생각하지 않아요. 솔직히 저 그렇게 심심한 일상은 아니잖아요? 그러니까 결론은 모두 다 다르니까 뒤처진다는 공포에 지갑부터 열 일이 아니라 카카오뱅크부터 열고 하루에 4,500원씩이라도 저금해 보는… 뭐 이런 계획도 귀엽고 좋지 않아요?

어쨌든 오늘로 새벽 기상 700일이 되었습니다.

별것 없었지만 별것 없는 나의 일상이 언젠가는 빛을 발할 날이 오기를 믿어 의심치 않으며… 매일매일 행복한 하루를 보냅시다.

오늘도 좋은 아침!

행복하려고 재테크하는 건데…

아침 먹고 등원해야 하는데, 이번 주부터 같은 유치원에 다니기 시작하는 동생이 눈물을 뚝뚝 흘리면서 셔틀을 안 타겠다고 한다. 보는 나도 너무 짠하더라. 그런데 아가, 늘 좋은 거, 재미있는 거, 신나는 것만 하면서 살 수 없는 게 인생이더라고. 나도 매일 울면서 출근해. 빨리 적응할 수 있기를 이모도 같이 기도할게.

오전에 회의 하나 하고 스타벅스에서 커피나 한 잔 사 마셔야지 했는데, 스타벅스에서 안 사 마시면 4,500원 아끼는 거니까 그냥 안 사 마셨다. 마셔도 되는데 안 마셨으니 4,500원 벌었음. 네… 이런 걸 '#정신승리'라고 하죠?

　빨리 끝내야 하는 업무가 있어서 그거 끝내놓고 애 야구 레슨 끝나는 시간에 데리러 갔다. 원래 우리 애 개인 레슨을 해 주시는 코치님이 이번에 미국을 가게 되어서 레슨을 못할 것 같다고 하셨다. 그래서 개인 레슨은 앞으로 일주일에 한 번만 가능하다는 연락을 받고 무척 아쉽다고 생각하면서 그럼 다른 거 뭘 해야 하나 하는 생각에 머리가 좀 복잡해졌다. 그런데 거짓말처럼 다음 날 감독님이 다시 전화를 주셔서 원래대로 직접 개인 레슨해 주시겠다고 하셨다. 글쎄, 이런 거 공감 못할지 모르겠지만 이런 것이야말로 사실 나에겐 큰 #미라클이라는 사실!

　예비 소집일이라 바로 배정된 초등학교에 갔다. 그래도 맞벌이 부모를 배려한다고 오후 4시부터 8시까지 오라고 되어 있더라? 예비 소집일에 가기 전에는 뭔가 기분이 묘했는데, 막상 갔더니 "서류 안에 다 있어요. 서류 보시면 됩니다."라고 하시네. 그래서 사인만 하고 5분도 안 되어서 끝났다.

　오늘은 새벽 4시 50분쯤 일어나서 핸드폰을 보는데, 새벽 2시쯤 친구에게 온 카톡이 있길래 대답했더니 얘가 아직 안 자고 있었나 보다. 어서 자, 친구야. 나는 10분쯤 핸드폰을 보다가 스타벅스

다이어리에 일기…라기보다는 어쨌든 오늘의 할 일 리스트 및 확언을 쓰고 걸으려고 밖으로 나왔다. 달이 참 동그랗고 밝더라.

우리 집에서 한신2차아파트까지 걸어가 봤다. 사거나 살고 싶었던 르엘. 그런데 사실 그 당시(2022년 10월) 반포에서 제일 새삥이라 살고 싶었던 거지, 지금은 원베일리가 더 새삥인데 원베일리 어때? ㅎㅎ 42분쯤 걸었다. 어제 이너서클 카톡방에서 찡대리 님의 글을 이자 언니가 밑줄 쳐서 다시 보내주셨다.

행복하려고 재테크하는 건데

투자하다 보면 눈이 벌개져서

주객전도되는 사람들이 한 트럭인데

풍백 님은 행복과 돈의 균형이 있는 삶을 살고 계신다.

정말 나도 요즘 많이 하는 생각. 빨리빨리 결과가 나오는 거, 그러니까 빨리빨리 결과가 나오는 게 맞다고 생각하는 건 요리 정도밖에 없다고 생각한다. 오히려 요리는 10분 걸릴 거 20분 걸려서 하면 맛없을 확률이 크거든. 그런데 다른 일은 빨리빨리 결과가 나올 수 없는 것들이 수두룩 빽빽인데 투자도 마찬가지 아닐까?

오늘 10억짜리 예금을 들었다고 내일 20억이 되는 것도 아니다. 실제로 내가 10년짜리 적금이 하나 있는데 올해 만기다. 무려 10년 동안 넣었는데 만기가 되어서 받는 돈은 5천만 원이다. 이자? 500만 원쯤 될까? 많다면 많지만, 투자 수익률에 '시간'이라는 상수 (or 변수)를 곱해버리면 시간당 수익률은 영 별로인 거지.

10년 전이면 난 애도 없었고 결혼도 하지 않았을 때였는데, 그때부터 들었던 적금이면 뭔가 5억쯤은 되어야 할 것 같거든. 10년 만기인 적금이 5억이 되어 있으려면 한 달에 400만 원쯤은 적금에 넣었어야 했다. 400만 원을 모으는 일은 조옷나 어렵다. 400만 원씩 월급을 받는 일도 어려운데, 400만 원을 저축하는 일은 조오오옷나 어렵지. 그런데 5천만 원이 아니라 5억, 10억씩 척척 대출받아서 이것저것 투자하고 빨리 10억, 50억이 되기를 바라는 일은 음… 오늘 백화점에 가서 산 비싼 르메르크림을 자기 전에 얼굴에 정성껏 발라놓고 내일 아침에 일어나면 김희선처럼 예뻐지길 바라는 일이 아닐까?

'천천히 가도 늦지 않다.'

마음이 조급할 때는 이 말이 와닿지 않겠지만 천천히 가도 정말 늦지 않다. 조급해할 필요가 없다. 다 순리대로 되는 법!

부자들이 쓴 책을 읽으면서 공감도 잘 안되는 애매하고 별것 아닌 일들만 잔뜩 나열해놓고 이러면 부자가 된다고 하면서 왜 안 되는 거냐고 욕했던 게 엊그제 같은데, 요즘에는 왜 그런 말을 했는지 이해가 간다.

흙수저로 태어나서 떼돈을 벌었다는 게 중요한가? 이거 내가 늘 이야기하는 건데 평범한 사람이 돈을 버는 건 가치가 없나? 그런 건 아니지 않나? 평범하게 돈 버는 사람의 이야기도 재미와 감동은 덜할지라도 가치가 있다고 생각한다. 사는 집이나 고급 차를 보여주면서 (자랑 아닌 척) 자랑하는 사람… 강의팔이 중에 너무 많죠.

#떠오르는사람꽤있음

사실 이런 사람들보다 더 속상한 건 그걸 믿어버리는 사람이다. 난 자기 자산을 자랑하는 사람도 재미있지만, 돈 없다고 징징거리다가 다음 날 새로운 강의 오픈한다고 하는 사람도 대단하다고 생각한다.

#거짓말도조금성의있게했으면하는마음

어쨌든 주객전도되는 인생은 생각보다 별로다. 내가 왜 돈을 벌고 싶었는지 잘 생각해야 한다. 자산 자체에만 집착하면 은행에 이자 내다가 은행 좋은 일만 시킬 것이고, 투자 자체에만 너무 목매달면 결국 구질구질하게 살다가 그 돈 다 써보지도 못하고 남 좋은 일만 하게 되는 게 아닐까 생각해 본다. 이제 난 출근해야지.

요약하면 빨리빨리 할 필요 없어요. 왜냐하면 우리는 오늘도 다 잘될 거니까.

모두 좋은 아침!

우린 만나면 무슨 이야기 할까요?

어제 하이볼 2잔을 마셔서 밤에 잠이 안 오면 어쩌지 걱정했는데, 너무 푹 잘 잤다. 시계를 봤더니 세상에 새벽 2시 30분. 바로 다시 자고 아침 6시 즈음에 일어났다. 나의 루틴은 일어나자마자 일어난 시간을 핸드폰으로 캡처하는 것이다. 평소에는 핸드폰을 거실에 두고 자는데, 이걸 700일 넘게 해도 까먹을 때가 있네? 자연스럽게 습관이 되려면 1,000일은 해야 하나?

우리 애는 어제부터 그림 수업을 듣기 시작했는데 소묘부터 하기 시작했다. "어머, 정말 네가 그렸니?"를 반복하는 어른 둘, "이거 정말 잘 그렸지!"를 반복하는 8살 아이 하나. "엄마, 눈 정말 잘 그렸지?" 하는데… 응! 토끼가 살아서 날 쳐다보는 것 같…고 그래.

#그래도미술전공은안돼
#땡땡이누나예중입시중인데한달에400만원넘더라
#미술학원비만
#하지만요즘은미술전공하려면
#국영수기본이래
#심지어미술학원다니면서황소다니는아이들도있대
#결론은미술전공은안돼
#공부가제일싸

스타벅스에 잠깐 들렸는데, 굿즈가 너무 귀엽다. 그리고 친구들이랑 하이볼을 마셨다. 애들이 말하는데 내가 막 말 끊고 내 말만 하고 그런 거 같네? 미안해, 친구들. (이런 말 조금 웃기지만) 8학군 출신에 애들 사교육 짱짱하게 시키는 엄마들이 주말에 만나면 무슨 이야기하는지 혹시 궁금해…요? 말해 드릴까? ㅋㅋ

과밀 지역의 초등학교에서 3번 이상 같은 반이 되는 건 행운이나 불운이 아니라 애미의 입김일 확률 99%!

아무리 좋은 예체능 학원이어도 결정할 때 고려하는 변수는 서틀 운행 여부와 가격인데, 입시학원을 제외하면 서틀이 없거나 픽업이 안 되는 운동학원은 인기가 없다는 것!

네이버에서 검색하면 정확하게 나오지는 않지만 대략적인 학원비 시세가 다 형성되어 있다는 것!

실제로 친구들한테 가끔 학원 이야기를 하면 50분 수업에 얼마니까 60분 수업에 얼마면 '괜찮네', '비싸네'라고 하면서 서틀 여부까지 늘 고려해서 계산하더라고.

건강이 최고! 여기에는 정신 건강도 포함됨. 체력이 딸리면 이도 저도 안 됨. 그리고 사춘기는 조오오옷나 무서운 것!

시그니엘은 총 223세대이며 위로 올라갈수록 평수가 커짐. 롤스로이스에서 기사님이 문 열어주면 내리는 아이들. 그런데 시그니엘 살면 학교를 어디로 가게요? 재건축이 되어도 그 새집에 사는 건 집주인이 아닐 확률이 너무나 높음. 재건축된 새 아파트에 살고 있는 조합원 내지는 집주인이 제일 부자. 이고 지고 세금만 내다가 칠순, 팔순 되는 분들이 너무 많다네.

예체능은 돈이 많이 든다. 조오오옷나 많이 드니까 공부 잘하는 게 제일 저렴함!

SNS는 현실과 괴리감이 너무 큼. 물론 구질구질하게 사는 걸 보고 싶지 않을 수 있지만…. 어쨌든 SNS에서 돈 자랑, 건물 자랑, 차 자랑하는 (사람 요즘에는 많이 없지만 그래도 여전히 존재하더라고!) 사람들의 현실은 #안타깝기그지없지.

방과 후 수업은 괜찮은 거 많아도 네가 듣고 싶은 건 못 들어. 치열해. 그리고 시간도 잘 안 맞아. (시팡… 이것도 치열하니?)

뭐 이 정도… 더 많지만 수위가 높아서 이만!

그리고 오늘 아침의 산책. 다리를 건너서 15분 정도 걸었는데, 애플워치가 갑자기 운동 종료가 되어버리는 바람에 반환점을 돌아 집에 가려다가 한신2차아파트까지 걸어갔다. 주말이니까, 7시 출근 아니니까. 저기로 가면 한강이 나오겠구나. 한강 입구 찍고 다시 신세계백화점을 건너서 집으로 왔다. 32분이니까 15분을 더하면 47분을 걸었다. 47분을 걸으면 대충 4,338의 걸음이 나오나 보다. 미세먼지가 안 좋은가 봅니다. 남은 주말 만끽합시다!

오늘도 좋은 아침!

내가 모르는 남만 아는 비법은
사실 거의 없다

파일럿들이 오래 전부터 농담처럼 하는 말이 있다. 지루한 시간이 끝도 없이 계속되다가 간간이 끼어드는 공포의 순간이 바로 자신들의 직업 현실이라는 이야기! 우리가 투자의 천재를 정의해 본다면 주변 사람들이 모두 미쳐갈 때 평범한 것을 해내는 사람일 것이다. 주변 사람들이 모두 미쳐갈 때.

"너 안 할 거야?"

"너 그러다가 뒤처진다."

"자, 나만 따라와. 나랑 같이 한번 미쳐보자."

"우매한 사람이 되고 싶은 건 아니지?"

이렇게 말하면서 같이 미쳐가기를 조장하는 사람은 끊어내기를 추천하고 싶다. 잘 생각해 보면 나의 부모나 나의 친구들은 대한민국이 미쳐갈 때 "야! 우리도 해야 하는 거 아니야?", "야! 우리도 미쳐야 하는 거 아니야?", "야! 우리도 따라 해야 하는 거 아닐까?"라고 하지 않는다. 왜냐하면 가족이고 친구니까. 그리고 서로 너무너무 소중하니까.

최근에 사기꾼 같다고 회자되는 사람들 중에서 사라진 사람도 많지만, 여전히 활개 치는 사람은 자극적이고 매력적인 사람들이다. 솔직히 마케팅 능력은 너무나 대단해서 사업을 하는 사람이라면 배워야 한다고 생각한다. 솔(직히)까(놓고)말(해서) 이 세계에서 잘못한 사람은 사기꾼이 아니라 브레인워싱을 당한 사람들, 그러니까 그런 사기에 홀랑 넘어가는 사람들이라고 하더라. 나는 이 말에 진심 동의한다.

냉정하게 들릴 수도 있겠지만, 잘못된 길에 빠졌을 때, 그러니까 단기간에 잘못된 신념을 만들었을 때 그 신념을 깨줄 수 있는 사람은 타인이 아니라 자기 자신이다. 결국 자기 자신밖에 없다. 그

317

러므로 자기 자신을 조금 더 보듬어 주고, 아껴주고, 사랑해 주고, '나는 어떤 사람이 되고 싶었지?', '나를 전공하려면 뭐부터 해야 하지?'라는 고민도 진지하게 해 보자. 그러다가 마음의 평화가 찾아오고 스스로가 조금 더 단단해졌다고 느껴졌을 때 그때 달려드는 것도 괜찮은 전략이라고 생각한다.

내가 모르는 남만 아는 비법은 사실 거의 없다는 사실을 한 번쯤은 믿어보는 하루가 되기를 바랍니다.

#우리엄마가수능날해주신말 #내가어려우면남도어렵다
#내가오늘하고싶은말 #내가모르면재도모르고
#재가있어보여도사실재도아무것도없으니 #불안해할필요없다
#어떤시선으로보면 #우리는다비슷비슷한인간들이다

오늘도 좋은 아침!

운동은 왜 하세요?

오늘 아침에는 무거운 다리를 이끌고 공복 유산소 운동을 20분 이나마 했다. 정말 뿌듯. 어제는 눈이 펑펑펑~ 왔는데, 우리 애가 눈오리 기계를 들고 등원하러 내려왔다. "바지가 왜? 똥꼬가 껴? 미끄러우니까 조심…해!!!"라고 말하자마자 계단에서 미끄러져서 엉덩이가 다 젖은 우리 애. 둘이 깔깔대고 웃었네. 등원 잘 하렴.

어제는 점심시간에 룰루레몬에 다녀왔다. 백화점 앞에 산다는 건 너무나 감사한 일. 평일 대낮에 백화점을 30분 컷 할 수 있다니! 3년 전에는 꿈도 못 꿀 일이지. 아니지, 꿈만 꿨던 일이지.

친구 생일이라고 만났는데, 10월달 내 생일 선물을 잊지 않고 챙겨줬다. 뭐냐, 이 감동은? 마침 운동도 시작했으니 긴팔로 교환하러 다녀왔다. 당장 오늘 입고 싶었거든. 그래서 당장 입을 수 있는 약간 과감한 크롭티로 바꾸고 꽘에서 거의 사망한 내 다이슨 핫핑크색 레깅스 수선도 맡겼다. "이거 수선될까요?", "네, 그럼요.", "수선비는 얼마 정도 나올까요?", "무료입니다.", "어머, 정말요?"

룰루레몬 주주로서 참으로 뿌듯했다. 참고로 나의 룰루레몬 주식 평단가는 368불, 오늘자 룰루레몬 주가는 309불, -16% 수익률! 팬심으로 산 주식인데, 주가는 아쉽지만 팬은 계속하리라. 운동해보면 안다. 1~2만 원짜리 1+1 하는 레깅스 입다가 결국 비싸서 안 샀던 룰루레몬 레깅스 입어보면 "그냥 처음부터 룰루레몬 하나를 제대로 살 걸." 한다는 것을. 이렇게 나의 팬심을 다시 다져봅니다.

꽘에서 사망했…다고 생각한 파타고니아 반바지도 새 바지가 되어서 돌아왔다. 워터 슬라이드를 너무 열심히 탔더니 바지들이 내 몸무게와 슬라이드의 마찰력을 버티지 못하고 엉덩이 부분이 다 찢어져 버렸다. 이거 어째야 하나 했는데, 파타고니아도 수선 맡겼더니 새 바지가 되어 돌아왔다(물론 매우 꾸깃하지만요). 파타고니아 콘셉트답게 오래오래 입으려고 했는데, 1년도 안 되어 찢어져서 너무 속상했다. 앞으로 살만 안 찌면 10년은 더 입을 수 있겠어.

드디어 우리 애가 공부할 교재 도착! 아이는 숙제하다가, 교재 정리하다가, 멸치 간식 먹고, 오틀리 마시고, 숙제하고, 나는 일하고. 어제 저녁에는 잡곡밥을 했고, 반찬을 꺼냈고, 갈비를 구웠다. 나? 나는 PT 하러. 헤헤~ PT 하기 전에 저녁 먹으면 서로 못 볼 꼴 보니까 가볍게 가야지. 그런데 그 와중에 다른 부서 팀장님에게 연락이 옴. 급한데 아무도 연락을 받지 않는다면서… 그럼 제가 해드립니다? 애타게 찾아도 봐주는 사람은 AZ밖에 없었다고 합니다.

전날 런지하고 나서 앞벅지가 터져나갈 것 같았다. 그렇게 무거울 수가 없더라? 그래도 할 건 해야지. 커틀벨을 들고 데드리프트 3세트를 하고, 봉을 들고 하복부로 끌어올리는 운동을 3세트 하고, 등 운동과 팔 운동을 했다. 뭔가 기록하고 싶은데… 내가 뭘 했는지 잘 모르겠지만 어쨌든 불태웠다. 이렇게 개인 PT까지 잘 마무리. 룰루레몬에 갔다가 예전에 그룹 PT 할 때 선생님이 생각났다.

"운동은 왜 하세요?"
"꼿꼿한 허리를 가진 할머니가 되고 싶고, 룰루레몬 앰배서더가 되고 싶어서요."

"네? 앰⋯ 뭐요?"

"아, 룰루레몬 앰배서더더요."

"아아~"

운동 갈 때마다 내가 막 너무 힘들어하면 "AZ님, 룰루레몬 앰배서더가 되고 싶다면서요?" 하서서 약간 민망하고 그랬는데, 결국 몇 달 뒤에 저 선생님이 룰루레몬 앰배서더가 되셨다.

나의 꿈을 이룬 선생님. 코로나 핑계로 운동을 안 하고 있었을 때 우연히 백화점에 가서 룰루레몬 매장을 지나고 있는데, 선생님이 화면에 뙇아아~ 나와서 '아, 내가 되고 싶었던 걸 저분이⋯.' 했던 기억이 난다. 나도 다시 하면 되는 거지 뭐. 설레발이긴 하지만 나도 꾸준히 운동하면 언젠가 몸짱 되는 거 아니겠어? ㅎㅎ

내가 몸짱이 된다면 이 글은 성지가 될 것이고 여러분은 제가 몸짱이 되는 과정을 지켜보신 산 증인이 되는 게 아니겠습니까? 정말 애쓰고 있는 중년의 애 엄마⋯. 휴~ 오늘도 열심히 살아보겠습니다. 자, 출근하자.

오늘도 좋은 아침!

여자들도 사회적 지위 있거든요?

어제 카톡방 미타임에 있는 한 분이 이런 질문(?)을 올리셨다.

"육아를 하면서 선택의 순간이 있는데 뭐가 우선순위였나요?"

이 질문에 대한 여러 답변을 나만 읽기 아까워서 올려봅니다.

"육아에서 선택의 순간 중 우선순위는 엄마의 안녕이었습니다. 엄마가 마음이 편해야 한다고 생각해요."

"저도 엄마요!! 제가 스트레스를 좀 덜 받고 편안해야 짧은 시간이라도 양질의 육아에 최선을 다할 수 있더라고요."

"저 방금 이 메시지를 보고 '저'를 우선순위에 두었다고 답하려 했는데, 많은 분이 그러시네요."

나를 우선순위에 두어도 짜증 나는 순간이 너무 많은데, 내가 우선순위가 아니었다면 짜증으로 끝나지 않고 우울함과 비참함까지 동반되었을 것 같다. 알 수 없는 존재에 대한 미움과 증오도? 알고 있는 존재에 대한 원망도 어쩌면? 돈을 버는 것은 너무 소중한 일이고 재테크도 너무 중요한 일이다. 하지만 어쨌든 일하는 엄마는 확실하게 100% 남에게 외주를 주지 못하면 일도 하면서 버는 돈까지 잘 불려야 하고 육아까지 전담할 수밖에 없는 것이 현실이다. 남편은? 조부모는? 응, 남편이나 조부모님께 감사하죠. 그런데 결국 주 양육자는 대부분 엄마가 되더라고요. 남자들은 사회적 지위가 있잖아요? 여자도 사회적 지위 있는데, 늘 조금 밀리고 그러는… 거 이제는 우리 다 알죠?

그런데 남이 나를 챙겨줄 일은 없으니까 내가 나를 챙기는 것이 제일 중요하다고 생각한다. 그래서 '나를 잃지 말자', '나를 전공하자', 이런 말이 애 키우면서 가장 크게 마음에 와닿았던 것 아닐까?

그렇다고 애가 어릴 때부터 경제를 가르치고, 자유방임하고, 그러는 것도 나는 약간 물음표다. 또래들이랑 사회생활하면서 자연스럽게 배우는 것도 정말 중요하거든. 온라인 세상에 노출되기 전에 오프라인 세상, 진짜 현실에서 이것저것 경험하게 해 주는 것도 중요하다. 또한 내 아이의 성향을 잘 파악하고 나서 그걸 이해해 주고, 남들 하는 것도 하면서 살 수 있도록 올바른 방향을 제시하는 것도 중요하다고 생각한다. 그런데 내 아이를 잘 알려면 일단 나부터 잘 알아야 하고, 나의 성향에 맞게 아이를 좋은 방향으로 잘 이끌어줘야 하거든. 가만히 두면? TV를 보거나, 유튜브를 보거나, TV로 유튜브를 보겠지. 그게 제일 재미있으니까.

아, 글로 쓰면 뭔가 잘해야지 싶다가도 애 앉혀놓고 수학 문제를 같이 풀면 부글부글하는 나도 꽤 인간적인 엄마라고! 이걸 요즘 사람들은 '친모 인증'이라고 하대?

얼른 출근 준비해야겠다.

오늘도 좋은 아침!

이유가 있어서 그러는 거야

오늘은 비가 오네? 우산 없이 나갔는데 집으로 다시 올라오기
귀찮아서 비 맞고 조금만 걸었다. 25분쯤? 어제의 아침, 이때만 해
도 무척 평화로웠지. 작년에 큰맘 먹고 대충 50만 원쯤 하는 트루
동의 '라 프로므네즈'를 샀는데, 어제 박살이 났다. 우리 애가 뭘 꺼
내다가 떨어뜨렸는데, 유리는 유리대로, 도자기는 도자기대로 다
양한 크기로 깨져버렸다.

제일 먼저 든 생각은 애석하게도 "너 안 다쳤니?"가 아니라 "야!
나 바쁜데 이거 청소 어떻게 하라고!!!"였다는 사실이 오후 내내 상
당히 찜찜했다. 아들, 미안해. 근데 너 등원하고 나서 말이야. 장난

감 다 치우고, 청소기 돌리고, 정전기포 돌리고, 물걸레질하고, 정말 나도 못할 짓이었어. 아, PT도 했다. 이번 주에 PT를 4번이나 한 것 같네?

하원하고 나서 멸치 볶은 거 애에게 간식으로 주고 나 혼자 뻥튀기 먹고 있었는데, 자기도 하나 달라고 하네. 야무지게 뻥튀기 위에 멸치 올려서 먹는… 우리 집 귀염(?)둥이. 그리고 저녁에 수학 문제집을 풀었지. 이때는 웃고 있었다. 그러다 "야! 집중 못 해? 울어? 그래, 울어봐!" 했더니 갑자기 진짜 엉엉엉 운다. 남편은 옆에서 웃다가 넘어가고, 나는 당황스럽고, 애는 장난으로 울다가 진짜 엉엉 울고…, 그러다가 그다음은 그림을 그리겠다고…. 진짜 서로 못할 짓이다. 외주 주기 이렇게 힘들어서야.

이런 식이면 며칠 뒤에 보기로 한 레벨 테스트는 100% 떨어질 것 같아서 그럼 학습지를 해야겠다고 타협해 봤다. 내가 이러는 이유가 있다. 나는 중학교와 고등학교 때까지 팽팽 놀다가 내신은 말 아먹어도 모의고사빨이 좋아서 '내가 하면 잘하는데 안 해서 이러는 거야.'라는 생각으로 살았다. 그런데 고3 때 막상 공부하려니까 모르는 문제를 만났을 때… 이걸 어떻게 표현해야 할지 모르겠는데… 정말 눈앞이 깜깜한 그 더러운 기분이라고 하면 제대로 표현이 될까? '어? 나 수학 잘하는데? 이게 무슨 소린지 전혀 모르겠어.' 이런 막막한 기분도 함께….

어려운 게 아니라 무슨 말인지조차 모르겠는 그 상황이 지금도 가끔 악몽으로 나온다. 결국 수능 볼 때는 수능이 객관식인 점을 활용해서 아는 문제부터 쭉쭉 풀고, 모르는 문제는 두 번째 볼 때 다시 보면서 포기할 건 포기하고 조금이라도 알 것 같은 문제는 4지 선다형 1번부터 4번까지 다 대입해 보는 요령으로 풀었다. 그러면 시간도 더 걸리고 확신도 없어서 굉장히 불안하다. 약간 우울증의 경계에 있을 때 느끼는 기분이랑 비슷한데, 끝이 보이지도 않고 답도 전혀 떠오르지 않는 바로 그 기분.

지나고 보면 생각도 안 나는 일이지만, 그 순간에는 이 문제 하나 때문에 혹시라도 내 인생이 바뀔까 봐, 탄탄대로가 예정되어 있는 내 앞날이 시궁창으로 떨어질까 봐 두려웠다. (네~ 수학 문제 하나에 그랬어요.) 그래서 나처럼 마지노선 위에서 아슬아슬하게 정답을 찾는 게 아니라 우리 애는 저 위에서 이 방법 저 방법으로 풀어보고 안정적으로 문제를 맞춰보는 평온함을 느꼈으면 하는 마음이었다. 이렇게 내가 글로 설명해도 어제의 나는 좋게 말하면 친모 인증이고 결국 애한테 별것도 아닌 것으로 소리 지르고 윽박질러서 울린 애미였네.

하나 더 변명을 하자면 이과 성향이라고 생각하고 공대에 입학해서 공학수학이나 미적분학, 그리고 프로그래밍 등을 배울 때 나는 우울의 터널에서 벗어나오지를 못했다. 공부를 했는데도 D 학점을 받은 적이 있어서 오기가 생겨 재수강을 했는데도 D+를 받았다. 정말 너무 기분이 더러워서 삼수강을 했는데 결국 C+를 받았다. 공부 안 해도 D를 받았을 것 같은데, 공부를 해서 D+를 받았을 때 그 좌절감은 이루 말할 수가 없다.

내가 졸업을 하고 전공을 살릴 거라고는 정말 1도 생각 안 했던 이유가 바로 여기에 있다. 외우는 건 젬병이라 국사나 한문 같은 과목은 거의 수우미양가에서 '가'를 받았다. 그런데 막상 대학교에 가니까 그나마 외운 과목은 좀 풀겠고, 응용해야 하는 과목이나 특히 컴퓨터학과 전공은 아무리 공부를 해도 재미가 없고 학점도 안 나와서 말 그대로 우울했다.

'내가 바보인가? 우리 학교 학생들이 나보다 수준이 더 높은가?' 라는 생각을 하면서 친구 따라 다른 과 전공 수업을 교양처럼 들은 적도 있다. 그 수업은 전공 애들도 너무 어렵다고 했지만, 나는 공부도 별로 안 하고 난생 처음으로 A+를 받았다. 다른 과 전공 교수

님이 "컴퓨터학과 학생이죠? 타 전공 학생인데도 이렇게 다 맞다니…. 노파심에서 물어보는데 시험 문제가 너무 쉬웠나요?"라고 물어보셨다. 아~ 나 전공 잘못 선택한 건가?

어쨌든 대학교 때 참 이래저래 혼란스러웠던 게 생각났고, 그 생각의 꼬리가 꼬리를 물고 또 꼬리를 물어서 우리 애는 이런 좌절감을 느끼지 않았으면 하는 마음에 자꾸 언성이 높아지고 화가 나는… 쓰다 보니 반성하게 되네…. 미안하다.

#내가니친모라서그러해
#생각보다좌절감이라는게좀무섭더라고

그렇게 따지면 그럼에도 불구하고 4년 만에 졸업하고 전공 살려 취업해서 지금까지 먹고 사는 거 보면… 그래, 그 좌절감을 맛본 것도 한몫했겠지 싶은데… 왜 눈물이 나지?

비 오는 아침, 상큼한 우리 애의 등교를 기원하며
오늘도 좋은 아침!

새벽에 일어나는 비법이 뭐냐고요?

남편에게 이너서클 모임에서 나온 이야기 중 "월천도사 님이 롤렉스도 잘 아시는데, 오픈런 안 하시고 대기도 없이 롤렉스를 사셨대."라면서 신나게 이야기했다. "와, 도사님이야? 무슨 일 하시는데 도사님이셔?"라고. ㅋㅋ "아, 필명이야. 필명!" 롤렉스 이야기하는데 왜 도사에 꽂히는 거냐? ㅎㅎ

무밍이 님이 "언니가 새벽에 걸으신다는 거 듣고 저도 새벽에 걸었는데, 그날 하루 종일 너무 졸렸어요."라고 해서 내가 "나 미라클 모닝 이거 하는데 1년이 뭐야, 2년 동안 하루 종일 병든 닭 같았어요. 진짜 몸이 적응하는 데 시간이 걸려요."라고 말했지. 찡대리 님이 "처음에 언니 모를 때는 이분 새벽에 일어나기 시작하셨구나~ 했는데, 어? 이분 아직도 새벽에 일어나시네~ 했어요. 근데 정말 언니, 아직도 새벽에 일어나시네요."라고 하길래 나의 새벽 기상 비법을 말했다.

비법이 뭐냐고? 일찍 자는 거. 근데 일찍 자는 게 생각보다 쉽지 않거든? 근데 왜 일찍 자느냐면 새벽에 가족들 다 잘 때 나 혼자 주방 정리하고, 나 혼자 일기 쓰고, 나 혼자 걷는 시간이 너무 좋아서. 이 시간을 나 혼자 써도 되는 게 너무 좋아서 그 생각을 하면 일찍 일어나게 되더라고. 그래서 저녁에도 애 숙제시키고, 저녁 차리고, 저녁 먹고 나면 그 뒤는 남편에게 넘기고 "나 먼저 잘게." 하면서 다음 날 새벽에 나만의 시간을 만나는 기대감? 그런 게 새벽에 일찍 일어나는 비법이다. 별것 아닌데 나에게는 별것이라서! 진짜 여러분~ 제가 여러분을 애정해서 미라클 모닝 비법 말해주는 거 아시죠? ㅎㅎ

근데 내가 이렇게 이야기하니까 우리 똑똑쟁이 찡대리 님이 "아, 언니! 그게 뭔지 너무 잘 알 것 같아요. 같은 공간에 나만의 시간을 가지는 그거 저도 엄청 좋아해요."라고 척 알아들으시데?

#역시똑똑한우리찡대리님

실제로 지난주에 나 새벽에 일어나서 운동 가려고 폼 잡고 있었
거든. 근데 7시 30분에 알람 맞춰놓는 남편이 6시인가 일어나서 왔
다 갔다 하는데, 내 소중한 새벽 시간을 괜히 뺏긴 기분이 들고 그
랬잖아. 어쨌든 새벽에 일어나서 나는 '부자가 되겠다', '꼬마빌딩주
가 되겠다' 백날 다짐하고 소리 내어 외쳐도 그렇게 되기 힘들다는
점 다시 한번 강조합니다. (그건 진짜 말도 안 되는 거임!) 근데 몸이 적
응하지 못해서 피곤한 몇 년이 지나면 뭔가 나만의 공간에서 나만
의 시간이 생기고, 그래서 나에게 집중할 수 있는, 나에게 집중 안
하더라도 새벽에 막 시간 낭비해도 뒤처지는 느낌 안 드는 그런 날
이 옵니다. 믿습니까? 믿으소서!

제가 산 증인 아닙니까? 이상 오늘로 새벽에 일어난 지 754일째
가 된 AZ였습니다. 모두 모두 행복한 주말 보내세요.

오늘도 좋은 아침!

사이비 종교 아니에요?

사실 나는 부동산을 공부한다는 프레임 아래 필사 같은 것 시키고, 임장시키고, 다단계 회사의 제일 꼭대기인 다이아몬드 레벨까지 "너도 할 수 있어!"라는 말도 안 되는 희망을 불어넣으면서 그저 월급에서 생활비를 뺀 여윳돈을 조금만 더 굴리고 싶은 평범한 직장인들의 소중한 일상과 시간을 (절대 그래 보이지는 않지만) 잔인하게 뺏고 있는 '부자가 되는 법'을 알려주는 사람들 내지는 사람들의 모임이 마치 종교 같다. (미안하지만) 사이비 종교!

10분도 남을 위해 쓰기 힘든 회사원들의 소중한 시간을 어떻게 써야 하는지 지시하고 숙제 검사하는?? 필사해서 부자가 될 거라면 나는 오늘부터 당연히 필사를 하겠다. 하지만 조금만 생각해 보면 필사는 학창 시절 선생님에게 벌 받을 때 하던 거 아닌가?

'다 같이 부자 되자!'는 프레임이 얼마나 막강한지 요 몇 년 제대로 느끼는 중이다. 예를 들면 매일 소중한 이웃분들의 공간에서 공유하는 무료 강의는 이 레드오션 시장에서도 여전히 살아남고 있더라고. 어떤 날은 '이 분은 도대체 어떤 N잡을 하고 싶으시길래 이런 것도 공유하시지? 싶을 때가 있을 정도다. 분명히 이런 걸 하고 싶지는 않으셨을 텐데…. 내가 그동안의 따뜻한 글을 읽고 느낀 거라면 내 느낌이 맞을 텐데….

도대체 왜? 이걸 설명해 줄 수 있는 건 단 하나, 극단적인 신앙이나 종교에 대한 믿음, 아니 종교보다 더 심한 '쉽게 부자 되고 싶어요!', 내지는 '너만 따라 하면 부자 되는 거지?'에 대한 극단적인 믿음이 아닐까? 모나미 볼펜으로 똑같은 구절이나 똑같은 단어를 필사하는 것은, 나 같은 경우 중학교 때도 안 했던 행동이라 다소 충격이었다. 어쨌든 사이비 종교에 대한 이런 극단적인 믿음 내지는 광신을 가진 사람에 대한 이야기, 제가 한번 읽어보겠습니다.

그럼 오늘도 좋은 아침!

입학식에 못 온 게 아니라
안 온 걸 거예요

어제 새벽에 걸으러 나갔는데, 진짜 칼바람이 불어서 눈에서 눈물이 났다. 이 추위에 뭐 하는 짓인가 싶으면서도 날씨 풀리면 이 핑계 저 핑계 대고 오히려 운동 안 하겠지? 싶었던….

아침에 우리 애에게 딸기만 잔뜩 줬다. 점심에 외식할 예정이었기 때문. 초등학교 입학식에는 시부모님께서 오셨다. 할아버지 손 잡고 총총총 불 꺼진 강당에 1등으로 도착해서 사진도 찍고 교실에도 들어가 봤다. 사진 찍기 싫어서 표정이 죄다 엉망이지만 어쩔 수 없지 뭐. 입학식 아니면 블링블링 차리고 갈 일도 없을 것 같아서 차려입고 간다고 갔는데, 너무 추워서 패딩조끼 하나 추가하고,

잘 안 입는 코트로 갈아입고, 양말도 두꺼운 거 신고 이렇게 하다 보니 블링블링이 저 멀리 사라짐. ㅋㅋ 너무 춥더라…고요.

점심은 예약해 둔 돼지갈빗집에서 먹었다. 우리 애에게 돌솥밥 먹으라고 줬더니 무조건 공깃밥 먹겠다길래 그러라고 했는데, 한 공기를 다 먹고 더 달라고 해서 안 된다고 했다. 시부모님은 애가 잘 먹으니까 고기도 더 시키고 싶어 하셨지만, 나의 단호함에 더 이상 말을 못 하신 듯. 고기 구워서 계속 우리 애 접시에 올려주셔서 우리 애가 제일 많이 먹었을지도? 애 식단 관리하는 게 이렇게 힘들고 치사한 일이랍니다. 미안하지만 그 정도 먹었으면 성인 1인분은 먹은 거야. 밥 먹고 스타벅스 가서 후식까지 먹었다.

시부모님께 오셔서 감사하다고 인사했는데 시어머님이, 어머님 아들 회사 사장님이 너무 한다고 하시길래 "왜요?" 하고 여쭤봤더니 입학식에 휴가를 못 내게 한다고 하시네. 그래서 내가 설마 입학식에 휴가 냈다고 자르겠냐고, 못 내게 했겠냐고, 어머님 아들이 눈치를 보고 휴가를 안 낸 거지, 휴가를 못 낸 게 아니라고. 입학식 이거 별것 아니지만, 나중에 죽을 때 2023년 3월 2일에 휴가 내면 눈치 보이니까 휴가 안 내고 출근해서 했던 일이나 마음의 평화

같은 건 정말 1도 생각 안 날 거라고.

시어머님의 말씀 듣고 저는 "별것 아니지만 그래도 처음인데 눈치 보느라 놓친 우리 애 첫 입학식이 아쉽지 않을까요?"라고 했지요. 솔직히 맞잖아요? 휴가 못 낸 게 아니라 안 낸 건데. 입학식 놓쳐도 인생이 바뀌고 별것 아니지만, 그냥 이런 일이 모여서 인생 아닌가? 뭐라 하는 거 아닌데 뭐라 하는 것 같네. 근데 정말 뭐라 하는 거 절대 아님. 자기의 선택을 나는 당연히 존중해. 그 선택을 내가 디폴트 깔아줄 수 있으니까 나 믿고 고를 수 있는 점은 부럽긴 한데, 디폴트 깔아줄 수 있는 내 인생도 꽤 괜찮은 것 같아.

시부모님은 가시고 우리는 집에 와서 애는 잠깐 쉬라고 하고 나는 학교 준비물을 확인했다. 당장 다음 날 가져가야 하는 준비물 중에서 사야 하는 것을 체크한 후 애는 미술학원 보충 수업 보내고 나는 한가람문구로 갔지. 어제 반차만 내서 오전에는 정말 숨만 쉬고 일하다가 입학식에 간 건데, 오후도 이렇게 알차게 쓸 줄이야.

학교에서 나눠준 네임펜과 사인펜과 색연필에는 선생님이 네임 스티커를 꼭 붙이고, 그 위에 투명 테이프를 한 번 더 붙이고, 뚜껑에도 똑같이 하라고 하셔서 그대로 했다. 그런데 우리 애가 이렇게 하는 거 너무 힘들다고…. "야! 이거 네 준비물이거든? 나도 힘들거든?" 나도 약간 짜증이~. ㅜㅜ 공부 말고도 친모 인증 가능해요.

저녁에는 렌틸콩이랑 잡곡 넣어 저녁밥을 하고, 밑반찬을 꺼내고, 소고기 한 팩을 구웠다. 이 정도면 훌륭하죠? 그런데 나는 점심에 먹은 돼지갈비가 소화될 겨를도 너무 없이 정말 하루 종일 바쁘고 기 빨려서 저녁은 안 먹고 살기 위해 생존 운동하러 갔다.

어제 날짜로 PT가 19번째였나? 밤에 운동하러 가서 선생님에게 아이스아메리카노('따아' 말고 '아아') 한 잔 말아달라고. 저 지금 카페인이 너무 필요한데 들이켜야 할 것 같다고. ㅋㅋ 선생님이 디카페인 있는지 찾아보신다 했는데, 디카페인 아니어도 저 진짜 잠 잘 잘 수 있으니까 걱정하지 마시고 카페인으로 타주셔도 된다고 말씀드리고 '아아'를 마시면서 운동을 시작했다. 어제는 유산소 운동을 했는데 땀나더라? 아, 어깨 위에 무게 올리고 데드리프트도 했다. 어제 1시간 정도 애 교실에 서 있었더니 허리가 찌릿찌릿하기 시작해서 진짜 약간 무섭더라? 그렇게 가만히 서 있을 일이 없으니까 바로 허리에 반응이 오는…. -_-

어제 반차라고 메일이 쌓여있는데 운동하기 전에 좀 쳐내고 왔다. 다음 주 볼 만하겠네. 아무래도 반차를 쭉 내야 할 것 같다?

오늘도 좋은 아침!

'꾸꾸꾸' 하지 맙시다!

오후에 반차를 내고 학부모 총회랑 공개수업을 다녀왔다. 가기 전에 잠깐 스몰톡하자고 엄마들끼리 커피를 마셨는데 난 2잔 마셨다. 전날부터 뭘 입고 가야 하나 생각하면서 '나랑 옷 겹치는 사람 설마 없겠지? 와, 정말 그건 너무 싫은데?' 하면서 갔다.

친구가 그럴 리 없겠지만 추리닝 입고 가면 절대 안 되고 너무 '꾸꾸꾸' 하고 가도 좀 없어 보인다고 '꾸안꾸' 하고 가라고 했다. 그런데 어머님들 정말 '꾸꾸꾸꾸꾸꾸꾸꾸' 하고 오신 분들 많던데? 근데 옷차림은 절대 생각 안 나고 무슨 가방 들고 왔는지만 생각난다고. 샤넬은 흔해서 잘 기억 안 난다고 했는데 매우 동의한다. 친구가 버킨백 들고 온 엄마들은 한 번씩 더 쳐다보게 된다고 하길래 블리드는? 했더니 그건 "흔하던데?"라고. ㅋㅋ

옷장 구석에 처박혀있던 블리드를 꺼냈는데 우리 반에 같은 가방을 세 분 정도 드셨던 것 같네? 어쨌든 사실 재미로 옷차림 같은 거 쓴 거고 추리닝 입고 가도 뭐 별문제는 없지만, '꾸꾸꾸' 한 엄마들 사이에서 추리닝은 너무 튀니까 깔끔하게 입고 가는 것이 좋을 듯. 기사를 보니 학부모 공개수업 때 700만 원 이상 장착하고 간다는데, 가방만 해도 천만 원이 넘는 세상이니 그런 거 신경 안 써도 될 것 같다. 뭐 조금 디테일하게 말하면 대충 반올림해서 천만 원쯤 하는 반클리프 목걸이도 열 분 중 여섯 분은 하고 오셔서 오히려 안 하고 가는 게 특색 있을지도 모르겠더라.

공개수업을 보니 우리 애가 너무 사랑스럽고 대견했다. 언제 이렇게 컸나 싶었고, 여러 친구 사이에서 생활해도 우리 애의 성향은 역시나 티가 난다는 생각도 들었다. 물론 집에서 하는 행동이랑 다른 행동도 있었고. 저 꼬맹이가 사람들 앞에서 발표도 하는 초딩이 되었다니 참 새롭다는 생각 등등 많은 생각이 들었다. 아이들이 교가를 부를 때 눈물을 훔치는 어머님들이 몇 분 계셨는데, 나도 눈물이 찔끔 날 뻔했다. 와, 애를 내가 졸업한 잠원초에 보냈으면 오열하는 거 아닌가 싶었네.

"찬란한~ 아침 해가~ 솟아오르면~ 정답게~~~ 잠원 어린이~ 배우고~ 또 배워서~ 크게 자라서~ ♬♪"

나 아직도 우리 국민학교 교가가 생각나는데, 우리 애가 나의 추억의 교가를 부른다고 생각하니까 진짜 울컥~. 공개수업을 마치고 애 학원 셔틀을 태우러 잠깐 나왔다. 어제 나는 방한한 LVMH 일가의 딸에 대한 오마주로 (네, 잘 가져다 붙이는 스타일) 디올 옷을 장착하고 갔는데,

1. 우리 애 담임 선생님도 디올 입으셨더라.
2. 우리 애 반 어떤 엄마가 "그거 사이즈 몇이에요? 사실 저도 있어요."

라는 다소 귀여운 에피소드도. ㅋㅋ 학부모 총회 하면서 우리 애 자리에 가서 서랍을 좀 뒤져봤는데 왜 이리 귀엽니? 좋아하는 건 그림 그리는 거라서 그림별에서 왔다고 했네. 내 눈엔 우리 애 꽃

이 제일 멋져. 사물함도 이렇게 있구나? 학부모 총회를 마치고 같은 반, 같은 아파트에 사시는 어머님이랑 같이 집에 올라왔다.

엄마들 처음 만난 모임은 역시나 처음부터 끝까지 "지금 영어학원 어디 보내세요?"가 화두이고 TOP 1에 보내고 있는 엄마와 대치동까지 보내고 있는 엄마에게 관심이 쏠리는 건 국룰인가 보다. 아이의 영어학원 레벨이 만들어주는 서열 같은 게 없지 않아서 없는 듯 있는 것 같기도 하고.

어떤 어머님은 커피 마실 때 자기만 영어유치원을 안 보내서 아이에게 너무 미안하다고 말씀하셨다. 말 없이 앉아있던 내가 "저는 생각보다 영어유치원 보내는 분들이 없다고 느꼈는데, 우리 반만 많이 보내는 거 같아요. 우리 애도 망아지처럼 신나게 어린이집 다니고 영유는 딱 1년 다녔어요."라고 했다. 제 말에 그 분이 안심하셨으리라 믿어봅니다. 애 영어학원 셔틀이 도착할 시간에 맞춰서 셔틀 기사님께 전화를 드렸더니 "어~ 우리 인성이 어머님!" 하시는 목소리가 어쩜 그렇게 반가운지.

"기사님, 저 인성이랑 놀이터 가려고요. 놀이터 앞에서 내려주실래요?"

"그럼요! 놀이터 앞에서 만나요."

놀이터에서 애를 만났는데, 세상에~ 놀이터에 반 친구가 엄마랑 형아랑 동생이랑 나와서 같이 놀고 있더라. 그래서 신나게 놀라고 하고 그 어머님이랑 잠깐 스몰톡을 했다.

다 같이 만나면 말을 아끼는 게 좋을 것 같아 아끼고 있었는데, 둘이 만나니까 이런저런 이야기를 해서 좋더라고. 분식집은 어디로 다니시는지, 내장을 좋아하시는지, 순대를 좋아하시는지, 등교는 누가 하시는지, 아이들은 몇 시에 자는지 등등… 여러 명이 같이 만나면 남편 직업과 자기 직장, 그리고 (신기하게도) 자기 자산 등등의 이야기를 하게 된다. 하지만 이렇게 놀이터에서 단둘이 이야기하니까 그런 말 안 하게 되고 그냥 계속 웃으면서 애들 노는 거 보니까 기분이 무척 좋아지더라고.

그 어머님이 학부모 총회 끝나고 집에 가서 정말 너무 피곤했다고 이야기하시는데, 나도 진짜 이거 별것도 아닌데 너무 별것이어서 집에 와서 두통과 함께 진짜 카페인이 온몸에 둥둥 떠 있는 느낌이 들었다고 맞장구쳤다. 피곤한데 잠은 오지 않고 저녁밥은 올렸는데 알아서 시켜 먹으라 하고 나왔다고 하니 물개박수를 치면서 이거 뭔데 이렇게 피곤한 거냐고 얘기했다.

그 집 첫째가 우리를 보더니 "엄마, 이렇게 운동화 신고 간 거야?"라고 묻길래 내가 대신 "아니야, 우리 진짜 이쁘게 하고 갔어. 그런데 사진을 찍으면 안 된다고 해서 증거가 없는데, 우리 진짜 이쁘게 잘 차려입고 갔어."라고 했더니 안심하는 눈치. 너무 귀엽고 솔직한 아이들.

깜깜해질 때까지 놀이터에서 놀다가 퇴근하는 남편을 만나서 집에 같이 올라왔다가 나는 운동하러 갔다. 운동하고 나와서 씻고 자는 게 수순인데, 정말 너무 허기가 져서 집에 오자마자 밑반찬을 막 통째로 꺼내 냉이튀김이랑 감자볶음이랑 부랴부랴 볶아서 밥을 먹었다.

긴 하루였다. 그리고 새벽 내내 기침이 나고 두통이 심해서 7번은 넘게 깬 거 같다. 그럼에도 불구하고 무거운 엉덩이를 들고 비를 뚫고 아침 운동을 다녀온 나를 칭찬해 보며 오늘도 열심히 살아보겠습니다.

모두 좋은 아침!

모든 걸 다 가질 수 없듯
모든 걸 다 해 줄 수도 없지

애 하교할 시간이 되어 조금 일찍 하교하러 갔다가 고등학교 친구를 만났다. 20분쯤? 일찍 도착해서 친구랑 앉아서 열라 수다를 떨었네. 우리 고등학교 때 진짜 열심히 놀았지만, 그래도 늘 우열반 중에서 우반이었고, 고3 때 정신 차리고(라기보다는 대학교에 가고 싶어서) 공부 시작해서 둘 다 신촌에 있는 대학교를 갔다. 그런데 그게 둘 다 공대여서 진짜 얘네 도서관에서 울면서 공부했는데, 그 후 대기업 취업해서도 울면서 일했거든. 하지만 결국 이렇게 될 거였으면 그때 네임 밸류 이런 거 진짜 신경 안 쓰고 의대나, 치대나, 약대나, 수의대 갔어야 하는 거였다고… 우리는 왜 그걸 몰랐냐고…

정말 너무 후회된다고 하면서 마무리. ㅠㅠ

며칠 전에 서울대 치대 나온 친구에게 우리 모두 다 같이 아는 동창 이야기를 들었다. 그 친구가 원래 공대를 다녔는데 "어? 너 치대야? 치의전(맞나요?)이란 거 생겼던데, 나도 한번 공부해 볼까?" 했다네요. 그래서 치의전 준비해서 지금 치과 한다고. 우리도 그런 생각했으면 공부하느라 고생은 좀 했어도 지금 웃고 있지 않았을까? 하면서…. ㅠㅠ

#껄껄껄껄무새

왜 엄마 말을 안 들었을까? 이제 와 애 학교 보내면서 일까지 하려고 보니 그런 게 참 아쉽다. 그래도 뭐 과거는 과거고 현재를 열심히 살아야겠죠?

애 하교하고 학원 셔틀 시간까지 20분 정도 애매하게 시간이 남아서 반 친구들이랑 같이 놀이터를 갔다가 셔틀 시간 되어서 부랴부랴 나왔다. 셔틀에 애를 태우고 나는 성모병원에 조직 검사받던 거 결과 듣고 실밥을 뽑으러 갔다. 결과는 양성종양? 뭐 그런 거라서 이자 언니 말대로 "그렇구나." 하고 잊고 살면 되는 걸로 나왔다. 결과를 보니 속이 다 시원하다. 수술한 부위의 실밥을 뽑는데 따끔하긴 했지만 그래도 뭐 참을 만했고 2주 동안 고생한 나 자신을 칭찬합니다.

애는 학원 셔틀 타고 집에 와도 되는데, 학원에 전화해서 데리러 가겠다고 말씀드렸다. 5분이라도 더 놀라고. 후드티를 거꾸로 입고 모자를 뒤집어쓰고 신나게 노는 모습을 보니 애는 애다, 애.

저녁은 진짜 할 힘이 없었는데, 밥하고, 계란프라이 올리고, 어제 남은 김밥 한 줄 데우고, 반찬을 꺼냈다. 그리고 대망의 수학 숙제! 구구단도 모르는 애를 앉혀놓고 이런 문제를 풀려고 하니까 애도 눈물을 글썽글썽거리고, 연필은 대여섯 번쯤 바닥에 떨어뜨렸고, 솔직히 나도 머리가 안 돌아가더라. 결국 다 대입해 보고 "어? 이거 맞네? 유후~", "어? 이거 아니네? 지우고 다시 해 보자." 이런 식으로 풀었는데 애가 푼 게 아니라 내가 거의 풀어준 거라 이게 의미 있는 건지 정말 모르겠다. 그냥 다음 테스트 보고 떨어지면 운명으로 받아들이고 수학은 동네 보습학원을 보내든지, 아니면 학습지를 하든지, 아니면 음~ 모르겠다.

8살 때부터 아이의 기질이 정해져 있으려나? 안 그래도 엄마들이 풀배터리 검사와 웩슬러 검사 이야기하던데, 사실 나도 알아보기는 했다. 근데 뭔가 몇 달 뒤까지 예약이 밀려있고 귀찮아서 안 봤거든. 하지만 결국 그거에 맞춰서 내가 얘의 인생 플랜까지 짜줘야 하는 건가?

근데 또 인생이 말이지, 옵션이 많아서 좋을 때도 있지만, 너무 풍요로움 속에 풍요만 있으면 빠그라지고 실패하는 법을 못 배우거든.

어릴 때 실패하는 건 일어설 때 내가 그나마 도움이 되겠지만, 나중에 내가 아무런 도움이 안 될 수도 있을 텐데. 그런데 또 부모의 역할이 뭘까 싶은… 그럴 때 문제를 해결해 줘야 하는 게 부모인 건지, 아니면 문제를 스스로 해결하고 있을 때 따뜻한 집밥이라도 차려주고 힘내라는 말 한마디 해 주면서 현실적으로 도움은 좀 안 되더라도 심적으로 든든함 정도만 줘도 되는 건지 헷갈린다. 물론 헷갈리지만, 그래도 나는 내가 어떻게 할 줄 알지만, 또 모르기도 하고…. 사실 모르겠다. 어쨌든 모든 걸 다 가질 수 없듯 모든 걸 다 해줄 수도 없지.

정답이 있는 수학 문제도 대충 몇 개의 답지를 추려서 하나씩 대입해 보고 푸는 것처럼, 우리 애도 그렇게 조금 추려진 상황에서 이것저것 부딪혀보는 게 얘와 내가 만들어가는 최선이 아닌가 생각해 보게 되었던 3월 24일. 그리고 늘 이야기하지만, 늘 내 마음을 다잡지만, 너는 나에게 너무나 소중하고 나는 너를 너무나 사랑하고 있어. 하지만 네가 있기 이전에 내가 있고, 나도 참 소중하고 사랑스러운(웅?) 존재임을 잊지 말아야 해서 어떤 엄마들처럼 모든 걸 다 희생할 수는 없다는 점, 나중에 네가 자라면 "와~ 씨, 우리 엄마는 왜 이런 것도 안 해 줬어?"라는 말은 1도 안 나오고 "우와~ 우리 엄마는 어떻게 이렇게 자기 인생 다 챙겨가면서 이런 것까지 다 해 줬지?"라고 말할 날이 올 것임을 잊지 말거라.

오늘도 좋은 아침!

힘들게 번 돈을 쓸 때
너무 관대하지 않았으면 해요

작심삼일 800일!

700일 때 썼던 일기를 다시 읽어봤는데 재미있네요?

#네 #늘그렇듯 #자빽 #정신승리

어쨌든 언젠가부터 아침에 25~30분 정도 걸으니까 새로운 짓을 하나 더 추가했어요. 그 사이에 다시 운동도 시작했고 내일은 등록한 PT 마지막 30회 하는 날이에요. 운동하는 것도 돈이고요. 요즘에는 개인 PT 샵 가격이 비싸서 더 해야 할지 늘 잠깐은 고민이 되네요.

#꼭새아파트살아서 #아파트커뮤니티센터에서피티받고싶구나

어제 오랜만에 회사에서 나눠준 가방을 찾았는데, 그 안에 인바디 종이가 있는 거예요. 근데 그걸 넣은 채로 제가 세탁기에 돌려서 식별은 어렵지만, 2015년 9월, 그러니까 시험관 준비한다고 주사 한참 맞았을 때 측정했던 인바디 체중이 69.6kg이었네요. 하하하~ 마른 88이었던 걸로 하죠 뭐. 뚱뚱한 77인가, 마른 99인가? 뭐 하여튼 원래 시험관 준비하면서 호르몬 주사 맞으면 살쪄요.

최근 100일 동안 무슨 변화가 있었을까? 가장 컸던 건 학부형이 되었다는 거예요. 우리 애가 언제 이렇게 커서 초딩이 되었는지 참 신기해요. 제가 처음으로 아이를 영어유치원 보내면서 코로나 걸렸는데, 아침, 점심, 저녁 신경 안 쓰고 살다가 갑자기 아침이랑 저녁 하려니까 진짜 매운맛이었거든요. 그 와중에 전자책 쓰겠다고 선언하는 바람에 참 정신 사나웠는데, 어쨌든! 아침도 하고 저녁도 하는 것, 이제는 습관이 되었답니다.

웃긴 건 거짓말 안 하고 일주일에 3번쯤은 여전히 '아, 오늘 너무 힘들다. 몸이 녹아내리는 것 같다. 저녁은 시켜 먹자.'라고 생각하면서 배민을 다시 깔았는데, 신기하게도 시킬 만한 게 없고⋯ 뭐 그렇게 흘러가게 되더라고요. "죽어도 배민 안 시켜 먹을 거야!"라고 하면 10번도 넘게 시켜 먹었을 것 같은데, "시켜 먹으면 어때!"라고 했더니 의외로 안 시켜 먹게 되던걸요? 사람 마음이 참 신기하다. 그죠?

아, 그리고 저 조직 검사받고 수술했다고 했잖아요? 그거 보고 맘모톰 했다고 생각하셨던 분들 많은데, 저 피부과에서 조직 검사받은 거예요. 맘모톰은 이미 몇 년 전에 하고 매년 건강검진할 때마다 초음파랑 그 찌부시키는 거 열심히 받고 있습니다.

피부과에서 얼굴 조직 검사받았던 건 양성종양, 그러니까 별것 아닌 걸로 나왔어요. 그때 검사받으러 간 김에 제가 엉덩이에 자꾸 엄지손가락 정도 크기의 무언가가 잡혔거든요? 밖으로는 안 보이고 뭔가 피부 안쪽에 뭉쳐있는 거 같은데, 이걸 피부과를 가야 할지, 어딜 가야 할지 몰라서 큰 병원 간 김에, 또 마침 여자 의사 선생님이길래 엉덩이 까서 보여드렸거든요. 의사쌤이 뭔지는 조직 검사해 봐야 알겠지만, 일단 불편하면 제거할 수 있다고 하셔서 제거해달라고 했어요. 그래서 1시간 정도 양쪽 엉덩이에 있던 무언가를 제거했죠 뭐. 양쪽 엉덩이를 칼로 째고 뭉쳐있던 지방을 제거한 후 다섯 바늘 정도씩 꿰맨 것 같아요. 나름 크게 짼 거라서 동네 피부과에서 매일 소독해야 한다고 해서 동네 피부과에 가서 또 엉덩이 까고…. 동네 피부과 원장님이 조직 검사 결과가 궁금하다고 나중에 결과 나오면 꼭 알려달라고 하셨어요.

어쨌든 엉덩이에 생긴 애네들도 피부 낭종? 같은 거예요. 사실 이게 생겼다 없어졌다 하는 건데 아예 자리를 잡아버려서 좀 불편했거든요. 그런데 의사선생님이 뭐라고 하셨게요?

"직업이 뭐예요? 앉아서 많이 일하시나요?"
"네…. 저 재택근무할 때 진짜 자리에 앉아서 잘 안 움직이거든요?"

#우직하게일만한다는뜻

양쪽 엉덩이 중에서 의자랑 닿는 곳 있죠? 거기 피부 아래에 사이좋고 공평하게 무언가가 뭉쳐서 아예 자리를 잡은 거예요. 저 GRIT 지수 진짜 높죠? 나중에 혹시라도 은퇴하거나 퇴사하면 저쪽 고용해 주세요. 농땡이는 안 부립니다. 의학적 증거 있어요! 성실함의 대변자 AZ! 동의하시죠? ㅋㅋ

어쨌든 어제 저 다니는 피부과 원장님이 조직 검사 결과를 들었는지 물어보셔서 양성종양이라고 말씀드렸더니 "네~ 별것 아니라서 다행이네요." 하시네요. 리쥬란은 음… 조지는 건 아니고 얼굴을 아주 작은 바늘 같은 걸로 포 뜨는 건데, 열심히 그리고 꼼꼼하게 포 떠주셨습니다. 이제 이 정도는 아프지도 않고요, 그냥 나를 위한 투자라고 생각하니 기분도 좋고 그래요. 5년 뒤에 남들보다 조금은 촉촉하겠지~ 하고 기대해 봅니다.

또 뭐 있더라? 아, 인스타그램 계정이 개인 기록용으로 3개인가 있는데, 하나 더 만들었어요. 그냥 재미로요. 오늘 입은 옷이 마음에 들거나 오늘 본 무언가를 기록하고 싶을 때 이용할 거예요. 물론 저는 패션이랑 전혀 상관없는 사람이지만, 내가 입어서 나랑 어울리고 내가 좋아하는 스타일을 한번 올려보려고요.

어제 도서관에서 마케팅 책을 살짝 봤는데 블로그도, 인스타그램도 저처럼 하면 절대 안 되더라고요. 돈이 안 된다고…. 근데 확실한 거 하나는 앞으로 무슨 일을 하게 되든 내가 재미없는 일은 최선을 다해서 피하려고요. 내가 추구하는 재미가 무엇인지 알지도 못하고 힘든 공부 하면서 술로 달랬던 나의 20대도 아깝고, 내가 재미있어하기는커녕 죽도록 재미없고 어려운 일만 하면서 살았던 지난 20년도 너무 아까워서요. 결과물도 없고 돈도 안 되지만, 그냥 내가 재미있어하는 것을 찾아볼래요. 그런 의미에서 저의 블로그와 인스타그램을 분석해 봤는데, 저의 재미는 돈이랑은 다소 멀어 보입디다. 뭐 괜찮아요. 돈과 재미가 완벽하게 평행선은 아닐 테니 언젠가는 두 선이 만나지 않을까요?

#안만나도괜찮고요 #난괜찮아

강남 근처에도 못 살아본 사람들이 부동산 강의를 많이들 한다고 하시더라고요. (네, 돈 받고요.) 그걸 뭐라고 하는 건 아니고요. 강남 살아야 부동산 강의할 수 있는 건 아니니까. No offense.

그런데 부동산을 공부할 때 목표가 지방 짤짤이나 갭투자가 아니라 강남 입성 이런 거잖아요? 그런데 강남 입성은커녕 살아보지도 못한 사람의 강의를 돈 내고 들어야 할까요? 저 이거 진짜 궁금해요. 많이들 들으시더라고요. 음, 적어도 저의 블로그 이웃분들은 그런 거 안 하셨으면 해서요. 애 과외 선생님 구할 때도, 예를 들어 수학 과외 선생님을 구하면 탑티어 학교에 다니고 있거나, 수능 수학을 다 맞았거나 1등급인 선생님을 구하고 싶지, 수포자인 선생님에게 배우게 하지는 않잖아요? 내가 힘들게 번 돈을 쓸 때 너무 관대하지 않았으면 해요. 물론 난 부자도 아니고 전문가도 아니지만요, 저는 그러려고 노력해요. 늘 안 될 때도 있지만, 그래도요.

어쨌든 800일 동안 일기를 써봤는데, 좋았던 건 스스로에 대해 조금 더 구체적으로 주제 파악을 할 수 있었던 거예요. 그리고 늘 1등은 못했던 인생인데, 저처럼 꾸준하게 뭔가를 (심지어 돈이 되는 것도 아닌데) 매일매일 블로그에 기록한 사람이 별로 없는 것 같아 나름 1등? 헤헤~ 그것만으로도 충분한 성과가 아닐까 생각해 봅니다.

그럼 900일까지 파이팅. 이러다 곧 1,000일 되겠는데요? 잠깐! 가을이면 1,000일 되려나? 오~~!

#어쨌든금방800일이네

오늘도 좋은 아침!

재택근무 신청했더니
매일 하교해야 하냐고요?

최인아책방의 베스트셀러 목록 16번 〈생각이 너무 많은 서른 살에게〉라는 책 제목을 보고 서른 살인 게 그저 부럽기만 하다. 그때로 돌아가면 "에르메스백도 신나게 사고 해외여행도 신나게 갈 거야."라고 말은 하지만, 아마도 적금 들고, 펀드 들고, 돈 모으고, 아끼고, 열심히 1억을 만들고 있겠지.

아, 점심은 곰탕을 먹었다. 아침을 든든하게 먹었는데도 곰탕 한 그릇을 뚝딱 먹는 내가 어이가 없네? 김치까지 너무 맛있더라고. 밥을 다 먹고 맞은편에 앉아있던 우리 팀 막내분이 자기 갑자기 일어나다가 허리에서 소리 났다고, 못 움직이겠다고 하시네.

2분 정도 가만히 서 계시다가 정말 겨우겨우 걸어서 팀장님의 부축을 받고 정형외과까지 가서 엑스레이 찍고 물리치료를 받으셨다. 한 번 그러면 이제 빈도가 잦아져서 정말 허리 조심해야 해요. 허리는 아프기 시작하면 그 상태를 유지하는 것이 최선이거든. 수술도 힘들고, 수술해도 아프고, 수술 안 해도 아픈 것이 바로 허리에요. 건강을 지킵시다!

어제 2시 퇴근이었는데, 2시부터 3개의 부서가 같이 하는 게 있었다. 팀장님이 이왕이면 참석하라고 하셔서 그러고 싶었지만 하교는 매일 해야 해서… 무슨 소리냐고? 지난번에 회사의 누군가가 (비밀 지켜드림) 내가 하교 때문에 재택근무를 조금 더 써야 할 것 같다고 말씀드리니까 너무 의아한 목소리로 "하교를 매일 해야 하나요?"라고. ㅋㅋ

네, 하교도, 등교도 매일 하죠. ^^; (물론 외주를 좀 줄 수 없냐는 의미로 말씀하신 것 알아요.)

점심 먹다가 나도 모르게 한 얘기. "귀하게 자식 키워서 라이드 다 해 주고 대학교 보냈어요. 결혼하고 애 낳았는데 애 봐줄 사람 없

359

어서 일 못하고 전업주부 되었을 때 내 생각나겠죠." 그랬더니 "애 봐
주시겠죠."라고. 근데 15년쯤 뒤에 정말 내 생각이 나실지도…. ㅎㅎ

"그때… 걔 누구였더라? AZ였나? 걔가 재택근무 이야기하기 전
에 내가 먼저 배려해 줄걸 그랬네."

네, 100% 확신합니다!

원래 내가 경험하지 못한 것, 내가 중요하다고 생각하지 않는
것은 아무리 기사로 읽고, 책으로 읽고, 옆에서 봐도 어떤 부분이
문제인지 알 수가 없죠. 그래서 내가 늘 말하는 것, 강남에 지분도
없으면서 강남 아파트를 살 수 있다고 강의하는 사람들이 왜 필사
를 시키겠어요? 할 말 없어서 시키는 거죠. 임장 왜 시키겠어요? 임
장은 시간이 걸리는 일이니까. 필사, 임장 이런 걸로 남의 시간과
소중한 인생을 뺏는 건 아닐지…. 그리고 자기가 강의하는데 다른
강의하는 사람들 모니터링하다가 모함하고, 그런 것도 우습다? 내
가 잘하면 되는데, 자기의 부족함을 아니까 남을 깎아내리지 못해
안달인 거죠 뭐. 시간도 돈이거든요. 남을 미워하는 그 시간도 돈
이고요! 네?

　　퇴근하고 야구복이랑 축구복이랑 내 운동복까지 다 챙겨서 우리 애 하교하러 갔다가 야구하러 왔다. 귀여운 아이들. 그리고 나는 PT를 했다. 선생님이 오늘따라 동작이 왜 이렇게 다 잘 안 되냐고 하시길래 "오늘 출근했어요."라고. 아침도 먹었고 점심도 든든하게 먹었는데 힘이 딸리고 머리가 안 돌아가네. 그래도 애 야구 기다리면서 야무지게 운동하고 새로 PT 30회를 등록했다. 무려 남편 카드로.

　　남편이 나중에 집에 와서 "운동을 아리팍까지 다녀?"라고 하길래 "응? 아니! 근데 왜?" 했더니 카드 승인 문자가 와서 자기가 검색해 봤는데, 아리팍 주소가 나와서 의아했다고. "아, 우리 동네에도 있고 아리팍 앞에도 있어. 두 군데 운영하시는데 아마 결제 주소가 아리팍센터로 되어 있나 보네."라고 친절하게 설명해 주고 고맙다고 인사를 했다.

　　우리 부부는 서로 월급이 얼마인지도 잘 모른다. 자기가 쓰는 돈은 각자 알아서 쓰고, 공동의 생활비도 없고, 각자 내야 할 세금이 늘 많아서 뭐 사줘, 뭐 해 줘, 이런 이야기는 절대 안 한다. 남편이 등록해 준 PT 다니면서 복근, 기립근 생겼다고 그냥 의미 부여하고 싶어서 이번에 남편에게 등록해 달라고 했는데, 쿨하게 해 줘서 정말 고마워. 그리고 오늘 아침 산책. 비 때문에 우산까지 들고 나가야 해서 '정말 오늘은 걷지 말까?'라고 생각했지만 그냥 걸었다.

#독한년헤헤

구멍 뚫린, 그러니까 메시인 나이키 운동화를 신고 걸었더니 봄비에 양말이 다 젖었지만, 그래도 걸었지. 집에 올라올 때쯤 애플워치를 켜지 않았다는 사실을 알았다. 그래도 아쉬우니까 올라오는 길이라도 켜고 걸었다. 헤헤~

오늘도 좋은 아침!

자산가가 조용하듯
공부 잘하는 아이 엄마들도 조용하다

학부모 상담을 했다. 이제 겨우 한 달이 지났지만 우리 애 담임 선생님이 우리 애를 꽤 많이 파악하신 것 같았다. 남과 비교하는 게 일반적인 대한민국에서 별로 남의 시선을 신경 쓰지 않는다는 우리 애가 상당히 대견했다. 다른 아이들의 말투나 행동 때문에 속상해하는 아이들도 있는데, 우리 애는 그런 것에 상당히 무던 편인가 보다.

남 시선을 신경 안 쓴다고? 그렇다면 제멋대로 행동을 하느냐, 그건 아닌 듯하고. 아직도 부끄러움을 많이 타서 내 친구들에게, 친구 어머님들에게 인사도 못할 정도니…. 늘 바른 자세로 자리에

잘 앉아있는다고 하셨다. 네에? 하하하~

쉬는 시간에도 선생님이 시킨 것들을 먼저 하려고 하고, 정자세로 앉아서 책을 읽고, 지금 배우는 것들이 상당히 쉽고 시시한 데도 "너무 쉬워요.", "시시해요."라는 소리 안 하고 재미있게 귀담아듣는다고 하셨다. 다행이군. 선생님께서 하실 말씀이 없냐고 하시길래 나도 몇 가지 이야기했다.

1. 개인적으로 일주일마다 짝을 바꿔주시는 거 저는 너무 좋다. 앞으로도 아이들이 서로 파악하는 기간에는 매주 짝을 바꾸면 좋겠다.
2. 화장실 가는 것을 참지 말라고 이야기해 주시면 너무 감사하겠다. 어쩐지 자꾸 참는 것 같다.
3. 혹시 우리 아이가 학교에서 잘못된 행동을 하게 된다면 꼭 부모인 나에게 알려주었으면 좋겠다. 우리 아이가 잘못한 것에 대해 선생님뿐만 아니라 가정에서도 이야기해야 한다고 생각하고 있고, 아이의 행동에 대해서 올바르게 훈육할 자신이 있으며, 준비도 되어 있다.

이 정도? 선생님께서 마지막 3번 이야기를 듣고 감동이라고….

이런 이야기는 상담하다가 처음 들어보셨다고….

#제가원래좀감동이죠헤헤

앞으로 많이 들으실 거예요. 미디어에 나오는 조미료 팍팍 친 자극적인 부모들만 있는 건 아니니까. 어쨌든 20분 동안 학부모 상담을 하고 집에 왔더니 쑥버무리가 도착했다. 쑥버무리, 이게 경상도 음식은 아닌 거죠? 맞나? 어릴 때 우리 할매가 이거 만들어주셨지만 이렇게 정교하지는 않았는데…. 아무튼 엄마도 나 어릴 때 종종 만들어주셨던 떡, 쑥버무리~ 반가워.

봄이 되면 지금의 반래퍼에 살던 우리는 주공2단지 사잇길에 있던 쑥이랑 반포 한강까지 자란 쑥을 엄마랑 같이 열심히 캤다. 쑥은 너무 크게 자라면 맛이 없고, 바닥에 붙을 정도로 좀 작을 때 캐서 먹어야 향긋하고 맛있다. 엄마랑 이렇게 쑥을 잔뜩 캐서 쑥국도 해 먹고, 아토피 있는 내 동생을 위해서 욕조에 뜨거운 물을 채운 다음에 쑥을 넣어 목욕하기도 했고, 부슬부슬 찹쌀가루랑 실실 섞어 쑥버무리를 해 먹기도 했다. 어릴 때는 이 쑥버무리를 도대체 무슨 맛으로 먹는 건지 이해할 수 없었지만, 몸에 좋고, 향기도 좋으면서 풀 씹는 느낌이 나는 쑥이 찹쌀이랑 어우러지는 맛이 묘하게 매력이 있었다. 지금도 봄만 되면 고개를 푹 숙이고 바닥을 보면서 걸었던 이유는, 쑥이 있는지 없는지 나도 모르게 보게 되는? 뭐 그런 추억의 행동이었다. 아직도 철쭉 무더기 아래쪽에 적당한 크기로 자란 쑥이 모여 있던 아파트 단지의 그 흙이 보이는 것 같다. 할매 생각도 났다. 할매가 무심하게 만들어주던 쑥버무리도 참 정겨웠는데. 눈가가 약간 촉촉해지면서 이런 쑥버무리는 나이 먹은 사람들이나 먹는 음식이고 쑥을 캐는 건 너무 오글거리는 행위라고까지 생각했거든. 근데 대충 30년은 훨씬 넘은 35년 전? 어쨌든 까마득하고 아련한 어린 시절이 이 쑥버무리 한입에 이렇게 생각날 줄이야.

근무 끝나고 우리 애 반 친구 어머님을 만나러 갔는데, 갑자기 바람이 불더니 우산이 다 뒤집어졌다. 하하하~ 어쨌든 그 어머님이랑 한참 수다를 떨었다. 대부분 학원 이야기였는데, 결국 왜 대치동으로 가게 되는가? 뭐 이런 이야기도 하시고 대치동으로 갈지 말지 정말 끝까지 엄청나게 고민하다가 반포를 왔는데, 주말마다 대치동행이라고. ㅎㅎ 어쨌든 글로 쓰긴 어려운데, 이런 대화를 한참 하다 보면 상대방의 교육 목표나 지나온 과거 같은 걸 대충 간파

할 수 있다. 그런 걸 서로 알아가면서 "그러셨겠어요." 하며 공감대를 형성하는 과정이 재미있다.

유쾌하고 정보 많은 어머님이랑 즐겁게 수다를 떨다 보니 애들 학원 끝날 시간이 되었다. 늘 조용하시고 다른 어머님들이 학원 이야기할 때 별말씀 안 하셔서 몰랐는데, 다들 엄청나게 보내고 싶어하는 수학학원을 이미 작년부터 다니고 있었다고 하시대? 늘 느끼지만 부동산도 진짜 자산가들은 조용한데, 이런 것도 마찬가지다. 아이가 진짜 잘하는 엄마들은 조용하신 것 같다. 왜? 거기서 한마디 하면 질문이 우르르 쏟아지므로…. ㅎㅎ

#아닐지도모르지만그런것같다

어제 저녁에는 기장쌀을 넣어 밥을 했고, 미역국을 끓였고, 야채 칸에 있는 야채와 버섯을 참기름에 고소하게 볶다가 소불고기를 넣어 같이 볶았고, 살짝 소금 간을 했고, 밑반찬을 꺼냈다. 반찬은 다 시댁에서 받아오는지 물어보시는 댓글이 있었는데, 밑반찬은 대부분 외주 줍니다. 저도 외주 주는 거 하나쯤은 있어야 하지 않겠습니까? ^^

밥은 매번 압력솥에 새로 하고, 국은 한 번 끓여서 냉동실에 소분해서 얼려두고(제가 할 때도 있고 시어머님이 해 주실 때도 있고), 김치는 김장한 후 김장김치 받아오니까 냉장고에 늘 있고, 멸치볶음 같은 건 제가 할 때도 있고 시어머님이 주실 때도 있어요. 나물 반찬은 가끔 시금치무침 빼고는 다 외주 받는 거고, 저녁 한 끼를 우리 세 식구가 같이 먹는 거라 고기나, 두부나, 달걀 등 단백질 메인 요리 같은 건 바쁜 제가 합니다. 밥하는 데 7분 걸리는데, 반찬통에 있는 반찬 꺼내서 세팅하고, 데우고, 녹이고 하면 30분 정도 걸리나 봐요. 미리 해 둔 요리도 이렇게 걸리는데, 매번 요리하는 분들 매우 리스펙!

하여튼 그때 질문이 반찬을 사 먹으니 돈도 많이 들고, 용기도 너무 많이 나온다고 반찬 어떻게 하시냐? 뭐 이런 거였는데, 반찬 해 먹으면 돈 더 들고 비닐이랑 식자재 들어있던 플라스틱 등등이 더 나올걸요? 달걀이랑 김이랑 급할 때는 햇반 같은 것도 필요할 때 있으니 그런 건 기본으로 좀 쟁여둡시다. 양배추나 콩나물 같은 거 주기적으로 사고, 카레라이스도 야채, 단백질, 탄수화물 골고루 들어가니까 너무 바쁠 때는 이런 걸로(한 그릇 음식) 일단 숨 좀 돌리면서 집밥 해 먹어도 되지 않을까요? 저는 갓 지은 밥에 조금 더 힘을 주는 편입니다. 이제 답변이 되었죠?

오늘 일기 쓰는 데 너무 오래 걸렸다. 왜지? 왜긴~ 뭘 '왜지?' 하고 있니?

#심지어당근한이야기도안썼고
#애수학가르치다가열받은이야기도안썼는데말이야

운동 다녀오겠습니다.

오늘도 좋은 아침!

친구랑 같이 학원 다니면 좋지!

어제는 일정이 좀 많아서 노트북을 들고 나왔다. 틈틈이 일하면 될 것 같았거든. 재택근무의 꽃이 어디서든지 일할 수 있다는 건데, 너무 집에서만 일했지 뭐야. 반래아 커뮤니티센터에서 친구네 언니가 사주신 커피를 한 잔 하면서 일하니까 너무 좋더라고. 더 좋았던 것은 우리 애 학교 바로 앞이라는 것. 정말 하교 시간 1분 전에 일어나서 애 데리러 갈 수 있다는 말이 사실이었다. 하교하는데 우리 애반 어머님이 저 뒤에서 너무 반갑게 오시면서 말씀하셨다.

"인성이 어머님, 다음 주부터 우리 동원이도 인성이랑 수학학원에서 같은 반 다닐 수 있게 되었어요."

"어머머머, 진짜요? 너무 잘되었다."

"동원이가 인성이 다닌다고 하니까 너무 좋아하더라고요."

이거였다. 학원을 보내려면 레벨 테스트다 뭐다 이것저것 준비해야 하는데, 그러려면 애랑 사이가 나빠질 수도 있고 어려운 레벨 테스트도 준비해야 한다. 이렇게 나도 너도 속상한데 내가 학원을 보내는 제일 큰 이유는, 우리 애가 학원에서 영어를 유창하게 말할 수 있는 사람이 된다든지, 수학영재가 된다든지 하는 걸 기대하는 게 아니라 "엄마, 나 철수랑 학원 같이 다니고 싶어."라고 이야기했을 때 "어, 근데 철수는 미적분 배우는데, 너는 곱셈도 못 해서 레벨이 달라서 안 돼."라는 말을 하기 싫었기 때문이었다. 더 정확하게 말하면 언젠가 애가 친구랑 영어나 수학을 함께 다니고 싶을 때 수준이 안 맞아서 같이 못 다니는 상황은 생각만 해도 기분이 나쁠 것 같았기 때문이었다. 하지만 이렇게 반 친구랑 같은 수학학원에서 같은 반이 되는 것에 우리 아이의 수학 수준이 전혀 문제가 되지 않는 상황이 너무 감격스러웠다고 해야 할까? 이왕이면 친구랑 같이 학원 다니면 서로 좋지, 안 그래?

영어학원도 내 친구 딸이랑 같이 다니고 있어서 그 친구와 함께 같은 공간에서 같은 수업을 들을 수 있다는 사실 그 자체로 아이가 재미있어서 나는 너무 만족스럽다. 이 모든 걸 내가 치밀하게 계산한 건 아니지만, 그래도 러프하게나마 '친구랑 같이 학원을 다닐 때 학원 수준이 방해가 되지 않을 정도였으면 좋겠다.'라는 목적을 세웠고 어쨌든 그 목적에 나름 어느 정도 부합한 것이니 너무 뿌듯했다. 공부? 8살짜리가 공부를 잘하면 얼마나 잘하겠으며 못하면 얼마나 못할까? 다 귀엽고, 사랑스럽고, 작은 실패를 경험하고, 소소한 성공을 즐기기 시작하는 나이가 아닐까?

아이가 어린이집에 다닐 때 엄마들끼리 식사하는 자리가 있었다. 둘째를 어린이집에 보내는 어머님이자 회사 동료분이 첫째가 이번에 초등학교를 들어가게 되어 학부모 모임을 하게 되었는데, 본인이 학부모 대표를 하겠다고 손을 들었다고 이야기하셨다. 나야 그 당시에는 그 세계를 잘 몰라서 속으로 '일하기도 바쁜데 열정이 대단하시네.'라고 생각했다. 하지만 첫째가 있으신 어머님들, 그러니까 선배 어머님들이 "승승이 엄마, 오버한 거 아니야? 반 대표 그거 워킹맘이 함부로 한다고 하는 거 아닌데? 보기엔 뭐 좋아 보여도 반 대표가 해야 하는 역할은 불편하고, 귀찮고, 남들이 하기 싫은 일을 주선하고 이끌어가야 하는 일이라 회사 다니면서 그거 불가능해. 오버했어, 남들에게 민폐야."라고 하시더라. 뭐 저렇게 적나라하게 말하지는 않았지만 그러했다.

반 대표는 어디 가서 "아무도 안 하려고 하는 학부모 대표를 제가 한다고 손들었어요."라고 이야기만 하는 자리가 아니다. 단체 카톡방에 질문을 해도 아무런 대답 없는 엄마들, 그런데 나중에 "저는 그거 싫은데요?"라고 뒷북 치는 학부모들, 또 이런저런 의견 많은 학부모들의 의견을 들어주고, 또 그걸 듣고, 조율하고, 주선하는 등 번거롭고 귀찮은 일을 하는 것이 어쩌면 다른 학부모들이 반 대표 학부모에게 기대하는 역할이다. 만약 반 대표 한다고 손들어 놓고 만남의 장도 주선하지 않고 아무것도 안 한다? "우리 반 대표? 열정은 있으셔서 손은 들었는데 아무것도 안 하던데?" 뭐 이런 식. 냉정하고 싸가지 없을지 모르겠지만, 회사에서도 "제가 그 업무를 하겠습니다."라고 번쩍 손 든 다음에 아무것도 안 하는 거랑 똑같다는 생각이 들었다. 그리고 어디 가서 "아무도 안 한다고 한 그 업무 제가 한다고 했잖아요."라고 이야기하는 거 우리 모두 회사 생활하면서 정말 많이 목격했잖아요. 그렇죠? 정말 댓츠 노노!

어제 우리 애 영어학원에 보내고 필라테스를 갔다가 필라테스 끝나고 애들끼리 만났다. 우리 애 반의 친구 엄마는 과외도 취소하고 키즈카페에 같이 가줬다. 그거 굉장히 큰 결심인데 감사하더라고. 어쨌든 돌아다니면서 일하다 보니 세상 참 좋아졌다는 생각이 들더라. 와이파이만 있으면 어디서든지 일할 수 있고 사실 와이파이가 없어도 핸드폰이랑 연결하면 충분히 업무 처리할 수 있는 환경이 너무 좋잖아요. 어제 함께 일하는 분에게 "나 지금 여기까지 했어요."라고 했더니 "좀 천천히 해요. 내가 오늘은 쉬엄쉬엄하랬잖아요."라고 기분 좋은 훈계를 받았지.

어젯밤에 친구랑 통화하면서 한참 수다를 떨었는데, 확실한 건 우리도 이런저런 고민이 많다는 것. 육아며, 사교육이며, 이런 것들을 다 어찌해야 할지 늘 선택지를 두고 고민하는데, 쟤 생각이 다르거든. 게다가 우리의 결정도 반은 비슷하고 반은 다른데, 결론은 평범한 사람으로 살기는 정말 어렵다는 것과 어쩌면 우리는 그 어렵다는 평범한 사람이 아닐까 싶다는 점이다. 평범함은 정말 큰 미덕이라고 점점 더 많이 생각하게 되는 요즘이고, 그 미덕에 어쩌면 나는 꽤 가까이 접하고 있는 것 같아서 무척 뿌듯해지더라.

오늘도 좋은 아침!

출산 지원 정책은
애 엄마가 만들어야 효용성 있다

어제는 분주했다. 우선 우리 애 반 모임을 다녀왔다. 그동안은 하교하고 놀이터에 가면서 남자 친구들 어머님들만 만났는데, 대부분 일하지 않으시는 분들이었다(평일 하교 이후니까). 어제는 스승의 날 편지를 준비하는 이유로 남자 친구들 어머님들뿐만 아니라 여자 친구들 어머님들도 오셨는데, 그동안 뵙지 못했던 회사 다니시는 분들도 많았다. 늘 나에게 밝게 인사하는 아이의 어머님도 처음 뵈었다. 그래서 아이가 늘 나에게 인사를 잘해줘서 고맙고 대견하다고 이야기했고, 또 어찌하다 보니 내 주변에 다 일하시는 어머님들이 많아서 워킹맘들은 어떻게 하교를 커버하셨는지 이야기를 들을 수 있었다.

사실 휴직도 좋지만, 3월에 반차 내가면서 경험해 보니 1학년 아이들을 케어하는 데 하루가 아니라 최대 2시간 정도 필요하더라. 그 2시간을 약 30분 단위로 쪼개야 하는 정도의 시간이 필요해서 3월의 경험을 바탕으로 휴직 대신 재택근무와 유연근무, 그리고 점심시간을 적절하게 배분해서 사용하고 있다고 말씀드렸더니 재택근무중인 다른 어머님도 "휴직했다면 약간 억울할 뻔했다."라고 이야기하셨다.

기사로 접하는 출산율 대책을 위한 정부의 노력? 지원? 이런 거 정말 나만 좀 '삔또'가 어긋난다 싶었는데, 어제 확실하게 알았다. 그런 정책을 만드는 사람 중에 자기 아이가 초등학교 1학년일 때 등교와 하교를 해 본 사람이 거의 없어서 그렇다는 사실을.

어떤 정책이 일하는 엄마들에게 현실적으로 필요한지 번호까지 매겨가면서 꽤 디테일하게 설명할 수 있지만, 나중에 내가 국회에 가게 되거나 뭔가 유명한 사람이 되면 돈 받고 알려드리겠습니다. 월급 몇천만 원씩 받으면서 탁상공론하고 있는 사람들을 보면 부글부글했는데, 이제는 좀 우습다(네, 반어법). 그럼 비유법으로도 한번 이야기해 볼까?

정책 만드는 사람들: 샤넬 클미? 그거 돈 있으면 살 수 있는 거 아냐? 자, 내가 천만 원 지원해 줄게.

현실: 1. 샤넬 클미는 천만 원이 아니라 1,300만 원이다. 그렇게 지원해 줘도 못 산다. 2. 돈만 있다고 살 수 없다. 프리미엄 붙여서 사기는 다소 아깝고 (에르메스가 아니므로) 그래서 오픈런을 해야 한다. 그런데 오늘도 아침 운동하면서 신세계백화점과 메리어트호텔이 연결되어 있는 공간을 보니까 돗자리 깔고 샤넬 오픈런 대기하고 있는 사람들이 15명은 되는 것 같더라.

한 줄 요약: 그 돈으로 택도 없고 돈이 있어도 택도 없다.

내 생각: '라떼는 말이야, 샤넬 그거 500만 원이면 샀는데 그걸 왜 줄 서고 밤새워서 사?' 라는 말은 정말 쓰잘데기 없는….

그때는 그 돈이면 아이를 키웠을지 모르지만, 지금 세상이 변하고 있거든요. 집에서 일하고 유연하게 시간을 쓸 수 있는 정책이야말로 정말 제일 필요한 건데, 그걸 왜 모르는지 알다가도 모를 일이네. 왜 알 거 같냐고? 저런 정책 만드는 사람들 중에 애 등교, 하교, 그리고 그걸 위한 학원 세팅을 해 본 사람이 없다는 거 너무 명백하지 않나? 이틀만 해 봐도 '아, 이거 휴직이 문제가 아니구나.' 할 수 있는 건데. 휴~ 역시 말이 길어졌다.

어쨌든 일하는 엄마들과의 시간은 참 좋았다. 다들 고군분투하고 있지만, 그 치열했던 3월 안에 이것저것 다 셋업 잘해서서 일도 지키고, 아이도 잘 키우고 계시더라고. 아~ 마음이 든든하다. 어머님들이랑 인사하고 집에 오다가 놀이터를 봤는데, 어디서 많이 본 남자 어른과 남자 아이가 있어서 봤더니 우리집 식솔들이네. 귀엽다.

집에 오자마자 점심을 차려주려고 했지만, 중국집에서 시켜 먹고 싶다고 해서 알겠다고 하고 나는 바로 이너서클 멤버이신 월천도사 님이 주최하시고 폴호두 님이 출연하시는 부멘토스 세미나에 갔다. 이런 세미나 정말 오랜만이야. 주말에도 공부하려는 열기가 후끈후끈. 나도 공책을 꺼냈지. '부동산은 타이밍'이라는 월천도사 님의 한마디를 적어두었고, 폴호두 님이 중간에 추천하신 책이 있어서 검색해서 캡처해 두었지. 이너서클 커피벙개할 때 편하게 보다가 저렇게 청중 앞에 나가서 발표하시는 모습을 보니 참 멋있다는 생각이 들데? 월천도사 님도, 폴호두 님도 진짜 짱 멋있었다. 강남역에서 KCC컬러디자인센터를 지나 써밋으로 들어와서 리체를 지났지. 같은 동네여도 새 아파트는 길바닥부터 참 다르구나. ㅎㅎ

#언젠가는신축갈수있겠지

그렇게 반 모임을 갔다가, 부멘토스 세미나를 갔다가, 반 친구 가족들이랑 '통속으로' 맥줏집에 갔다. 이렇게 세 탕을 뛴 하루를 마무리했다. 너무 좋은 시간이었다.

나랑 비슷한 상황에 있는 엄마들을 만나 공감하는 것도 좋았고, 열정이 가득한 타인들과 같은 공간에서 좋은 이야기를 듣는 것도 좋았으며, 아이들의 행복한 시간을 지켜볼 수 있는 것도 좋았고, 날씨도 좋았고, 다 좋았다. 어쩐지 어제가 가끔 생각날 것 같은? 아, 그리고 어제 17,106걸음을 걸었다고 합니다. 하하하~

오늘도 좋은 아침!

외무고시는 안 봤지만
나는야 훌륭한 외교관!

오늘의 아침 걷기. 어제는 밤 늦게 집에 들어왔는데, 새벽에 일어난 것도 기특하고 아침에 걷고 들어온 것도 기특해. 어제의 아침은 구구단과 함께하는 요거트 바크.

내가 학원 빼는 걸 진짜로 정말로 매우… 싫어하는데, 어제는 애 학원을 일찍 빼고 어린이집에 스승의 날 인사를 드리러 갔다. 정말 겨우 택시를 잡았다. 보고 싶었던 우리 선생님들. 우리 애 너무 반겨주시는데… 와~ 나 약간 빡침. 우리 애가 어린이집에 도착해서 나올 때까지 말 한마디도 안 함. 너무 열 받았다. 나에게 계속 치즈처럼 달라붙어서 안 떨어지고 계속 낯가리고…. 학원까지 빼고 인사드리러 갔는데, 이렇게 사람 민망하게 할 일이니? 어? 정말 화가 부글부글~.

어쨌든 선생님들이랑 인사하고 먼저 퇴근하신 선생님이랑 영상 통화까지 했다. 우리 애가 말을 안 하니까 계속 말 시켜주시고 애는 끝까지 한마디도 안 했지만, 우리 어린이집 샘들은 여전히 너무 좋고 감사하다. 기념으로 사진이라도 찍자고 같이 온 친구들 주루룩 세워서 사진을 찍는데 초점은… 멍~.

#뭐가그렇게부끄럽고늘어렵니 #부글부글

4년 동안 이 어린이집을 다니면서 우리 애가 이렇게 잘 컸다고 말씀드리고 싶었다. 나는 덕을 많이 봤다. 아침 8시에 맡기면 아침, 점심, 저녁 다 챙겨주시고 저녁 7시까지 봐주는 어린이집! 매일 우리 아이의 하루를 꼼꼼하게 알림장으로 써주시고 일주일에 2번 정도 사진까지 올려주셨다. 어머님들이랑 그 사진이 너무 기다려진다고 이야기했던 게 엊그제 같은데 졸업하고 이렇게 찾아간 게 벌써 2년째라니…. 보고 싶었던 선생님들이 계셔서 너무나 좋았고 우리 애가 내년에는 그래도 인사라도 하겠지 기대해 본다. 내년에

발전된 모습을 보여주려고 어제는 그렇게 답답하게 굴었다고 위로 하면서 어린이집을 나왔다.

전학 가는 반 친구의 송별회 겸 아이들 플레이 데이트하자고 했 는데, 그 전에 다른 친구네 집에 갑자기 초대를 받았다. 친구네서 피자를 시켜 먹었는데, 뷰가 대박! 앞에 뭐 가리는 거 없이 널찍널 찍! 우리 애 친구 말로는 원래 한강도 보였는데, 앞에 아파트가 생 기면서 한강은 안 보인다고 했다. 원베일리가 지어지기 전에는 한 강이 보였던 모양이야.

피자에 맥주를 마시고 애들이랑 놀이터에 나왔다. 반 친구들이 꽤 많이 나와서 누구는 축구를 하고, 누구는 미끄럼틀을 타면서 신 나게 놀더라고? 수박을 가져오신 어머님도 있었고 먹태랑 치킨도 시키셔서 놀이터에 앉아 맥주를 마셨다. 내 친구들이랑도 이렇게 못 만나고 못 놀고 있는데, 외무고시는 안 봤지만 이렇게 훌륭한 외 교관 보셨나요? ㅋㅋ

지칠 법도 했고 서로 싸울 법도 했는데, 지치지도, 싸우지도 않 고 정말 땀 뻘뻘 흘리면서 신나게 노는 아이들. 우리 애는 나 찾으 러 오지도 않더라. 아까 어린이집에서 내 옆에 들러붙어 두 손으 로 내 허리를 꽉 잡고 나 못 움직이게 하면서 선생님들에게 내외하던 모습이 잠깐 생각나서 또 부글부글했지만… 그래, 너의 기질이니까.

#아빠닮은거지? #엄마는안그렇거든

그렇게 놀다가 늦게까지 시끄럽게 굴면 안 되니까 자리를 파했다.

이 새벽에 나만 일어나서 깨어있고, 새소리 들리고, 햇살 좋은 아침이다. 주말이라서 너무 좋아.

오늘도 좋은 아침!

어린이의 허세

어제 우리 애 아침은 앙버터와 그릭요거트 with 망고. 카톡 가족 창에 올케가 우리 엄마에게 김호중이 크루즈 여행 가는 거 유튜브에서 생중계로 보여준다고 해서 빵 터졌네.

#자본주의의한가운데에우뚝서있는트로트

어제는 학원이 쉬는 날이라서 그야말로 자유부인이었던 우리 애는 놀이터에서 놀기 시작했다. 먼저 학교 앞 놀이터에서 놀다가 야구하는 형아들이 같이 하자고 했다네. 원래 우리 애 성격이라면 무섭고 부끄러워서 절대로 같이 안 했을 텐데 야구잖아? 그래서 그런지 얘가 같이 하더라? 근데 형아들이 규칙도 설명해 주고 모르는 친구도 같이 하자고 해 줘서 친구랑 형아들이랑 야구를 하기 시작했는데, "어? 너 좀 잘한다?"라고 형아들이 이야기해 주니까 더더더~ 신나게 하더라고.

한참 야구를 하다가 드디어 여권 사진을 찍으러 갔다. 그리고 아이스크림도 한 스쿱 먹고 있는데, 우리 애가 "엄마, 저기 내 친구 있어."라고 이야기했다. 그래서 그 친구한테도 들어와서 한 스쿱 먹고 가랬더니 "엄마에게 전화해서 허락받아 주시면 먹을 수 있어요."라고 하더라고. 너무 귀엽다. 그래서 그 친구 어머님에게 전화해서 아이스크림으로 대동단결시키겠다고 말씀드리고 한 스쿱 사줬다.

아이스크림을 먹으면서 다른 놀이터에 갔더니 여기서 또 반 친구를 만남. 둘이 놀다가 갑자기 야구 같이하는 형아를 만남. 근데 그 형아 가방에 글러브랑 공이 있어서 또 야구를 하기 시작. 그런데 또 그렇게 놀다가 사립초 다니는 동네 친구를 만남. 그래서 또 같이 놀다가 이제는 정말 집에 가야지 했는데, 같은 반 친구를 만났…다. 이 같은 반 친구는 내가 굉장히 대단하다고 생각하는 친구인데, 혼자서 학원 셔틀을 타고, 학원 끝나면 태권도도 혼자 가고,

태권도 끝나면 집에도 혼자 가는… 정말 대단한 친구인데, 또 이렇게 같이 놀았다. 너무 귀여운 아이들.

요즘 〈어린이라는 세계〉를 읽고 있는데, 어제 나도 추가할 에피소드가 몇 개 생겼다. 너무나 자격 있는 어린이의 허세는 나도 모르게 입꼬리가 올라갈 만큼 즐겁고, 마음 한편이 따뜻해지는 느낌이 들어서 이 감정을 나만 느끼는 게 너무 아깝다.

"너 혼자 집에 가니? 놀이터에서 놀다 가도 되는지 어머님에게 연락드릴까?"

"아줌마, 지난번에 학교 앞에서 저 혼자 셔틀 타는 거 보시고 대단하다고 이미 말씀하셨잖아요? 저는 혼자 셔틀 타고 혼자 다 잘해요. 엄마가 오늘 학원 끝나고 놀이터에서 놀아도 되고 태권도를 가도 된다고 이야기해서 엄마에게 전화 안 해도 되거든요?"

저 귀엽고 예쁜 얼굴로 아무리 쏘아붙이는 듯한 대사를 내뱉어도 나는 이미 너의 팬이야…. ㅎㅎ 가방이 너무 무거운 거 같다고 했더니 "그건 제가 미국 2학년 영어를 배우기 때문이에요. 저는 지금 2.0 레벨이거든요."라고 말하면서 우쭈쭈 허세를 부리기 시작하는데, 어쩜 좋아~ 네가 아무리 허세를 부려도 너무 귀여워. 아니, 네가 허세를 부리니까 더 귀여워.

"져니스(Journeys) 하니?"라고 나도 아는 척 한마디 했더니 갑자기 애 눈이 똥그래지면서 "아줌마가 져니스를 어떻게 알아요? 저 진짜 져니스 2.0 하고 있는데?"라고 어깨를 으쓱 올리는데 그저 사랑스럽더라.

사실 아이들의 허세는 참 다양하지만, 일단 제일 재미없는 허세는 "우리 아빠는 의사예요.", "우리 엄마는 의사예요.", "우리 아빠는 개원의예요." 같은 허세다. 이런 허세는 귀엽지만 재미가 없다. 왜 재미가 없냐면 너무 많이 들었기 때문! 그래서 아이들이 이 세상에 참 다양한 직업이 있음에도 불구하고 의사라는 직업이 제일 흔하다고 생각한다는 사실.

이 동네 영어유치원에서는 닥터나 덴티스트 외의 직업은 들어보지 못하는 경우가 많다는 것도 재미있다. 하지만 저런 재미없는 허세도 상당히 귀엽다. 특히 그 귀여운 얼굴로 "우리 아빠는 병원에서 제일 높은 사람이에요. 개원했거든요."라고 이야기하면서 '개원'이라는 단어를 저렇게 자유자재로 쓰는 아이들이 상당히 대견하다.

저런 대사를 어른이 하는 것도 몇 번 목격했는데, 의외로 귀엽지도, 부럽지도 않았다. 솔직히 요즘 마주치는 어른 중에서 제일 부러운 어른은 시부모님이 자산가인 어른도 아니고, 자기 남편이 의사인 어른도 아니며, 자가라고 굳이 말하는 어른도 아니다. 아이가 이 동네 원탑인 영어학원을 다니는 것도 음… 부럽지 않은 이유는, 아이들은 인풋 대비 아웃풋이 참 정직한데, 인풋이 없었으므로 없는 아웃풋을 비교까지 해가면서 부러워할 필요가 없다는 진리를 깨달았기 때문이지.

아, 그래서 요즘 마주치는 어른 중에서 제일 부러운 어른은 화장 안 했는데도 피부가 좋으면서 머리숱도 풍성한데 머릿결도 좋은 어른. 어쩐지 운동도 하는 것 같은데 대화를 나누다 보면 그 어떤 대화를 나눠도 두루두루 유쾌함을 느낄 수 있는 어른, 그런 어른이 제일 부럽다. 참 단단하고 매력 있는 것 같아서.

오늘도 좋은 아침!

괜찮은 좌절감

개운하게 자고 일어나서 시계를 봤는데 새벽 3시 19분. 오늘은 새벽부터 일을 안 해도 되어 도로 잤다. 그리고 다시 기상. 비가 온 다음 날 아침은 축축하지만 상쾌해. 육교 위에서도 찍어봤지. 오늘의 태양 앞에서 "오늘도 무탈하게 해 주세요." 기도해 봅니다. 이렇게 가벼운 발걸음으로 27분쯤을 걸었다.

어제의 우리 애 아침, 그릭 요거트에 망고와 안상규벌꿀을 같이 넣어서 섞어줬고 바나나 하나를 먹였다. 매니저에게 "오늘 일찍 근무를 시작했으니 일찍 퇴근하겠습니다."라고 메시지를 보내면서

"하지만 온라인으로 언제든지 일할 수 있으니까 급한 건 있으면 메시지 주세요."라고도 말씀드렸다.

점심 때는 늦은 점심을 먹으러 내가 너무나도 좋아하는 부다스 밸리에 갔지. 맛있는 음식을 먹을 때 나는 행복 지수가 꽤 올라가는데, 프렌치나 이탈리아식도 좋지만 역시 타이푸드가 일상 속에서 일탈을 느끼게 하는 데 최고가 아닌가 싶어. 쏨땀도 맛있었지만, 무엇보다 이 똠양꿍 국수가 너무 맛있어서 같이 먹으러 간 분이랑 오늘 메뉴 선정 너무 잘했다고 계속 이야기했다. 본의 아니게 얻어먹어서 디저트는 내가 사겠다고 하고 요즘 우리가 푹 빠진 쿠키 집에 가서 쿠키를 먹었지. 이런 살찌는 쿠키를 척척 사 먹는 40대야말로 얼마나 멋진가? 살찔 생각 안 하고 먹을 수 있는 용감한 우리, 칭찬해요.

오후에는 아이 하교를 하러 갔다. 비가 살짝 와서 놀지는 못하고 바로 집에 와서 우리 애는 포켓몬스터 애니메이션을 내 허락 없이 (하지만 나도 별말 안 함) 보고 나는 잠깐 졸았다. 졸리긴 졸리더라고. 그리고 애는 줄넘기 과외를 하러 갔다. 줄넘기를 하고 있으면 어김없이 어린이들의 허세를 볼 수 있는데, 그중에서 제일 흔한 허세는 "나는 줄넘기 더 빠르게 많이 할 수 있어요."이다. 이거야말로

허세가 아닌가? ㅎㅎ

어쨌든 등차수열과 2차 방정식을 가르쳐주는 사고력 수학학원보다 훨씬 비싼 줄넘기 과외. 줄넘기 과외를 하는 동안 수학학원에 가기 전에 애 먹일 것을 주문했다. 내가 뭔가 만들어주면 좋겠지만, 그럴 시간이 나오지 않아서 밥 대신 두부가 들어간 유부초밥과 포케를 시켰다. 이 건강식을 우리 아이가 너무 잘 먹어서 상당히 뿌듯했다.

밥 먹은 거 치우고, 빨래 정리하고, 청소기 한 번 돌리고, 애 수학학원에 데려다주고, 백화점으로 갔다. 이자 언니 만나서 백화점에서 쇼핑하고 매장을 둘러보면서 참 많이 배운다. 인터넷에서 부자인 척하거나, 가난했지만 이제는 부자인 척하거나, 아니면 힘들었지만 힘드니까 도와달라고 하는 다양한 종류의 마케팅(?) 기법을 보는데, 오프라인도 마찬가지다. 아직 대한민국은 '죽을 만큼 가난했고, 하지만 지금은 람보르기니 우라칸을 몰고 시그니엘에 살고 있어. 나만 따라와. (대신 돈 좀 내렴.)'이라는 마케팅이 여전히 꽤나 잘 먹히고 있다. 그게 영업으로 잘 이어지는 확률이 큰 것 같더라고.

백화점에서의 영업도 재미있다. 사실 난 동네 백수처럼 하고 다니는 경우가 많아서 백화점에서 쇼핑하면 직원들이 거들떠도 안 보는 경우가 꽤 있다. 편하긴 하다.

3월이 되기 전에 언젠가 샤넬 매장에 들어간 적이 있다. 위아래 합쳐서 3만 원짜리 검은색 기모 추리닝을 입고 갔는데, 직원분에게 신발 보여달라고 했다가, 가방 보여달라고 했다가, 혼자서 신어보고, 들어보고 했다. 짧다면 짧은 시간이었지만 어쨌든 그 시간 동안 직원분의 변화하는 태도를 감지할 수 있었지. 아마도 처음에는 심드렁했지만 살 거 같으니까 점점 친절해지는? 이런 건 특히 어린 직원들이 조금 더 티가 난다. 살 것 같은 사람에게만 친절한?

어제 이자 언니랑 쇼핑하면서 처음에 심드렁하다가 점점 친절해지더니 갑자기 비밀의 방문을 열고 하나밖에 없는 물건들을 꺼내오는… 뭐 그런 걸 보고 둘이 같이 웃었다. 우리 쇼핑 구력이 몇 년인데 참~ 귀엽구나 하면서. ㅋㅋ 어쨌든 마케팅도 마케팅이지만 영업도 참 중요하다는 것을 나중에 사업하게 되면 까먹지 말아야겠다. 물론 거짓말 안 하고 영업할 수 있다면 더 좋겠지.

내가 집으로 들어가자마자 남편이 수학학원에 애를 데리러 갔는데, 우리 애가 수업 끝나는 시간보다 10분 늦게 나왔단다. 애는 학원에서부터 이미 울상이었는데, 학원에서 나오자마자 자기를 보더니 울면서 안겼다고 이야기해 주더라고. 우리 애는 옆에서 슬픈 표정으로 심드렁하게 있으면서도 그 이야기에 대해 아무 설명도 해 주지 않았다. "왜 울었어?" 물어봤는데 대답이 없더라. 남편이 "내가 물어봤는데 절대로 말해주지 않을 거래."라고 해서 "선생님 께 엄마가 여쭤봐도 되는 거지?" 했더니 그건 안 된다고 했다. 왜 울었을까? 결국 대답은 못 들었다. 아니, 듣긴 했다. 이유가 없다고 했다. 그런데 내 입장에서 이유가 없을 리 없다네.ㅜㅜ 그래서 몇 번을 더 물어봤는데 "엄마, 절대로 말하지 않을 거야. 왜냐하면 이 유가 없기 때문이야."라고 딱 자르더라고?

뭘까? 순간 내가 자주 꾸는 악몽이 생각났다.

내가 꾸는 악몽 중에서 최고봉은 수능시험을 보는 장면으로, 꽤 상세하게 기억한다. 수리 영역 시험 문제를 풀었는데 5분이 남아 있었다. 이 5분 동안 아는 문제 마킹은 다 하고 모르는 문제 몇 개 만 남겨둔 상태에서 마지막까지 고민해야 하는데, 나는 아직도 15 문제 정도를 아예 풀지도 못한 상황. 감독하시는 선생님은 "이제 3분 남았습니다."라고 이야기하셨고 나는 열다섯 문제를 아예 빈 칸으로 남겨두었다. 그리고 한 문제라도 더 풀어야 하는데 마음이 쫄려서 풀지 못하겠고, '그럼 이걸 다 틀리면 내 인생은 좆 되겠지?'

하는 생각까지도 못 가고 그냥 막 심장이 쿵쾅거리고, 배가 쪼여오고, 늘 까칠해서 겨울에는 찢어질 정도로 갈라지는 발뒤꿈치에서도 땀이 나는 기분이랄까? 이 꿈을 몇 번 꾼 적이 있는데, 진짜 이 꿈이야말로 나에게는 최고의 악몽이라고 생각한다.

우리 애 친구들은 이미 다 풀고 엄마나 아빠 만나서 집에 가는데, 자기는 이게 무슨 말인지도 몰라서? 이걸 다 풀어야 집에 갈 수 있으니 심장이 두근거리고, 배가 쪼여오고, 그래서 눈물이 나지 않았을까 추측해 봤다. 아마 맞을 것이다. 구구단도 못 외우는데, 등차수열에 2차 방정식을 배우려니 얼마나 답답하고 미칠 것 같을지.

"오늘 뭐 배웠어?"

"엄마, 오리는 다리가 2개지? 그리고 거미는 다리가 8개잖아? 오리랑 거미랑 합쳐서 총 5마리였고 다리는 총 28개가 있으면 오리는 몇 마리이고 거미는 몇 마리였을까? 이런 거 배웠어."

$2a+8b=28$, $a+b=5$… 뭐 이런 거죠? (말해주지 않아 진위는 모르지만) 아빠 얼굴 보고 울 만했다. 어제 좌절감을 맛봤겠구나. 그래도 어제 파워 로봇은 레벨 1에서 레벨 2가 되어서 어깨가 한껏 올라갔었

는데! 줄넘기도 연속 59개 넘어서 신기록 경신해서 어깨가 한껏 올라갔었는데! 수학이 잘못했네. 잘 울었어. 한 살이라도 어릴 때 이런 걸로 울어야 나중에 이런 상황일 때 '어? 시팡? 뭔데 이렇게 어려워? 넘겨!'라고 담대하게 넘어갈 수 있지 않겠니?

엄마도 그랬어. 공부를 못하거나 잘하는 것보다 틀리는 거, 그 자체에 대한 두려움이 너무 컸거든. 그걸 엄마도 서른 살이 넘어서야 극복할 수 있었어. "괜찮아~ 괜찮아!"라고 쿨하고 센 척해 보지만 구구단도 모르는 8살짜리 꼬맹이가 2차 방정식을 배우고 문제를 다 풀지 못해서 유리문 뒤에 있는 아빠를 10분이나 늦게 만난 상황을 생각하니 심장이 살짝 간지럽긴 하다.

#아빠도좀놀란것같더라
#그래도이런좌절감도살면서느껴봐야하는감정이야
#그게수능이아니라서얼마나다행이니

그래도 괜찮은 좌절감이고 건강한 감정이라고 생각해. 실제로 나는 대학교에서 첫 공학수학 시험을 볼 때 와~ '라플라스 변환'을 분명히 공부했는데, 시험지를 받아도 도저히 못 풀겠고, 무슨 말인지 전혀 모르겠고, 도서관에서 공부를 했는데도 도대체 못 풀겠을 때 진짜… 세상 끝나는 줄 알았잖아? 공학수학 그거 인생에서 써먹을 일 없던데. 아니, 전혀 없던데. 그땐 몰랐지. 어쨌든 나는 20살 때 느낀 걸 애는 8살 때 느낀 게 아닐까 추측하면서 어제도 15,313 걸음을 걸었습니다.

오늘 아침 뜨는 해를 향해 "오늘도 행복한 하루 되게 해 주세요."라고 기도하면서 "그리고 무탈하게 해 주세요."라고 덧붙였다. 이 정도는 이뤄지는 거죠? 강남에 빌딩 사달라고 한 것도 아니니깐. 그쵸?

그럼 모두 좋은 아침!

신난 너의 마음이 다 보여

오늘은 회사에서 점심을 좀 늦게 먹으러 갔다. 고기와 치킨은 못 드시는데, 돈가스는 드실 수 있는 약간 까다로운 입맛의 소유자이신 이사님이랑 같이 가느라 메뉴 선정이 매우 한정적이었다. 하지만 김치찌개에 빠진 돼지고기 정도는 참을 수 있다고 하셔서 (하지만 쌀국수는 못 드심) 김치찌개를 먹으러 갔다. 회의도 하나 했다.

우리 애 하교하러 지하철을 탔는데, 학교에서 전화가 왔다. 방과 후 수업을 하는데 준비물이 빠진 게 있다면서 혹시 집에 누가 계셔서 갖다 주실 수 있냐고 하시더라. "아~ 출근해서 안 될 것 같아요." 좋아하는 수업인데 준비물이 없어서 수업에 참여하지 못할까

봐 마음이 조금 간지러웠지만, 준비물을 챙기는 건 우리 아이의 몫이므로 어쩔 수 없다고 생각해. 다음에는 이 일을 생각하면서 더 잘 챙기리라 생각해 봤지.

친구 어머님이랑 하교하는 아이들을 기다리는데, 우리 아파트에 사는 형아도 나오고 놀이터에서 마주쳤던 친구도 나왔다. "전화기 빌려줄까? 데리러 오시는 분에게 전화해 볼래?" 둘 다 한참을 거절하더니 안 되겠던지 전화기를 빌려달라고 하고 전화하더라고. 초등학교 저학년 아이들의 공통점을 발견했는데, 전화기를 빌려주면 대부분 스피커폰으로 통화를 한다. 한 명만 그러는 게 아니라 거의 대부분. 그러니까 그들만의 국룰인가 싶어서 좀 귀엽네?

우리 아파트에 사는 형아는 아빠가 아파트 밖으로 나오라고 했다면서 나갔는데, 7분쯤 있다가 다시 돌아왔다. 아빠를 못 만났다고. 그래서 다시 핸드폰을 빌려줬는데 저기서 아이의 아빠가 양복 입고 달려오는 걸 보고 정말 후다다다닥 달려 나가는데 어쩜 그렇게 귀여운지. 아빠가 늦은 게 아니고 수업이 일찍 끝난 거 같다고 설명하는 아이의 마음이 너무나 사랑스럽더라.

놀이터에서 마주친 친구 어머님도 오셨다. 학원에 가야 해서 함께 놀지 못한다고 아쉬워하면서 갔지. 그러다 어찌어찌 해서 다시 놀이터에 왔고 우리 애도 그 친구랑 같이 놀기 시작했다. 중간에 아이스크림을 사오라고 해서 아이스크림이랑 카프리썬을 잔뜩 사서 놀이터에 있는 아이들에게 나눠주고, 어머님들에게는 커피를 나눠드리고, 여름휴가 항공권 발권을 마쳤다.

땀범벅이 된 우리 애랑 집에 가는 길. 집에 가자마자 씻으라고 이야기하고 학원에 가기 전에 뭘 차려줄까 물어봤더니 밥을 차려 달라고 해서 차려주었다. 이렇게 저녁을 먹고 같이 수학학원에 가서 아이를 데려다주고 나는 PT 하러 갔다. 운동 마치고 남편에게 애 데리러 가라고 하고 조금 더 걸었는데, 데블스도어에서 재즈 공연하는 게 생각났다. 이런 공연은 연인과 같이 가면 최고지만, 연인이 없는 대신 남편과 아이가 있으니 같이 가기로 했지. 우선 나 먼저 가 있고 남편이랑 아이가 왔다.

지난주에 학원 끝나고 울었던 우리 애는 정말 밝은 표정으로 오더니 "엄마, 오늘은 내가 마지막 세 문제가 있었는데 그걸 선생님 도움이 없이 다 풀었거든! 근데 다 맞았어. 선생님이 다 맞았다고 동그라미를 쳐줬거든? 그런데 내가 뭘 배웠는지 알아? 개구리가 있다? 근데 그 개구리가 낮에는 5걸음만큼 점프를 할 수 있어. 그런데 저녁에는 2걸음만큼 아래로 떨어져. 그럼 27걸음만큼 위로 가려면 낮에 5걸음 올라갔다가 저녁에는 2걸음 내려가겠지? 그걸 몇 번 해야지 27걸음 위로 갈까?" 열심히 설명하는 우리 애 얼굴에 아이의 마음이 다 드러나더라.

'오늘 나는 수학을 정복했어, 엄마' 뭐 이런⋯. 비슷한 마음이었을까? 아빠가 옆에서 "그리고 오면서 보니까 구구단도 외웠어. 난 7단이 어려웠는데 애는 7단도 외운 것 같더라고?" 하면서 우쭈쭈쭈 장단 맞춰주니까 더욱 신이 난 너의 마음, 엄마랑 아빠에게도 다 보이더라.

"이건 재즈공연이라는 건데 재즈는 스펠링이 제이, 에이, Z, Z야.", "그럼 핏짜처럼 Z가 2개인 거야?", "어머, 어!" 그렇게 공연을 들으면서 샐러드를 먹었고, 칠리소스 위에 사워크림이 올려진 고구마튀김을 먹었고, 치킨을 먹었다. 네, 술은 없었어요. 원래 술도 한잔할까 싶었는데, 음악 좋지, 연인보다 더 좋은 남편이랑 우리 애 있지, 그러니까 알코올이 필요가 없더라. 밥 먹다 말고 수학학원에서의 기분 좋은 여운이 아직 남아있었는지 갑자기 아빠에게 가서 아빠를 덥썩 안더니 아빠가 너무 좋고 아빠를 사랑한다고 하는 우리 아이의 마음.

#나에게는절대안함 #엄마는늘숙제만시키는사람이기때문에

사랑스럽구나! 남편이 너무 매운 것만 시켰다고 하면서 피자도 하나 시키자고 해서 한 판 시켰는데 내가 1조각, 남편이 2조각, 우리 애가… 3조각~. ^^

#너의다이어트의적은엄마가맞는것같다

시간이 좀 늦어져서 애에게는 이 닦고 발만 씻고 자라고 이야기하고 잘 준비를 하는데, 우리 애가 뭘 열심히 만들더니 가격까지 측정해 놨더라고.

"이게 뭐야?"
"보면 몰라?"
"어, 모르겠는데?"
"감자잖아. 다 감자인데 모양이 다른 감자야."

기본 감자는 10만 원, 모양을 낸 감자는 50만 원. 경제 개념이 좀 있나 봐? 큐레이션 하면 돈을 올려 받을 수 있다는 걸 아는구나?

지난주에 학원 끝나고 울면서 나온 우리 아이의 마음도 귀여웠지만, 어제 웃으면서 학원을 나온 아이의 마음도 너무 사랑스러웠다. 그렇게 크고 있나 보다. 좌절하고, 실패하고, 그 마음을 표현하고…. 하지만 그 좌절과 실패 이후에 다시 도전하고 극복하는 아이의 마음은 점점 단단해지고 있을 것이다. 남편도, 나도 우리 아이가 너무 빨리 자라는 건 아쉽지만, 참 대견하다는 생각이 들었던 그런 좋은 날이었다. 나도 우리 애처럼 성장하는 어른이 되어야겠다. 아직도 이 세상에는 배울 것이 많으니까.

#그래서어젯밤에심각하게양말을팔려면어찌해야하는지
#한참을고민해보다가 #잠이들었다고합니다

늘, 매일, 항상 좋을 순 없지만, 나쁜 날이었어도 그 나쁜 날도, 그리고 심장이 벅차게 신나고 행복한 날도 다 내 거라는 사실이 어쩐지 참 든든하고 좋더라. 그래서 오늘도 열심히 살아야지.

오늘도 좋은 아침!

개근거지라니? 개근왕이야!

영어학원 가기 전에 아이의 윗니가 많이 흔들거려서 거의 빠지게 생겼다. 하지만 도저히 치과에 갈 시간이 나지 않아서 혹시나 이가 빠지면 영어로 말 안 해도 되니까 선생님에게 빠진 이를 보여드리면서 지혈해달라고 말하라고 당부했다. 하원 서틀에서 아이가 내리는데 선생님이 별말 없으시길래 인사드린 후 무거운 우리 애 가방을 대신 들어주면서 애 얼굴을 봤는데, 앞니가 없…더라?

"어? 너 이빨 빠졌어?"
"어, 숙제하다가 빠졌어."

"어머, 선생님께 말씀드렸어?"

"아니, 숙제하다가 이빨이 빠졌는데, 피도 안 나고 아프지도 않아서 그냥 이빨 잘 챙겨서 왔으니까 걱정 마. 이빨요정에게 편지 쓰면 되는 거지?"

와~ 뭐 별것 아니지만…. ㅋㅋ

기침만 조금 해도 학교에 안 보내는 요즘, 기침 조금 가지고 결석하면 더 아프다고 으름장 놓는 엄마 '덕분에' 남들 다 한두 번 이상씩 빠지는 학교를 한 번도 못 빠진 우리 애. 이걸 요즘 말로 뭐라고 한다더라?

"요즘은 개근하면 평일에 놀러 갈 형편이 안 된다고 생각한대요. 그 얘기 듣고 진짜 깜짝 놀랐어요. 우리 땐 개근은 성실하다는 개념이었는데 요즘은 안 그렇다고 하네요."

정말? 개근하면 평일에 놀러 갈 형편이 안 된다고 생각해요? 평일에 놀러 가면 백수 인증 아닌가? 평일에 못 놀러 가도 나 형편 좋은데? 나 다음 달에 아만(AMAN) 갈 건데? 집도 몇 채 있고, 건물도 있고, 해외 부동산도 있고, 해외 특허도 있는데? PT도 하고, 필라테스도 하고, 직업도 있고, 직장도 있고, 어제 무려 월급도 받았는데?

뭐 이러나저러나 난 여전히 '개근'은 '성실'과 같은 개념이라고 생각해, 아들. 학교는 절대 빠지면 안 됨. 학원도 물론이야. 빠지긴 뭘 빠져. 아파도 학교 가면 안 아파. 남에게 옮기는 것만 아니면 놀다 공부하다 보면 다 낫고 그런 거란다. 개근거지 아니고 개근왕 아인겨?! 원래 남들 놀 때 놀고 남들 일할 때 일하는 게 최고야!

집에 와서 손 씻고 조금 쉬라고 하고 저녁을 차렸다. 카레를 했으니 밥에 잡곡 비율을 좀 높였지. 밑반찬을 꺼냈고 김치도 잘랐다. 남편에겐 비밀이지만 유통 기한이 이틀 지난 두부가 있길래 살짝 데쳤지. 카레에는 양파, 감자, 양배추, 돼지고기를 넣었고 오뚜기 백세카레 순한맛을 썼다. 친구 어머님이 귀한 홍감자를 주신 덕분에 이렇게 또 카레라이스도 맛있게 해 먹었습니다.

감자가 진짜 맛있더라. 우리 애도 밥 더 먹고 나는 밥을 2그릇이나 더 먹었다. 그리고 귀여운 앞니 빠진 8살, 혼자 앞니를 뺀 '개근왕' 8살이랑 같이 살고 있습니다. 그리고 어디서 배웠는지 분주하게 이빨요정한테 편지를 쓰기 시작. 와~ 이빨요정이 있다면 귀여워서 아르세우스 포켓몬 카드 안 주면 안 될 듯.

저녁 먹은 거 치우고 남편이 식세기에 넣을 거 정리하고 있는데, 배가 불러서 잠깐 침대에 누운다고 누웠거든. 근데 그대로 잠이 들어서 오늘 새벽까지 푹 잤다. 저녁 8시 40분부터 카톡을 못 읽은 거 보니까 그때부터 잤나 보다.

#야구는또졌네또졌어

내일도 새벽 3시에 출근해야 할 것 같은데 잘 됐지 뭐. 비타민 먹고, 애 책가방 챙겨주고, 일 시작해야겠다. 지금까지 8살 개근왕 엄마, 개근 대비마마쯤 되는 AZ였습니다.

그럼 모두 좋은 아침!

미라클 모닝 1,000일!
그래도 잊지 말아야 할 소중한 것들

회사에서 깨지고 자존심이 상하거나 쪽팔린 일도 생기고. 그렇지만 남 탓을 할 수도 없고 모든 것이 자업자득이라는 사실을 인지할 때 한없이 바닥으로 내려간다. 자존감이라는 게 밑도 끝도 없이 사라진다는 말이다. 이럴 때는 아이가 징징거리는 소리도 듣기 싫고, 다정다감한 말투도 나오지 않으며, 나도 똑같이 짜증 내면서 소리를 빽 지르게 되지.

생각해 보면 애는 잘못이 없다. 내 감정이 애한테까지 영향을 미친다는 것은 많은 부모가 공감하리라 생각한다. 아이를 혼낼 때도 있고 훈육할 때도 있지만, 아이에게 화를 쏟아부을 때도 참 많다. 아이에게 화를 쏟아내고 나면 아이가 잘못했을 때보다 내가 이미 화가 나 있을 때가 많다는 걸 알게 되고, 다음엔 그러지 말아야지 하다가도 또 까먹고 화를 내게 될 때가 있다. 특히 일이 잘 안 풀릴 때, 마음이 쪼들릴 때, 자존감이 바닥을 칠 때, 너무 바쁠 때 더더욱 그러는 것 같다. 이럴 때 이어령 님의 '딸에게 보내는 굿나잇 키스'를 읽어보면 어떨까? 딱 이 부분!

나는 어리석게도 하찮은 굿나잇 키스보다는
좋은 피아노를 사주고
널 좋은 승용차에 태워
사립학교에 보내는 것이
아빠의 행복이자 능력이라고 믿었다.
하지만 나는 이제서야 느낀다.
사랑하는 방식의 차이가 아니라,
나의 사랑 그 자체가 부족했다는 사실을…

옛날로 돌아가자.
나는 그때처럼 글을 쓸 것이고

너는 엄마가 사준 레이스 달린

하얀 잠옷을 입거라.

그리고 아주 힘차게 서재 문을 열고

'아빠, 굿나잇!' 하고 외치는 거다.

약속한다.

이번에는 머뭇거리고 서 있지 않아도 된다…

나는 글 쓰던 펜을 내려놓고,

읽다 만 책장을 덮고,

두 팔을 활짝 편다.

너는 달려와 내 가슴에 안긴다.

내 키만큼 천장에 다다를 만큼

널 높이 들어 올리고 졸음이 온 너의 눈,

상기된 너의 뺨 위에 굿나잇 키스를 하는 거다.

굿나잇 민아야, 잘 자라 민아야.

그리고 정말 보고 싶다.

– '딸에게 보내는 굿나잇 키스', 이어령

바쁘다는 핑계로, 내 인생이 답답하다는 이유로, 당장 눈앞에 처리해야 할 급한 일이 있다는 변명으로 잊고 사는 것들이 있다.

그럴 때마다 생각하고 다짐한다. 그래도 잊지 말아야 하는 소중한 것들이 많다는 것을.

"사랑해, 잘 자~."
"잘 잤어? 내 사랑!"

이 바쁜 일상에서도 이 2가지를 잊지 않고 아이에게 말한 나를 많이 칭찬해 주고 싶다. 시간이 지나면 내가 성과 덕분에 신이 났고, 어떤 실수 때문에 깨졌고, 얼마나 돈을 벌었고, 얼마나 돈을 모았는지는 기억이 안 나겠지. 하지만 키 120cm가 넘었을 때 즈음에 너의 굵은 허벅지와 짧은 다리에 맞는 바지를 찾느라 고군분투했던 사실이나, 살이 쪄서 애가 타는데 아침을 먹고 가지 않으면 더 애태웠던 나의 마음이나, 너를 때리는 친구가 있어서 학교 가기 싫지만 그 친구랑 노는 건 나쁘지 않다고 했던 너의 말랑말랑한 목소리나, "이번에도 또 떨어졌어? 그런데 라이팅 점수가 그렇게 높게 나왔어?"라고 말하면서 눈을 동그랗게 뜨고 신나 하던 그 눈빛은 오랫동안 잊지 못하지 않을까? 아니, 죽을 때까지 꼭 기억해야지.

대단한 일상은 아니지만 그래도 잊지 말아야 하는 소중한 것들을 잊지 않고 꾹꾹 잘 쌓아두었다가 추억이 필요할 때 한 번씩 꺼내면서 웃고 울어야겠다고 마음 속 깊이 다짐해 본다.

오늘도 좋은 아침!

나는 어떤 사람일까?

'나를 전공한다'는 말을 책에서 읽은 적이 있다.

그 말에 한동안 꽤 오랫동안 꽂혀있었던 것 같다. 나는 정말 게으르지만, 나의 일상 자체가 적당히 부지런해야 하기에 늘 할 일이 있는 분주한 일상을 살 수밖에 없었다. 그래서 정작 내가 어떤 사람인지, 나는 뭘 하고 싶은 사람인지 잊고 살았으므로 '나를 전공한다'는 말에 더 많이 꽂혔을지도 모르겠다.

나는 어떤 사람이고 싶었을까?

회사에서 초고속 승진한 사람이고 싶었을까?

커리어도 완벽하고 자기 관리는 말할 것도 없는데, 애까지 사교육에 엄마표로 공부 잘 시켜서 똑부러진 아이의 엄마이고 싶었을까?

늘 완벽하게 세팅한 머리로 풀메이크업 장착하고 정 55 사이즈의 완벽한 몸매를 가진 사람이고 싶었을까?

집안일이라고는 손가락 하나 까딱 못하게 해서 남편한테 사랑받는 배우자이고 싶었을까?

목표를 세우면 그 목표만 향해서 달려가고 그 어떤 실패도 없는 전략가이면 어땠을까?

상상만 해도 멋진 사람일 것 같지만, 또 한편으로는 무섭고 두렵기도 하다. 처음부터 아주 대단한 목표를 단숨에 이루는 일은 커다란 행운이기도 하지만, 어쩌면 슬픈 일인 것만 같아서.

중학교 때 했던 IQ 검사에서 IQ가 152로 나와서 담임 선생님이 친구들 앞에서 "우리 반에 천재가 있어. IQ가 무려 152야."라고 이야기하신 이후로 나는 공부를 열심히 하지 않았다. 솔직히 공부를 거의 안 했다. '난 IQ가 높으니까 마음만 먹으면 언제든지 성적이 올라갈거야.'라는 착각을 했었지. 그러다가 막상 고3이 되었을 때 남들 다 넣어보는 수시 지원을 한 번도 못 넣는 뼈저린 경험을 했다. 그 후로 공부는 마음을 먹고 갑자기 한다고 잘하는 게 아니라는 사실을 배웠다.

단숨에 초고속 승진한 사람들을 많이 보았다. 열심히 일해서 그런 성과를 이룬 사람들도 있었지만, 그렇지 않은 사람들도 있었다. 남에게 잘 보여서, 남의 공을 가로채서 승진하는 건 어쩐지 불합리한 것 같지만, 회사 생활을 하다 보니 일 잘하는 사람이 승진하는 확률과 정치를 잘하는 사람이 승진하는 확률은 비등비등하더라. 불공평하냐고? 아니! 신기하게도 삶은 의외로 공평해서 그렇게 쉽게 승진한 사람들은 대부분 끝이 안 좋았다.

일하면서 혼나보기도 하고, 화장실에서 울면서 "시팡, 니가 이기나 내가 이기나 해 보자."라는 전의를 다지는 일도 지나고 보면 다 재미있는 추억이고 거짓말 같지만 나의 자산이다. 적어도 쉽게 포기하지 않는 근성 하나는 배울 수 있었으니까.

솔직하게 말하면 우리 애가 하나를 알려주면 열을 아는 아이이길 바란 적이 있었다. 없었다고 하면 거짓말이지. 그런데 막상 하나를 알려줬을 때 그 하나를 아는 것 같을 때도 온 세상을 다 얻은 기쁨 비슷한 걸 느끼곤 했다. 처음부터 우리 애가 한글도, 숫자도,

심지어 영어도 알려준 적이 없는데 척척 알아서 다 배웠다면 이런 소소한 기쁨은 내 인생에 들어올 자리가 없었으리라.

남편이랑 연애할 때였다. 이미 유행이 다 지나버린 아웃백에 가고 싶어서 같이 간 후 이것저것 주문했다. "라즈베리 잼이랑 초코 잼도 따로 주실래요?"라고 주문했더니 남편이 그런 건 어떻게 알았냐고 물어봤다. "어? 왜 몰라? 애들이랑 와서 이렇게 말하면 따로 주던데? 히든 메뉴 같은?", "난 아웃백 처음 와봐서 몰랐어." 어? 아웃백을 처음 와봤다고? 너무 놀라웠다. 언젠가 연애한 지 몇 달이 지났을 때 남편에게 물어봤다. 나의 어떤 점이 좋냐고. "음~ 무엇보다 너랑 연애하면서 처음으로 경험해 보는 게 많아. 가끔 신기하기도 하고… 그래서 늘 새로워. 별걸 다 안다 싶을 때도 있고 정말 모르는 게 없구나 싶을 때도 있어."

남들은 결혼할 때 남자가 집도 해온다고 했던 시절, 우리는 1973년도에 지어진 내일 당장 재건축해도 전혀 이상하지 않은 5층짜리 주공아파트에서 전세로 신혼을 시작했다. 그것도 대출 잔뜩 받아서. 입주청소하는 돈도 아까워서 부모님들 모두 대동해서 다 같이 셀프 입주청소를 했다. 비가 오면 부엌 쪽 벽지는 비의 무게 때문에 점점 내려왔었다. 창틀은 다 틀어져서 창문이 제대로 잠기지도 않았다. 한겨울에는 집에서 입김이 나왔는데, 별생각 없이 친구네 부부를 초대한 날 그 친구 남편이 "아니, 이렇게 추운 집에 어떻게 사람을 초대할 수 있냐?"고 하면서 볼멘소리를 내기도 했다. 처음부터 새 아파트 전세에 살면서 신혼을 시작했으면 좋았겠지만, 그렇지 않아서 남편이랑 꽤 많은 것을 함께, 그것도 둘 다 처음으로 경험할 수 있었다.

정말 절실했던 전셋집에서 내 집으로 갈아타기부터 시작해서 한강이 보이는 집에 살아보기, 20평대가 아니라 40평대 살아보기, 좋아하는 지역의 아파트 갭투자 해 보기, 아이를 낳기로 결정하기, 임신이 잘되지 않아 시험관 시술해 보기, BMW도 타보고 벤츠도 타보고 포르쉐도 타보기, 양가 부모님이랑 여행 가기, 양가 부모님이랑 같이 김장하기 등등 수없이 많은 일을 나도, 남편도 처음으로 경험했고 이뤄냈다. 아마 처음부터 풍족했다면 절대 이런 과정은 없었으리라. 10원을 아끼는 일부터 1억을 아끼는 일, 반대로 100원을 낭비하는 일부터 1,000만 원을 사치하는 일까지 나도, 남편도 처음으로 경험했다. 같이.

그런데 아이가 태어나고 모든 우선순위가 바뀌어버렸다. 내가 어떤 사람이었는지 잘 기억이 나질 않았고 남편과 소소하게 함께 이뤄가던 모든 것도 다 희미해졌다. 일하면서, 애 키우면서 집안일 하는 것도 버거웠는데, 그중에서 뭐 하나를 외주 주는 일도 너무 어려웠다. 그렇게 뚱뚱한 88 사이즈가 되었고 벌여놓은 일은 많은데 수습이 전혀 안 되는 상황이 이어졌다. 무언가를 하고 싶었는데 무언가를 할 수 있는 물리적인 시간이 전혀 없었다. 있었어도 없었다. 하고 싶은데 뭔가 대단한 일부터 해야 할 것 같다고 생각하니 아무것도 할 수가 없었다.

다 때려치우고!
일단 질러!

그 당시 다 때려치우고 떠나도 괜찮다는 식의 에세이가 참 많이 나왔는데, 고맙게도 그런 책들을 읽고 마음을 잡을 수 있었다.

"미친… 뭘 때려치워? 백수가 제일 비싼 직업인지 모르나 보네? 돈 없으면 백수도 못 하는 건데?"

그리고 부자가 되는 방법이 있을 법한 책을 읽기 시작했다. 괜찮은 책도 있었고, 어이없는 책도 있었으며, 황당한 책도 있었고, 감동을 주는 책도 있었다. 누구 말마따나 책 한 권 읽어서 변하는 인생은 아니었기에 책을 읽으면서 내 소중한 일상을 해치지 않을 수 있는 작은 것들을 하나씩 시작해 봤다.

새벽에 일찍 일어나는 것
운동하는 것
건강하게 먹는 것
가족을 1순위로 하는 것
그리고 감사하는 것!

이 생생하고 작은 것들을 시간의 순서대로, 날것 그대로 기록했다. 어떤 날은 쌍욕이 멈추질 않았고, 어떤 날은 눈물이 나오기도 했으며, 또 어떤 날은 아무리 생각해도 신이 나고 또 신이 났던 기록을 보면서 어쩌면 나를 더 잘 알게 되었을지도 모르겠다. 변화를 두려워하지만 늘 새로운 것을 갈망했고, 남들이랑 비슷하고 평범하고 싶지만 매력적인 사람이고 싶었던 것 같다. 무엇보다 별것 아닌 나의 일상을 모아보니 의외로 내가 참 단단하지 않냐며 자랑하고 싶은 마음도 있더라?

꼭 대단하지 않아도 된다.

처음부터 잘하지 않아도 된다.
내가 늘 살아가는 나의 일상은 사실 별것 아니다.
나에겐 별거지만 남에겐 별것 아닐 수 있다.

아침에 일찍 일어나서 운동을 하고, 아침을 하고, 청소기를 돌리고, 아이 숙제를 확인하고, 애 옷을 입혀서 등교시키고, 회사에 출근을 하고, 업무를 처리하고, 아이의 하교를 하고, 학원에 데려다주고, 저녁을 하고, 설거지를 하고, 빨래를 하는 일은 누가 봐도 별것 아닌 일들이다.

그렇지만 나는 너무 잘 알고 있다.
사실은 이런 별것 아닌 일들 하나하나가 너무 대단한 일이라는 걸.
그걸 매일 해내고 있는 우리는 너무 대단한 사람이라는 걸.
그리고 이런 건 자랑해도 된다는 걸.

만약 이런 일들이 대단한지 몰랐다면 꼭 주위를 둘러보고 이야기했으면 한다.

"너의 일상은 오늘도 정말 대단했구나!

덕분에 나도 마음 편하게 내 일상을 잘 살 수 있었어.
정말 고마워!"

나는 내일도 이런 일상을 살 것이고, 앞으로도 계속 기록할 것이며, 누군가 이 글을 읽고 '에라이, 별것 아닌데 나도 한번 해 볼까?'라고 생각하게 된다면 그 또한 너무 감사한 일이다. 또 어느 날 문득 다음 1,000일이 되었을 때는 더 많은 것을 이루고 있지 않을까 믿어 의심치 않는다.

사실 '감사하라'는 말이 실천하기가 제일 어려웠다. 내가 열심히 사는데 도대체 누구에게 뭘 감사하란 말인가? 그런데 나를 이렇게 단단한 사람으로 잘 키워주신 우리 백 여사님과 안 교수님에게 진심으로 감사하고 소중한 내 동생과 우리 올케에게도 너무 감사하다. 사랑하는 조카 서진이도 고마워! 반찬 공수해 주시고 할 말 다하는 싸가지 없는 며느리여도 변함없이 사랑해 주시는 시부모님께도 많이 감사하다. 너무 아련하지만 즐거웠고 시끌벅적했던 어린 시절의 추억을 만들어 준 삼촌들과 고모, 그리고 사촌 동생들에게도 너무 감사하다. 나의 비루한 일상의 기록을 재미있어해 준 이쁜 자산가인 이자 언니도 감사하고 그렇게 만나 이너서클을 만든 찡대리 님, 무밍이 님, 폴호두 님, 월천도사 님께도 너무 감사하다. 내 글의 힘을 믿어주신 해자 언니에게도 너무 감사하다. 또 가끔 지치는 회사 생활에 늘 그 자리에서 묵묵하게 "괜찮아, AZ야. 힘내!"라고 말해주는 은미 님, 보라 님, 윤경 님, 상영, 주현에게도 너무 감사하다.

우리 정말 아프지 말도록 해요.

나의 소중한 일터, 그리고 같이 일하는 소중한 회사 동료분들께도 너무 감사하다. 우리 아이를 진심 어린 사랑으로 보육해 주신 어린이집 선생님들께도 너무 감사하다. 어린이집에 대한 감사는 평생 잊지 못할 것 같다. "어머님, 30분 일찍 등교해도 괜찮아요, 걱정하지 마세요."라는 말씀만으로도 큰 힘이 되어 주신 우리 아이 담임선생님께도 너무 감사하다. 동갑내기를 키우며 함께 고군분투하는 세상에서 제일 멋진 내 친구 써니 엄마도 너무 감사하고 매일 빠짐없이 쿵쾅쿵쾅(시광~ 염병~)거리면서 응원해 주는 부자 친구 나나랑 모르는 것 없는 재재에게도 너무 감사하다. 또 어떤 날 "너 말고는 이런 유치한 말을 할 사람이 없어!"라고 하면서 갑자기 전화해도 "어, 알아, 알지. 나한테 다 말하고 풀어!"라고 말해주고 공감해 주는 섭섭 맘에게도 너무 감사하다. 사원, 대리 시절부터 쌓아둔 예쁜 기억 덕분에 행복하다며 매년 손 편지를 써주는 혜진이에게도 너무 감사하다. 퇴근하고 저녁도 안 먹고 학원으로 달려가 초

콜릿만 먹으면서 같이 AICPA 공부했던, 찐득한 추억을 함께한 멋진 동생들, 지금도 너무 멋진, 우리 지혜, 최강동원, 냄새병국, 그리고 잘생긴 주원이에게도 너무 고맙다. 내가 아는 워킹맘 중에서 제일 대단한 은정이, 그리고 혜림이, 자주 보지 못하지만 가끔 어릴 때 함께한 추억을 떠올리면 웃음이 나는 친구들도 너무 감사하다. 별거 없는 나의 일기를 읽어주시고, 공감해 주시고, 따뜻하게 응원해 주신 얼굴도, 이름도 모르는 수많은 온라인 이웃분께도 너무 감사하다. 또 본의 아니게 나의 일상이 되어 책에 등장하게 되신 모든 분에게도 감사합니다.

그리고 무엇보다 이 모든 기록이 탄생할 수 있도록 해 준 사랑하는 우리 아들에게도 감사하다. 아들 덕분에 엄마가 함께 많이 성장한 것 같아! 일러스트도 너무 고마워. 그리고 늘 변함없이 무뚝뚝하지만, 그래도 아주 많이 든든한 우리 남편에게도 감사하다.

그럼 작심 2,000일 때 또 만나요.
꼭!

- 오늘은 작심 1,000일째!

부자엄마AZ